广视角·全方位·多品种

权威·前沿·原创

皮书系列为
"十二五"国家重点图书出版规划项目

社会体制蓝皮书

BLUE BOOK OF
SOCIAL INSTITUTION

中国社会体制改革报告
（2013）*No.1*

REPORT ON SOCIAL INSTITUTIONAL REFORM IN CHINA
(2013) No.1

主　编／龚维斌
副主编／赵秋雁

社会科学文献出版社
SOCIAL SCIENCES ACADEMIC PRESS (CHINA)

图书在版编目（CIP）数据

中国社会体制改革报告. 1，2013/龚维斌主编. —北京：
社会科学文献出版社，2013.5
（社会体制蓝皮书）
ISBN 978 - 7 - 5097 - 4633 - 2

Ⅰ.①中…　Ⅱ.①龚…　Ⅲ.①体制改革 - 研究报告 -
中国 - 2013　Ⅳ.①D61

中国版本图书馆 CIP 数据核字（2013）第 098703 号

社会体制蓝皮书

中国社会体制改革报告（2013）No.1

主　　编／龚维斌
副 主 编／赵秋雁

出 版 人／谢寿光
出 版 者／社会科学文献出版社
地　　址／北京市西城区北三环中路甲 29 号院 3 号楼华龙大厦
邮政编码／100029

责任部门／皮书出版中心（010）59367127　　责任编辑／陈　颖　林　木
电子信箱／pishubu@ ssap. cn　　　　　　　　责任校对／李海雄
项目统筹／邓泳红　陈　颖　　　　　　　　　责任印制／岳　阳
经　　销／社会科学文献出版社市场营销中心（010）59367081　　59367089
读者服务／读者服务中心（010）59367028

印　　装／北京季蜂印刷有限公司
开　　本／787mm×1092mm　1/16　　　　　印　　张／19.25
版　　次／2013 年 5 月第 1 版　　　　　　　字　　数／263 千字
印　　次／2013 年 5 月第 1 次印刷
书　　号／ISBN 978 - 7 - 5097 - 4633 - 2
定　　价／59.00 元

主要编撰者简介

龚维斌 国家行政学院社会和文化教研部主任、教授、博士生导师，中国行政体制改革研究会常务理事、中国社会学会特邀常务理事、中国统一战线理论研究会常务理事，北京师范大学、华侨大学以及多所省级行政学院兼职教授。主持和参与多项国家重大和重点社会科学研究项目。主要研究领域是社会阶层、社会政策、社会管理。个人专著有《劳动力外出就业与农村社会变迁》《社会发展与制度选择》《公共危机管理》，主编有《社会管理与社会建设》《社会建设与社会体制改革》《中国社会管理论丛 2010》《中国社会管理论丛 2011》等多部学术著作，合著有《社会群体与群体性事件》《邓小平理论与当代中国社会阶层结构变迁》等，主译和参译著作多部，在报纸杂志上发表论文 100 多篇。

赵秋雁 女，法学博士，美国哥伦比亚大学法学院访问学者。北京师范大学中国社会管理研究院直属支部书记、副院长、副教授、硕士生导师。北京市法学会经济法学会理事、北京市法学会环境资源法学会理事、北京京师律师事务所律师。主要研究领域为经济法、能源法和社会法。国家精品课程"国际贸易"的主讲人之一；两次合作获得北京市教育教学成果二等奖（2009，2005）；出版专著《电子商务中消费者权益的法律保护：国际比较研究》，合著《中国能源法学》、《国际能源法律制度研究》等多部作品，在《法学杂志》等刊物上发表学术论文数十篇。

摘　要

　　社会体制蓝皮书由中国行政体制改革研究会资助，国家行政学院社会和文化教研部、北京师范大学中国社会管理研究院组织编写。

　　《中国社会体制改革报告（2013）No.1》是中国社会体制改革方面的第一本蓝皮书。本书由总报告、专题篇、实践篇和理论篇等部分构成。总报告在系统梳理有关社会体制不同理论观点的基础上，提出了社会体制的定义，并对与社会体制有关的概念及影响因素进行了研究，从而形成社会体制蓝皮书的理论基础和基本框架。总报告还回顾和总结了2008年以来中国社会体制改革发展所取得的积极成就，并就下一步中国社会体制改革的重点工作进行了分析。本书根据社会体制的内涵及所形成的框架，选取了政府社会管理、社会组织参与社会管理、企业履行社会管理责任、城市社会管理体制及其变革、农村社区管理新探索、社会管理法治建设、教育体制改革、食品药品安全治理、流动人口服务管理、中国社会工作发展、社会矛盾调处机制、虚拟社会的发展与管理等12个专题，选择7个地方社会体制改革创新的案例进行深度分析，还有2篇理论探索文章以及1篇附录。

　　本书认为，社会体制问题是在中国现代化进程中随着政府、市场与社会的逐步分离，随着加强社会建设和创新社会管理而提出来的，是对中国特色社会主义现代化建设规律认识的深化。社会体制是满足社会需求、规范社会行为、协调利益关系的制度体系，包括社会管理体制、基本公共服务体系、现代社会组织体制以及社会管理机制等内容。

　　本书认为，进入新世纪，特别是2008年以来，中国社会体制改革进入新的阶段，取得了更加明显的进展，政府社会管理和公共服务职能得到加强，就业、教育、医疗卫生、社会保障等民生事业得到长足发展，公共安全体系建设不断加强，基层社区服务管理有序推进，应急管理迈上新台阶。虽然中国社会体制改革取得了积极成果，但是改革发展的任务仍然十分艰巨繁重。城乡之间、区域之间、群体之间发展差距较大，基本公共服务体系还不健全；纵向社会流动面临新的困难，公众诉求表达和利益维护机制亟待完善；政府与社会的边界尚不清晰，政府包办社会、干预社会的现象屡屡发生，社会组织发展和管理滞后；社会建设和社会管理的方式与手段滞后于现代化发展需要。因此，要按照十八大报告的要求，以民主、法治、公正为原则，以激发活力和维系秩序为目标，在着力保障和改善民生的基础上继续推进相关领域改革，高度重视社会体制改革的总体设计，重点深化收入分配制度改革、大力发展社会组织、畅通和规范利益表达机制、加强社会领域法治建设、积极培育和践行社会主义核心价值观。

本书既回顾总结过去 10 年社会体制改革探索的做法和经验，同时研究存在的问题，提出今后改革发展的方向和政策建议。作者有的是相关领域的专家学者，有的是从事该领域管理工作的专家型领导，具有较高的权威性。

Abstract

Social Institutional Reform Blue Paper is an important research project by the Department of Social and Cultural Studies, Chinese Academy of Governance, under the sponsorship of China Society of Administrative Reform.

The first book of this project, *Report on Social Institutional Reform in China* (*2013*) is also the first blue book in this area. The book consists of four parts: general report, special report, local practice, and theoretical development. The general report has laid down the theoretical and structural framework for the blue book. This is achieved via, a systematic review of existing theories and perspectives and defining the concept of social institutions and studying social institutional reform, related concepts and determining factors. The general report has also reviewed major achievements in China's social institutional reform since 2008, and analyzed major reform tasks in the near future. The special report parts covers 12 major areas in social institutional reform based on the consensus the research team has reached and the framework the research team has laid down. They are the following: government's social management, social organizations' participation in social governance, enterprises fulfilling social responsibilities, urban social governance and its reform, innovation in rural community governance, legal system development for social governance, education reform, food and drug safety management, service and management for floating population, the development of social work in China, mechanisms for mediating social conflict, the development and management of virtual society. Correspondingly, the book has selected 7 in-depth cases of local innovative practices on social institutional reform. Finally, the book has included two theoretical papers on social

institutional reform as well as one appendix.

The book argues that social institutional issues arise in the process of modernization in China when state, market and society become increasingly distinct from each other. It intends to meet the needs of strengthening social development and innovating social governance. It reflects a deepened view of the general rule of modernization with Chinese characteristics. Social institutions are the system of institutions that meet social needs, regulate social behavior, and coordinate interests among various parts. They include, as proposed by the 18th Party Congress, institutions for social management, system of basic public services, institutions of modern social organizations, mechanism for social governances.

The book also argues that since the beginning of the new century, especially 2008, China's social institutional reform has entered a new era with impressive achievements. Great improvement has been achieved in areas closely related to people's wellbeing, such as employment, education, health care, social security. At the same time, it is also found that the public safety system is strengthened, community service and governance is progressing orderly, the innovation in social governance is deepening, and the emergency management skill is onto a new stage.

Nevertheless, in spite of great successes, China's social institutional reform still faces daunting tasks ahead. The rural-urban inter-regions, or inter-groups inequality keeps expanding, with a basic public service system yet to be completed. Upward mobility in the society is obstructed to some extent, and the mechanism for articulating the needs of the general public as well as protecting their interests has yet to be fully established. The boundary between state and society is still blurring, rendering phenomena such as the state tries to brutally intervene into the society or incorporates the society into itself while the development of social organizations and social governance is lagged behind. Way and practices in social development and social management largely fall short of the needs of modernization.

Therefore, the book points out that we ought to further social institutional reform in China in accordance with the requirements of the 18th Party Congress. That is to revive the society's energy as well as maintain its order under the principles of democracy, rule of law, and justice. It ought to push forward the reform in various areas, undergirding on enhancing social protection and improving people's wellbeing. The reform should pay particular attention to the overall design of social institutional reform. At the same time, it should put its major focus on the following issues: how to deep income distribution reform, how to facilitate social organization development, how to streamline channel for articulating people's interest, how to strengthen the legal development in social area, and how to promote core social values?

The book provides an overview of China's social institutional reform experiment as well as its achievements in the past 10 or 5 years. It also confronted various problems in this area, pointing out the direction for future reform, together with policy recommendations. The book is rich in ideas and abundant in evidence, including data and case studies. Moreover, the language is streamlined and easy to read. Finally, the fact that the authors are either scholars in related research areas, or officials/experts in the real world, lends much authority to this book.

目 录

B Ⅲ 实践篇

B Ⅳ 理论篇

BⅤ　附　录

皮书数据库阅读使用指南

CONTENTS

B I General Report

B II Special Reports

B Ⅲ Local Cases

B IV Theoretical Research

B V Appendix

总 报 告

General Report

B.1

社会体制改革：理论研究与实践探索

龚维斌*

摘 要：

　　总报告全面梳理了社会体制概念的起源与发展，以及不同学者的研究和观点，在此基础上对社会体制的内涵与外延进行新的界定和阐释，比较社会体制与相关概念的联系和区别。总结近5年来中国社会体制改革的实践成果，特别是社会事业、公共服务、社会管理方面取得的巨大成就，同时，提出社会体制存在的不足以及进一步改革的总体思路和五个方面的重点任务。

关键词：

　　社会体制　理论探讨　实践发展

---

* 魏礼群会长提供总体指导和帮助。参加总报告讨论的有：张林江、马福云、胡颖廉、李志明、胡薇。报告执笔人：龚维斌。

一 全面小康社会建设呼唤社会体制改革

社会体制问题是在中国现代化进程中随着政府、市场与社会的逐步分离，随着加强社会建设和创新社会管理而提出来的，是对中国特色社会主义现代化建设规律认识的深化。

2004 年，中共十六届四中全会提出要"加强社会建设和管理，推进社会管理体制创新"。当时，主要侧重于社会管理，提出"深入研究社会管理规律，完善社会管理体系和法规，整合社会管理资源，建立健全党委领导、政府负责、社会协同、公众参与的社会管理格局"，要求更新管理理念，创新管理方式，拓宽服务领域，充分发挥各类社会管理主体的作用，形成社会管理和社会服务合力；加强和改进对各类社会组织的管理和监督。虽然当时提出了社会建设的概念，但是并没有展开论述。如果说有社会建设的内容，也只是"健全社会保险、社会救助、社会福利和慈善事业相衔接的社会保障体系"，认为社会建设是社会主义和谐社会建设的重要内容和重要手段，社会建设的主要内容是社会管理。因此，当时对于社会管理讲得多，对于较为宽泛的社会建设讲得少。

2006 年 10 月，十六届六中全会通过的《中共中央关于构建社会主义和谐社会若干重大问题的决定》在构建社会主义和谐社会的原则中提出，"适应社会发展要求，推进经济体制、政治体制、文化体制、社会体制改革和创新"。这次会议第一次提出了社会体制改革问题。

2007 年 10 月，十七大报告论述了社会建设和社会体制等问题，提出"必须在经济发展的基础上，更加注重社会建设，着力保障和改善民生，推进社会体制改革，扩大公共服务，完善社会管理，促进社会公平正义，努力使全体人民学有所教、劳有所得、病有所医、老有所养、住有所居，推进建设和谐社会"。2008 年 7 月，国务院常务会议审议通过《关于2008年深化经济体制改革工作的意见》，第一次把"社会体制"问题单列出来，要求积极探索社会体制改革的有效途径，破解社会体制改革难点。

由此可见，社会体制总是与社会建设、社会管理紧密相连，而且党和政府对社会体制的认识也在逐步深入，但是，党和政府的文件并没有对社会体制的内涵和外延作清晰的表述和界定，为学术界进行深入的理论探索留下了广阔的空间。

二　十八大报告对社会体制理论的新发展

2012年11月，党的十八大报告对社会体制问题作了进一步阐述和部署，社会体制改革理论有了新的重要发展。

十八大报告第一次对推进社会体制改革进行了系统的阐述，提出了社会管理体制、基本公共服务体系、现代社会组织体制和社会管理机制等一系列既有区别又有联系的范畴，构成了中国特色社会主义社会管理体系的重要内容。这些范畴既有新概念，也有新概括，是对近年来社会管理理论探索成果和改革实践经验的新提炼、新发展，是对社会体制改革理论的重要发展。

报告指出，要加快形成党委领导、政府负责、社会协同、公众参与、法治保障的社会管理体制。"党委领导、政府负责、社会协同、公众参与"是十六届四中全会对于社会管理格局的界定。十八大报告在原来的基础上增加了"法治保障"，而且将"社会管理格局"更加准确地改为"社会管理体制"，内涵更加丰富，而且突出了依法进行社会管理的理念。

报告指出，要加快形成政府主导、覆盖城乡、可持续的基本公共服务体系。第一次对基本公共服务体系的责任主体、范围和能力提出了新要求，强调面向城乡全体居民及政府的责任，对基本公共服务体系的要

求体现在教育、就业、收入分配、社会保障体系建设以及医疗卫生等方面。

十八大报告提出要加快形成政社分开、权责明确、依法自治的现代社会组织体制。报告首次提出了现代社会组织和现代社会组织体制这两个概念，提出了"权责明确、依法自治"的新要求，为社会组织的规范健康发展指明了体制方向，预示着社会组织发展将有良好的体制环境、要走法治化道路，社会组织领域的法治建设必将大大加快，社会组织内部法人治理结构必将进一步完善，社会组织治理、发展和服务能力必将得到进一步提升，能够更好地参与社会管理和公共服务，与政府、市场一道形成多元参与、共同治理的格局。

要加快形成源头治理、动态管理、应急处置相结合的社会管理机制。报告指出，不仅要有常态管理，还要有应急处置；不仅要动态管理和应急处置，更要有源头治理，这些环节构成了社会管理的新机制，这是社会管理理念和思路的新发展。社会管理不仅要着眼于及时解决已经出现的问题，实行动态管理，更应该着眼于源头治理，消除产生社会矛盾、社会问题的土壤，使社会矛盾和社会问题不发生或少发生。十八大报告强调改善和保障民生，把民生保障和改善、公共服务体系建设与社会管理结合起来，体现了源头治理的思想。

三 学术界对社会体制理论的探索

"社会体制"一直缺乏确定内容，还没有形成大多数人认可的定义，对于社会体制应包含哪些内容并没有形成共识。众多学者撰写的关于社会建设问题的大量著述中，大部分将"社会体制"等同于"社会管理"或语焉不详，缺乏对社会体制的内涵、边界、本质、特征、要求等基本问题作深入的分析和研究。只有少数学者开始从不同角度对社会体制进行探索性研究。

对社会体制进行界定主要有四种观点，一是从社会事业的角度，把社会体制等同于社会事业体制，包括劳动就业体制、社会保障体制、收入分配体制、教育医疗体制等。二是把社会体制等同于社会管理体制，两者只是表述的不同，内涵没有区别。很多学者有意无意地持这种观点。三是把社会体制界定为公共服务体制＋社会管理体制。四是把社会体制界定为社会利益分配和社会参与体制。

宋晓梧把劳动就业体制、收入分配体制、社会保障体制、教育体制、医疗卫生体制以及社会管理体制作为社会体制的重点。当然，他也指出，这种概括或分类还是初步的。"事实上，也很难毫无交集地界定哪些方面只能归类于经济体制、哪些方面只能归类于社会体制、哪些方面只能归类于政治体制。"从中长期看，社会体制改革的一项十分重要的内容是培育包括社会组织、中介组织等在内的民间组织。①

李培林认为，从政府、市场和社会的角度，政府的宏观调控机制、市场的资源配置机制和社会的利益关系协调机制，是现代社会运行的三种基础机制。推进社会体制改革和创新，就是要建立与社会主义市场经济体制相适应、符合社会建设规律的就业体制、教育体制、医疗卫生体制、科技文化体制、社会保障体制、户籍管理体制、公共服务体制、收入分配体制等，更好地协调社会关系，保证社会公正，提供社会保障，完善公共服务。社会体制改革实际上是政府的社会管理体制改革，强化政府的社会管理和公共服务职能，为群众提供方便快捷优质的服务。②在这里，李培林把社会体制等同于政府的社会管理体制，包括社会管理和公共服务两个方面。2011年，李培林进一步指出，社会体制改革创新主要涉及民生保障体制、公共产品和公共服务供给体制、社会分配体

---

① 宋晓梧主编《中国社会体制改革30年回顾与展望》，人民出版社，2008，第2、10页。
② 李培林：《积极稳妥地推进社会体制改革和创新》，《人民日报》2007年1月15日，第9版。

制三个方面的改革。[①]

李友梅认为，社会体制就是围绕公共产品配置而进行的一系列制度安排。理想的社会体制应该是围绕公共产品的公平正义分配而建构的不同利益主体之间的交往协商制度，不同的社会主体在协商中能够得到基本的利益满足。社会体制需要人们积极主动地去构建，要自觉地超越政治逻辑和经济逻辑，尊重现代化背景下政治、经济和社会相分离的要求，把公平正义作为社会建设的目标诉求，把社会主体对公共产品配置的参与和协商作为和谐社会的基本运行逻辑，并以此为参照来重组社会生活[②]，否则社会体制就可能被政治体制和经济体制吸纳和吞没。

丁元竹教授认为，社会体制是指为了社会生活而建立的约束个人行为的规范，包括如何最有效最合理地分配财产，如何对社会生活决策，以及如何参与社会生活等。它表现为在一定地区或社会内的社会法、制度和政府行为中的一系列道德、政治和经济原则，决定着人们之间的关系。也就是说，社会体制是指在特定的社会中人们之间社会关系的模式，它以利益格局和参与方式为边界，通过志愿机制配置资源。

四　社会体制是社会理论的新发展

本书认为，社会体制是满足社会需求、规范社会行为、协调利益关系的制度体系。

社会体制是中国独特的表述，它与社会建设、社会管理相伴而生，是社会建设的体制保障，是中国特色社会主义事业总体布局的重要组成部分。因此，理解社会体制的内涵和外延就不能脱离这一概念产生的特定背景和特定语境，不能与西方学术话语体系中的某个概念简单地对

---

① 中国新闻网：《专家称社会体制改革已成为中国改革事业新重点》，2011 年 12 月 19 日。

② 李友梅：《关于社会体制基本问题的若干思考》，《探索与争鸣》2008 年第 8 期。

应，而且也无法对应。

社会体制主要有两个层次，一是与和谐社会建设相联系的广义社会体制，二是与"五位一体"中的社会建设相联系的狭义社会体制。从社会体制概念的起源看，社会体制更多地是指后者，它与经济体制、政治体制、文化体制等既相联系又相区别，共同为中国特色社会主义事业总体布局的五大建设提供体制保障。但是，通常情况下，广义和狭义的社会体制的边界难以清晰界定和准确区分。

良好的社会体制具有积极的社会功能。从根本上说，社会体制最终追求的是社会秩序，但是，历史经验反复证明，维持秩序的同时要激发社会活力，否则社会就会僵化、停滞，社会差距扩大，社会矛盾激化，引发社会冲突和不稳定，达不到维系秩序的目的。具体来说，社会体制具有以下功能：规定社会成员的权利义务，满足社会成员的社会性需求，激发社会发展的动力，规范社会成员的行为，协调社会成员的利益关系，调处社会矛盾和冲突。

社会体制有不同的层次，有宏观社会体制和基层社区体制之分。文化人类学认为，任何社会都有大传统与小传统，大传统代表着国家与权力，由城镇的知识阶级所掌控的书写的文化传统；小传统则指代表乡村，由乡民通过口传等方式传承的大众文化传统。因此，一国之内文化传统、社会结构和社会体制既有统一的一面，也有差异的一面。国家有统一的社会体制安排，但是，由于各地历史文化、社会习俗的差异，由于经济发展水平和社会发展程度、社会结构的差异，不同地区的社会体制各有差异。社会体制安排的最终落脚点是在城乡社区，因此，基层社区就是社会体制作用的着力点和社会体制特征的集中表现区。

社会体制与社会结构紧密相连，两者既有联系也有区别，社会结构是构成社会的诸要素之间的分布及其关系状态，而社会体制则是构成社会诸要素及其关系被安排和调整的制度体系。在很大程度上，社会结构受制于社会体制，也就是说，社会结构受社会体制的影响，是社会体制发展的结果。不同的社会体制有不同的社会结构，但是，社会结构的形成和变化，又不是社会体制一种力量作用的结果，它是多种因素和力量作用的结果。社会结构是特定地理范围内在长期的历史活动中形成、发展、变化的。它是历史的积淀，又是现实的变奏，影响社会结构的因素主要有经济基础、政治条件、国家政策、历史传统、文化习俗和偶然的历史事件、外部环境以及科学技术等。社会体制又受制于社会结构，特定的社会结构需要特定的社会体制与之相适应。

社会体制与社会管理体制很多时候被人们当作一个概念来使用，这反映出两者之间内涵和外延的高度重合，也反映出两者无论在理论层面还是实践层面都难以清晰区别的事实。也有学者努力尝试清晰界定两者之间的不同。陈光金认为，社会体制是关于社会行动主体之间相互关系、相互权利和相互责任（义务）的基本制度与规范的总称。社会管理是规范和协调社会关系、社会组织和社会行为的活动。社会管理的本质是对人的管理和服务。社会管理体制是规范和协调社会关系、社会组织和社会行为的一系列制度和机制的总称。[①] 陈光金的研究具有开创性，但是，他对社会体制的界定与社会学意义上的社会结构又难以区分。我们认为，社会管理体制是社会体制的主要组成部分，但又不是社会体制的全部内容，两者不能完全等同。社会体制既包括陈光金所讲的社会管理体制的全部内容，也包括通常意义上的社会事业体制和公共服务体制，是一个积极主动的制度安排体系，体现的是满足需求、激发活力与维系秩序、保持稳定的统一。现代社会的社会管理更多的是社会治理，表现为多元主体、共同参与、合作共治，体现的是服务与管理的统一，逐渐告别自上而下、国家强力推动的社会管控模式。因此，现代社会体制更多强调的是服务、参与、协调和活力，为现代社会管理体制提

---

① 陈光金：《社会体制改革与社会管理创新》，在"城市化进程中的社会管理暨全国行政学院系统社会管理教研协作会议"上的主题演讲，2012 年 12 月 1 日，上海。

供坚实基础和有力保障。

社会体制与社会政策也有密切关系。社会政策本身不是社会体制，它是社会体制的重要内容，也是社会体制形成和变化的重要影响因素。从本质上看，社会政策更多是关于社会群体特别是弱势群体保护的政策，是为了平衡经济政策过分追求效率、保护社会权利而由国家制定的政策措施。社会政策与其他相关的社会保护、协调利益关系的公共政策、实现这些政策的组织机构共同构成了社会体制，社会体制不仅需要社会政策，还需要伦理道德、法律制度等多种社会规范来建构和维系。

社会体制的本质是围绕社会成员的社会性权利①而形成的一套制度体系，体现着一个社会的伦理观、权利观和价值观。一个社会对于社会成员的角色、地位和权利义务的伦理观和政策法律规定着社会体制的模式。在现代社会，政治体制有集权体制、民主体制之分，经济体制有计划经济体制和市场经济体制之分，计划经济体制往往与集权体制相适应，市场经济体制要求民主政治体制与之相适应。同样的，社会体制有依附封闭的社会体制与自主开放的社会体制之分。自主意味着个体和社会有独立的存在空间，合理合法的权利得到尊重和保护，群体之间的边界清晰并可流动，社会有竞争、有活力、有秩序，弱者得到保护。社会体制是以公平正义为价值尺度，追求社会活力与社会秩序的统一，即在一定的社会体制安排下，社会既要充满活力，充满发展的动力和生机，同时要保持社会的稳定与和谐，要有稳定的社会秩序和社会环境。不同时期、不同群体对公平正义的理解是有差异的，有的甚至是截然相反的。一个人到底拥有哪些权利，在不同的历史时期、不同的社会制度下，权利观念是有差异的。现代人权观念起源于近代欧美国家，倡导"天赋人权"，人们生而平等。但是，在中国传统社会，儒家伦理提倡

---

① 为了与政治体制、经济体制和文化体制相区别，社会体制不包括社会成员的政治权利和经济文化权利。不过，也很难截然分开，从不同的角度看，一些权利既可以被看作政治权利，也可以被看成社会权利或者文化权利。因此，分类只是相对的。

的是君君、臣臣、父父、子子的差等权利观。正是因为在不同的社会人们的权利观、公平正义观有差别，因此，社会体制的安排以及人们对社会体制的认同也有差异。

社会权利是指人们所具有的社会方面的权利，主要包括教育权、就业权、健康权、居住权、自由迁徙权、社会福利权、收入获得权、财产权、婚姻权等等，更多的是社会倡导和社会成员所普遍认可的权利，社会权利的实现依靠的是社会成员的普遍认同和自觉维护。而政治权利更多地涉及言论表达、政治参与、政治监督等方面的权利，政治权利的实现依靠政治合法性，即社会成员的普遍认可，但更主要的是依靠国家机器的强力保护。

社会权利的保护实际上是对自由的保护，这就需要机会公平、程序公平、结果公平，与政治参与制度、社会事业制度、利益调节制度密不可分。因此，社会体制主要包括三方面内容，第一是满足基本需要的社会体制，即基本公共服务体系，涉及就业、教育、医疗卫生、收入分配、社会保障、住房、公共安全等方面的社会政策；第二是结社制度、利益表达和利益协调制度等；第三是社区服务管理。

21 世纪以来，由于互联网等现代信息技术的发展，社会联系和交往方式发生了深刻变革，新型的网络语言、网络规范、网络社区正在形成，发展速度极快，传统的伦理道德和社会规范受到极大冲击，社会结构越来越扁平化，社会的权力结构和权威结构发生了深刻变化，权力结构和权威结构越来越分散化和网状化。虚拟社会与现实社会相互投射、相互作用，现代社会体制正在并且已经发生了深刻的调整和变化。

五　中国社会体制改革取得了重要进展

改革开放以来，中国社会构成方式发生了巨大变化，社会构成方式的变化即社会结构变迁。社会结构变迁一方面是政策变迁的结果，另一方面是市场体制带来的结果。与此同时，社会需求和社会规范也发生了深刻变化，这些变化既是社会结构变迁的动力，也是社会结构变迁的结果。由于社会结构、社会需求、社会规范等多方面的变化，传统的社会体制不能适应市场经济条件下社会发展的需要，在全面建设小康社会的进程中迫切需要改革社会体制，为全面建成小康社会提供体制保障。

随着社会主义市场经济体制的逐步建立和完善，中国社会体制也随之发生了深刻的调整、变化和发展。新世纪以来，特别是 2008 年以来，中国社会体制改革进入新的阶段，取得了更加明显的进展，政府社会管理和公共服务职能得到加强，就业、教育、医疗卫生、社会保障等民生事业得到长足发展，公共安全体系建设不断加强，基层社区服务管理有序推进，应急管理迈上新台阶。

1. 就业难题得到有效破解

近 5 年来，中国始终坚持就业优先战略和实施更加积极的就业政策，动员社会各方力量，千方百计做好就业工作。

一是就业规模持续扩大，就业局势保持稳定。2008～2012 年，全国城镇新增就业 5800 多万人，年均比上一个五年期多增加 130 万人。2012 年，全国农民工总量达到 26261 万人，比上年增加 983 万人，增长 3.9%。城镇登记失业率始终保持在 4.3% 以下的较低水平。

二是就业结构进一步优化。2008～2011 年，我国第一、二、三产业就业人员比重由 39.6∶27.2∶33.2 调整为 34.8∶29.5∶35.7，第一产业就业比重明显下降，第二、三产业就业比重继续上升。

三是市场就业格局逐步完善。覆盖城乡的公共就业服务体系和面向全体劳动者的职业培训体系初步形成，人力资源市场运行机制和监管体系不断健全，市场机制在人力资源配置中的基础性作用得到更好发挥。

四是新一轮青年就业高峰压力有效缓解。过去 5 年，中国正处于新一轮就业高峰期，以高校毕业生为重点的青年就业压力逐年加大。在经

济持续快速增长的强力拉动和更加积极就业政策的有力支撑下，2008 ~ 2012 年，3140 万名高校毕业生初次就业率均达到 70% 以上，年底总体就业率达到 85%，青年就业高峰压力得到有效缓解。

2. 教育改革取得新成果

优先发展教育在全党全社会形成高度共识，教育改革不断深化。2008 ~ 2010 年，全国财政性教育经费年均增幅达 18.5%。2012 年，国家财政性教育经费支出占国内生产总值 4% 的目标终于实现。成立国家教育体制改革领导小组，统筹推进教育规划纲要贯彻实施；成立国家教育咨询委员会，对国家教育重大改革发展政策进行调研、论证和评估；成立国家教育考试指导委员会，对国家教育考试制度改革进行整体设计和评估论证；成立国务院教育督导委员会，教育督导事业提升到国家层面；组织实施重大项目和改革试点，人才培养体制、考试招生制度、现代学校制度、办学体制、管理体制等方面改革正在向纵深推进。

教育普及水平持续提升。一是学前教育加快发展。与 2009 年相比，2011 年全国幼儿园总数增加 2.9 万所；在园幼儿总数增加 766.6 万人、增长量超过前十年增量的两倍；全国学前三年毛入园率提高 11.4 个百分点，达到 62.3%，提前实现 2015 年达到 60% 的目标。二是义务教育实现历史性跨越。2011 年，全国 31 个省（区、市）和新疆生产建设兵团全面普及九年义务教育，小学净入学率达到 99.79%，初中毛入学率达到 100.1%，青壮年文盲率下降至 1.08%。三是高中阶段教育加快普及。2011 年，毛入学率达到 84.0%，与发达国家平均水平持平；中等职业学校 1.31 万所，在校生总数 2205.33 万人，约占高中阶段教育总规模的一半。四是高等教育大众化水平进一步提高。2002 年，毛入学率达到 15%，进入国际公认的大众化阶段；2011 年，毛入学率提高到 26.9%，在学总规模达到 3167 万人，居世界第一；具有大专以上文化程度的从业人数超过 11963 万人，居世界第二。五是继续教育不断推进。成立了国家开放大学、北京开放大学、上海开放大学。2011 年，全国各类教育机构进修培训等非学历教育注册学员达 5838 万人次，全年毕业结业达到 6520 万人次，其中 2122 万人次通过各种证书培训。

教育公平迈出重大步伐。一是全面实施城乡免费义务教育，惠及 1.6 亿学生。二是完善了资助政策体系。建立了从学前教育到研究生阶段完整的家庭经济困难学生资助体系，每年资助家庭经济困难学生近 8000 万人次，资助金额 980 亿元。三是提高了资助标准。2010 年、2011 年，两次提高中西部地区农村义务教育阶段家庭经济困难寄宿生生活费补助标准，达到小学生每生每天 4 元、全年 1000 元，初中每生每天 5 元、全年 1250 元。自 2010 年秋季学期起，将普通高校国家助学金资助标准由每生每年 2000 元提高到 3000 元，博士生提高到 1 万元。四是扩大了资助范围。自 2012 年秋季学期起，中等职业教育免费政策覆盖范围扩大到所有农村（含县镇）学生、城市涉农专业学生和家庭经济困难学生。五是拓展了资助领域。2011 年秋季，启动实施了学生营养改善计划试点工作。2012 年，在中西部地区启动了高校家庭经济困难新生入学路费资助项目。六是更加重视高等教育入学机会公平。自 2008 年起，实施"支援中西部地区招生协作计划"，由东部和发达地区招收河南、贵州等 8 省区考生，2012 年规模已达 17 万人。2012 年启动实施了面向贫困地区定向招生专项计划，安排 1 万名本科招生计划，专门招收 14 个集中连片特困地区 680 个县的考生。七是高度重视保障特殊群体平等受教育权利。至 2012 年，全国共有 1260 多万名进城务工人员随迁子女在城市接受义务教育，79.4% 在公办学校就读。至 2012 年，31 个省（区、市）除西藏外均出台了进城务工人员随迁子女接受义务教育后在当地参加升学考试的具体实施方案。

3. 社会保障体系建设取得重大进展

一是制度建设取得突破性进展。城镇居民基本医疗保险、新型农村养老保险（简称新农保）和城镇居民养老保险（简称城居保）等重要制度先后建立，实现了由单位和家庭保障向社会保障、由覆盖城镇职工

向覆盖城乡居民、由单一保障向多层次保障的转变。

二是覆盖范围迅速扩大。2012 年，全国城镇职工基本养老保险、城镇基本医疗保险、失业保险、工伤保险、生育保险的参保人数分别达到 3.04 亿人、5.36 亿人、1.5 亿人、1.90 亿人、1.54 亿人，比 2007 年分别增长 50.9%、140.2%、30.7%、56.0%、98.6%。2012 年，新农保和城居保参保人数达到 4.84 亿人，各项养老保险参保人数达到 7.9 亿人。

三是保障水平稳步提高。2005～2012 年连续 8 年调整企业退休人员养老金，2012 年全国企业退休人员人月均养老金达到 1721 元，是 2007 年的 1.86 倍。逐步提高基本医疗保险报销比例和最高支付限额，失业、工伤、生育保险待遇明显提高。5 年来，各级财政对 5 项社会保险的投入累计达到 14722.4 亿元，其中中央财政支出 10245.34 亿元。

四是加快解决历史遗留问题。中央财政安排基金，帮助地方将关闭破产国有企业未参保退休人员、其他关闭破产企业退休人员和困难企业职工、国有企业"老工伤"人员、未参保集体企业和"五七工""家属工"等群体纳入社会保险，总体上解决了社保领域经济体制转轨中的历史遗留问题。

五是社会保障公共服务体系初步形成。社会保障管理服务体系基本建立，形成了以各级社会保险经办机构为主干、以银行及各类定点服务机构为依托、以街道与乡镇劳动保障工作平台为基础的社会保障管理服务组织体系和服务网络，并逐步向社区、行政村延伸。"金保工程"一期完成验收，2012 年底社会保障卡已发行 3.41 亿张。

六是社会救助事业实现新跨越。2007 年，中央做出全面建立农村最低生活保障制度的重大部署，实现了用制度保障城乡居民基本生活的历史性突破。截至 2012 年 12 月底，全国共有城乡低保对象 7483.5 万人，约占总人口的 5.5%，基本实现应保尽保。为有效保障城乡困难群众基本生活，出台了一系列政策措施，完善低保对象资格条件，规范审批程序，加强对象动态管理，健全低保标准动态调整机制以及与物价上涨挂钩的联动机制等。截至 2012 年 12 月底，全国平均低保标准城市每人每月 330 元、农村每人每年 2068 元，分别比 2007 年增长 80.9% 和 146.2%；人均每月补助水平为城市 244 元、农村 109 元，分别增长 137.6% 和 180.9%。2006 年颁布施行了新的《农村五保供养工作条例》，农村五保供养制度实现了由农民互助共济向以政府财政保障为主的历史转型。农村五保供养制度顺利转型，供养对象衣食无忧。截至 2011 年底，全国共建有农村五保供养服务机构 3.2 万所、床位 232.6 万张。截至 2012 年 12 月底，全国有五保供养对象 545.9 万人，其中集中供养 184.5 万人；全国集中供养标准为年人均 4061 元，比 2007 年增长了 107.9%；分散供养标准 3008 元，比 2007 年增长了 110.1%。除此之外，医疗救助快速发展，困难群众医疗负担有所减轻；临时救助稳步推进，救急救难作用初步显现。

七是保障性安居工程建设取得明显成效。2008~2012 年，全国开工建设城镇保障性住房和棚户区改造住房超过 3000 万套，基本建成 1700 万套以上。到 2012 年底，全国累计用实物保障方式解决了 3250 万户城镇家庭的住房困难，受益户数占城镇家庭总户数的约 12%。近 500 万户城镇低收入住房困难家庭享受廉租房租赁补贴。改造农村危房 1033.4 万户。

八是社会保障法治化建设稳步推进。先后颁布实施《社会保险法》《军人保险法》，颁布修订了《工伤保险条例》，制定印发国家社会保障"十二五"规划纲要，并出台了一系列配套规章和实施办法，基本形成了具有中国特色的社会保障法律体系。

4. 医疗卫生体制改革取得阶段性成效

2009 年 4 月，新一轮医改全面启动，各项改革措施顺利实施，改革取得了超出预期的阶段性成效，为实现人人享有基本医疗卫生服务打下坚实基础。

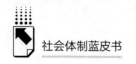

一是全民基本医保制度框架全面建成。职工医保、城镇居民医保和新农合三项基本医保参保人数超过 13 亿，覆盖率达到 95% 以上。城镇居民医保和新农合政府补助标准从 2008 年的每人每年 80 元提高到 2012 年的 240 元，政策范围内住院报销比例从 50% 左右提高到 70% 左右。推进城乡居民大病保险试点，提高大病保障水平。研究建立疾病应急救助制度，解决无负担能力患者医疗急救保障问题，积极推进医保支付方式改革，不断提高医保管理和服务水平。

二是国家基本药物制度和基层运行新机制逐步定型完善。创新基本药物采购机制，推动基本药物零差率销售覆盖全部政府办基层医疗卫生机构，基层药品价格比制度实施前平均下降 30% 左右。基本药物制度实施后，中央财政建立了对地方的经常性补助机制，基层机构综合改革不断深化，开始转轨到维护公益性、调动积极性、保障可持续性的运行新机制上。有序推动村卫生室实施基本药物制度，23 个省份基本实现全覆盖。

三是基层医疗卫生服务体系进一步健全。中央投资 630 多亿元，支持了 3.3 万多个基层医疗卫生机构建设，基本实现村村有卫生室、乡乡有卫生院、每个县都有达标县级医院、每个街道都有社区卫生服务机构的目标。加强以全科医生为重点的基层人才队伍建设，基层"软硬件"都得到明显改善，人民群众看病就医公平性、可及性明显提高。

四是基本公共卫生服务均等化水平明显提高。向城乡居民免费提供十类基本公共卫生服务，经费标准城乡统一、逐年提高，从 2009 年的全国人均 15 元提高到 2011 年的 25 元。实施重大公共卫生服务项目，累计受惠人群近 2 亿人。卫生发展模式从重疾病治疗向全面健康管理转变。

五是公立医院改革试点有序推进。探索政事分开、管办分开、医药分开、营利性与非营利性分开的具体实现形式。在 17 个国家试点城市、37 个省级试点城市，超过 2000 家公立医院开展试点；县级公立医院综合改革全面启动，全国已有 600 多个县（市）、1000 多家县级公立医院开展试点。北京、上海等城市大医院率先取消药品加成。便民惠民措施全面推行，多元办医格局加快推进。

5. 生产安全和食品安全工作不断加强

一是安全生产法规政策体系进一步完善。修订制定了《安全生产法（草案）》《道路交通安全法》《职业病防治法》等 14 部安全生产法律法规，颁布了 300 多项安全生产标准，实施了安全生产规划，制订完善了安全许可准入等近百项政策性制度，为安全生产工作提供了有力的法制保障。

二是加强政府安全生产监管工作。在所有重点行业领域连续开展打击无证无照和证照不全从事生产经营建设等非法违法行为，采取了停产整顿、关闭取缔、从重处罚和厉行问责“四个一律”的打击治理措施，依法关闭取缔了一大批非法违法企业单位。深入开展煤矿整顿关闭和瓦斯治理攻坚战，5 年共关闭小煤矿 7800 余处。连续开展道路交通、非煤矿山、危险化学品、烟花爆竹、建筑施工和消防等行业领域专项整治工作，安全状况明显改善。各级安委会和相关部门积极发挥综合协调、组织推动作用。全国省、市、县三级执法体系，包括乡镇在内的四级安监机构进一步完善。对重特大事故和瞒报迟报事故进行挂牌跟踪督办，严肃事故责任追究。

三是安全生产工作取得显著成效。各类事故起数由 2007 年的 50.62 万起减少到 2012 年的 33.53 万起，下降 34%；事故死亡人数由 2007 年的 10.15 万人减少到 2012 年的 7.13 万人，下降 30%，连续 5 年实现“双下降”。一次死亡 10 人以上的重特大事故从 2003～2007 年的年均 115 起，减少到 2008～2012 年的年均 76 起，下降 34%。2012 年与 2007 年相比，煤矿、金属与非金属矿山、铁路交通、渔业船舶事故死亡人数降幅均超过 50%；烟花爆竹、危险化学品、消防、道路交通、水上交通事故死亡人数降幅超过 20%。2012 年与 2007 年相比，亿元 GDP 事

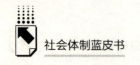

故死亡率下降66%，工矿商贸就业人员10万人事故死亡率下降46%，道路交通万车死亡率下降51%，煤矿百万吨死亡率下降75%。

四是制定食品安全重大政策和战略规划，完善食品安全法律法规体系。近5年来，《食品安全法》出台后，清理和完善有关法律法规规章，废止43件、新立31件。初步形成了以《食品安全法》为核心，各专项法律为支撑，与环境保护、产品质量、进出口商品和动植物检验检疫等法律相衔接的综合性食品安全法律体系。出台《国务院关于加强食品安全工作的决定》和《国家食品安全监管体系"十二五"规划》。

五是加强监管制度和监管能力建设。制定实施了《食品安全国家标准"十二五"规划》。根据《食品安全法》要求，对原有4900余项食品及相关产品的标准进行了清理整合，稳妥处理现行食品标准间交叉、重复、矛盾等问题，新公布302项食品安全国家标准。加快完善日常监管制度，农业投入品管理、食品生产经营许可、食品安全监督检查、食品检验、生产经营内部管理、进出口食品管理、消费者权益救济和部分食品种类的特殊管理等8类制度体系进一步完备。加强监管装备、队伍素质和技术支撑能力建设，成立国家食品安全风险评估中心，构建食品污染物和有害因素监测网、食源性致病菌监测网和食用农产品及饲料安全风险监控体系，风险监测覆盖全部省份、90%的地市和一半左右的县。

6. 应急管理工作取得重要进展

一是应急管理体制进一步健全。各地区各有关部门结合自身管理工作实际，不断加强应急管理领导机构、专业指挥机构和办事机构建设，形成了统一领导、综合协调、分类管理、分级负责、属地管理为主的应急管理体制。至2012年底，有24个省（区、市）成立了应急委，其余7个省（区）明确了应急管理领导机构，各省（区、市）政府都成立了应急管理办公室，全国地（市、州）和县（市、区）政府普遍成立了应急管理领导机构和办事机构。

二是应急管理机制逐步完善。健全完善了隐患排查和监测预警机制，积极推进气象、地震、卫生、水文、地质灾害、森林防火等灾害监测台网建设，综合预警能力不断提高。健全完善了应急处置机制，公安、民政、卫生、安全监管、气象等部门建立了部门间的信息共享机制和应急联动机制；一些地方建立区域应急联动机制。建立完善了恢复重建保障机制，及时制定救助补偿等善后政策，实施恢复重建计划，确保突发事件发生后灾区能尽快恢复生产生活和社会秩序。

三是应急预案体系建设得到加强。全国各级各类应急预案总数达到 550 万件，基本覆盖了各类突发事件，其中高危行业企业安全生产应急预案覆盖率达到 100%。修订了地震、森林火灾、食品安全、自然灾害救助、通信保障等一批国家专项应急预案。深入推进预案管理制度建设，提高预案的针对性和可操作性。大力推动各级各类预案演练。

四是应急管理法制建设稳步推进。在中央层面，制定或修订了《抗旱条例》《气象灾害防御条例》《大型群众性活动安全管理条例》等近 10 部配套法规；在地方层面，北京、辽宁、湖南、广东、安徽、山东等 10 多个省份相继出台了贯彻实施突发事件应对法的地方性法规，进一步丰富完善了中国应急管理法律法规体系。

五是应急管理队伍建设取得重要进展。着力加强以专业队伍为基本力量，以公安、武警、军队为突击力量，以专家队伍、企事业单位专兼职队伍和志愿者队伍为辅助力量的应急队伍体系建设。地震救援、电力抢修、危险化学品事故处置及核事故处置等各级各类专业应急救援队伍总规模已达到 100 多万人。全国 31 个省（区、市）成立了综合应急救援总队，所有市（地）级城市全部成立了综合应急救援支队，90% 的县成立了综合应急救援大队。

此外，近年来，中国应急培训和科普宣教工作深入开展，应急保障能力明显提高，应急管理工作经受住了各类重特大突发事件的严峻考验。

六　进一步深化社会体制改革

中国社会体制改革虽然取得了积极成果，但是，改革发展的任务仍然十分艰巨繁重。城乡之间、区域之间、群体之间发展差距较大，基本公共服务体系还不健全；纵向社会流动面临新的困难，公众诉求表达和利益维护机制亟待完善；政府与社会的边界尚不清晰，政府包办社会、干预社会的现象屡屡发生，社会组织发展和管理滞后；社会建设和社会管理方式与手段滞后于现代发展需要，社会矛盾和社会冲突时有发生，有些矛盾和冲突严重影响社会和谐稳定。因此，要按照十八大报告的要求，围绕加快形成党政负责的多元化的社会管理体制、政府主导的基本公共服务体系、政社分开的现代社会组织体制以及重视源头治理的社会管理机制，以民主、法治、公正为原则，以激发活力和维系秩序为目标，在着力保障和改善民生的基础上继续推进相关领域改革，高度重视社会体制改革的总体设计，突出抓好以下几项重点工作。

1. 深化收入分配制度改革

党中央、国务院高度重视收入分配问题。2008 年以来，围绕深化收入分配制度改革和增加城乡居民收入，各级政府采取了一系列政策措施，城乡居民收入水平持续快速增长。2008～2012 年，城镇居民人均可支配收入达到 24565 元，农村居民人均纯收入达到 7917 元，年均分别增长 8.8% 和 9.9%。但是，收入分配领域还存在不少突出问题，特别是居民收入差距扩大的趋势没有根本扭转。根据国家统计局公布的最新数据，2012 年，我国居民收入的基尼系数为 0.474，表明差距较大。

2013 年 2 月 3 日，国务院批转了国家发改委、财政部、人社保《关于深化收入分配制度改革的若干意见》。当前和今后一个时期，要按照该意见的要求，抓紧研究制定具体政策，有效解决收入分配领域存在的问题，缩小收入分配差距，使发展成果更多更公平地惠及全体人民。一要从就业政策、工资制度和公共资源分享机制入手，完善初次分配机制；二要以改革财税体制、完善社会保障体系为重点，健全再分配机制；三要加强收入分配领域法律法规和制度建设，整顿和规范收入分配秩序。

收入分配制度改革的立足点和最终目标，是提高城乡居民的收入水平，维护他们正当合法的劳动所得，让他们更好地享受改革发展的成果。

2. 大力发展社会组织

尽管几十年来我国社会组织取得了很大的发展，但与经济社会发展要求相比，还存在一些问题。一方面，社会组织培育发展不足。到2012年底，我国在民政部门登记注册的社会组织约为47万个，相对于人口规模而言低于世界一般水平，与发达国家相比差距更大。另一方面，社会组织规范管理不够。虽然我国在民政部门登记的社会组织只有47万个，但还有100万个以上没有登记的社会组织在开展活动；一些社会组织行政化倾向严重，存在着"官办、官管、官运作"的现象，管理和运行模式类似于政府机构，有的甚至成为"二政府"；一些领域的社会组织存在垄断现象。造成上述问题的原因是多方面的，其中之一在于相关管理制度不合理不完善。主要是：对成立社会组织设定的门槛过高，社会组织与行政机关存在依附关系，注重社会组织成立登记环节的审批而轻视对社会组织活动的监管。

十八届二中全会和全国人大十二届一次会议通过的《国务院机构改革和职能转变方案》明确提出改革社会组织管理制度，促进社会组织健康发展。一是逐步推进行业协会商会与行政机关脱钩，引入竞争机制，探索一业多会，以改变行业协会商会行政化倾向，增强其自主性和活力。二是重点培育、优先发展行业协会商会类、科技类、公益慈善类、城乡社区服务类社会组织。成立这些社会组织，直接向民政部门依

法申请登记，不再需要业务主管单位审查同意。民政部门要依法加强登记审查和监督管理，切实履行责任。考虑到政治法律类、宗教类等社会组织以及境外非政府组织在华代表机构的情况比较复杂，成立这些社会组织，在申请登记前，仍需要经业务主管单位审查同意。三是坚持一手抓积极引导发展、一手抓严格依法管理，建立健全统一登记、各司其职、协调配合、分级负责、依法监管的社会组织管理体制，健全管理制度，推动社会组织完善内部治理结构，促进社会组织健康有序发展。

3. 畅通和规范利益表达机制

近年来，各地信访压力居高不下，群体访和越级访较多，对社会和谐稳定造成较大影响。造成这种状况的原因是多方面的，其中一个重要原因是群众的利益诉求表达渠道不畅，一些地方领导对群众正当合理的诉求不重视。因此，要充分尊重和保护广大群众表达诉求的权利，积极拓宽群众利益表达的渠道，引导群众依法理性表达诉求和维护权益。发挥人大、政协、人民团体、行业协会、社会组织以及大众传媒等社会利益表达功能。在基层探索建立多种形式的"议事会"，吸纳各方面人士广泛参与。在外来人口较多的社区，要创造条件和方便外来人口参与社区事务，表达利益诉求。

改进和完善信访制度，完善信访工作考核体系，防止过度考核引发其他问题，最大限度降低信访工作行政成本、社会成本；进一步完善信访工作程序和信访事项处理标准，纠正一切"拦卡堵截"正常上访群众的错误做法；推进以市县两级为重点的领导干部接访下访工作，到一线和基层实地解决难题；进一步规范群众信访行为，切实维护正常信访秩序；探索建立科学、高效、权威的信访问题解决机制和终结机制。逐步把涉法涉诉信访从普通信访中分离出来，符合条件的导入司法程序。

重视和用好社会媒体的公民参与功能。现代信息技术的快速发展，为公民参与社会建设和利益表达提供了新的便利条件。要充分利用新媒体的参与功能，通过网络等"问计于民、问需于民、问政于民"，创造更多平台和载体，扩大参与空间，方便网民参与。同时，也要引导人们在虚拟社会中理性、依法表达意见、反映诉求、维护权益。

4. 加强社会领域法治建设

经过多年的不懈努力，中国特色的社会主义法律体系已经形成。但是，社会主义法律体系还需要不断完善，特别是社会领域的立法、执法和司法还有待加强。

一是要完善社会法立法。需要进一步制定系统完善的社会法律，以规范劳动关系、社会保险、社会福利、信息传播、土地征用、房屋搬迁、公民参与和特殊群体权益保障等。①

二是要坚持依法行政，建设法治政府。严格依法办事，坚持"有法必依、执法必严、违法必究"。要加快解决一些法律法规之间，特别是规章、规范性文件之间不衔接、不协调、适用困难等问题，进一步提高制度建设质量；要加快重大行政决策程序立法，健全决策问责和纠错制度，全面开展行政执法规范化建设，大力规范行政权力运行；加强行政复议和行政调解工作，充分发挥行政机关在化解社会矛盾纠纷中的作用，引导群众通过法定渠道反映诉求、解决纠纷。

三是要公正司法，树立司法权威。坚持"人民法院依照法律独立行使审判权，不受行政机关、社会团体和个人的干涉"，"人民检察院依照法律规定独立行使检察权，不受行政机关、社会团体和个人的干涉"，要求司法机关立足正义，树立法律至上的原则，严格按照法律规定，独立做出裁决，维护司法权威。

5. 积极培育和践行社会主义核心价值观

核心价值观蕴涵着人们对世界、对人生、对社会等一系列重大问题的价值共识，深刻影响每个社会成员的思想观念、思维方式、行为规范。中国正处于社会转型期，思想领域日趋多元、多样、多变，各种思

---

① 贾宇：《社会管理创新与法治保障》，《公民与法》2011 年第 8 期。

潮此起彼伏，各种观念交相杂陈，不同价值取向同时并存，所有这些表现出来的是具体利益、观念观点之争，但折射出来的是价值观的分歧。因此，需要积极培育和践行社会主义核心价值观，使全体社会成员在价值认同上找到最大公约数，在具体利益矛盾、各种思想差异上最广泛地形成价值共识，有效引领整合纷繁复杂的社会思想意识，有效避免社会分化可能带来的思想对立和混乱，促进社会团结和谐。①

党的十八大报告明确提出："倡导富强、民主、文明、和谐，倡导自由、平等、公正、法治，倡导爱国、敬业、诚信、友善，积极培育社会主义核心价值观。"要在全社会大力弘扬这些思想、理念和精神，在凝聚全社会共识的基础上，进一步提炼、概括更为简洁、更为有力的社会主义核心价值观。特别要充分发挥人民群众的首创精神，尊重人民群众的主体地位，善于发现人民群众中蕴藏的积极向上的思想精神，引导群众自我教育、自我提高；要尊重广大群众在思想意识、价值观念上的差异性，既鼓励先进，又照顾多数，创新宣传教育形式和手段，多用典型示范、交流疏导、说服教育、民主讨论的方法，有针对性地解决群众的思想疑虑和困惑。要加强政务诚信、商务诚信、社会诚信和司法公信建设，以政务诚信和司法诚信带动商务诚信和社会诚信，以官德、官风促进民德、民风。

---

① 王晓晖：《积极培育和践行社会主义核心价值观》，载《十八大报告辅导读本》，人民出版社，2012。

专 题 篇

Special Reports

B.2

中国的政府社会管理

张林江　沈伟鹏 *

摘　要：

　　本篇总结了近年来中国政府社会管理取得的积极成就，认为应逐步理顺社会管理体制，完善社会组织体制，强化基本公共服务，改革社会管理体制；分析了社会管理面临的问题和挑战，认为社会矛盾仍然处于高发易发期，政府社会管理责任不明、边界不清，社会组织立法滞后、操作标准不一，政府公共服务不能达到人民群众期望；最后，提出了进一步加强和创新政府社会管理的建议。

关键词：

　　政府社会管理　问题与挑战　改革建议

---

* 张林江，国家行政学院社会和文化教研部副教授；沈伟鹏，国家行政学院社会和文化教研部博士。

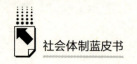

社会管理是政府的重要职能之一，在小康社会建设、现代化建设中具有十分重要的地位。近年来，特别是 2011 年 2 月中共中央党校举办省部级主要领导干部"社会管理及其创新"研讨会以来，在中央的统一部署下，各级人民政府、各行政管理部门结合实际，进行了丰富多彩、成效显著的探索和实践，积累了许多成功的经验，形成了一系列很好的做法。

一 中国政府社会管理取得了积极成就

近年来，各级政府以人为本，按照科学发展观要求，充分借鉴国外社会治理经验，立足于中国实际，走出了一条有中国特色的社会主义社会管理道路。

（一）逐步健全社会管理体制

摆正国家－社会的关系，一直是社会治理的实践与理论难题。政府如何做到既到位又不越位、错位，是世界各国普遍面临的巨大挑战。中国政府从本国治理的实际出发，大胆而又积极稳妥地加快行政体制改革，通过不断开放社会空间、营造良好社会生态、促进公共服务水平提升，调动了各方面的积极性和主动性，大大促进了社会管理体制的不断完善。

2002 年以来，各级人民政府认真贯彻落实中央的部署和要求，加快转变政府职能，不断加强政府管理创新，深化行政审批制度改革，取得了明显成效。2012 年 8 月，国务院批准广东省"十二五"时期在行政审批制度改革方面进行试点。全国政企分开、政资分开、政事分开、政社分开的步伐不断加快。各类监管措施更加人性，事关人民群众福利的各类社会管理事务办理更加便利。

在各地实践中，"党委领导、政府负责、社会协同、公众参与"的局面已经初步形成。北京等地通过"楼宇党建"等社会管理方式，促进了党的建设扩面提效，拓展了政府社会管理服务范围。河北省肃宁县探索推行了基层党组织、基层民主组织、农村经济合作组织、农村维稳组织"四个覆盖"农村社会管理模式，打造了一张覆盖整个农村和广大农民的管理服务网络。成都市结合城乡统筹需要，在城乡社区将"最难办的事情交给群众自己去解决"，在社会管理的议题设定、公共项目选择、工作开展等方面，调动了广大人民群众的积极性和自觉性。

（二）逐步完善社会组织体制

在社会管理中如何发挥好社会组织的作用，是各地、各部门和专家学者都十分关心的大问题。近几年的实践，推进了中国现代社会组织体制的建立。

首先，不断通过政府职能转变，开放社会组织成长空间。国务院加大了社会事业领域审批事项的清理、精简和调整力度，在放宽限制、打破垄断、鼓励竞争、公平准入、扩大开放、推动转变政府职能方面取得了明显成效。比如，北京市成立社会工作委员会（市政府社会建设办公室），通过"枢纽型组织"的方式，将全市 100 多万个"新经济组织"、3 万多个"新社会组织"有效组织起来，把管理、规范和服务结合起来，促进了"两新"组织的健康发展，吸纳了 400 多万人就业。珠海市的政府部门在 2010 年、2011 年与 30 家社会组织签订了政府职能转移协议，将 88 项政府职能转移给社会组织。

其次，不断通过改革社会组织的管理方式，促进社会组织健康发育。目前，中国在民政部门登记的各类社会组织已经有 46 万多个。各级政府和民政部门根据社会形势的需要，逐步简化和放宽了登记注册条件，积极推动社会组织的自我管理、自我服务、自我发展。广东、上海、北京等地，设立了"社会组织培育基地"，为新生社会组织提供办公场地和基本办公条件。

最后，通过积极引导、大力培育，实现社会组织的持续发展。广东省、北京市等地大力开展政府向社会组织购买服务活动，将一些传统由政府及相关部门包办包揽的基本公共服务、社会服务、行业管理与协调事项、技术服务事项、政府履职所需辅助性和技术性服务、政府研究项目等纳入政府采购服务范围，促进社会组织有活可干、有经费可用、有机会发展。这些做法，创新了公共服务体系，释放出了潜藏于民间的参与社会管理的强大力量。

（三）逐步强化基本公共服务

基本公共服务是维持经济社会稳定发展、维护社会公平正义、维护个人尊严和权利实现的基本社会条件，是现代政府合法性的重要来源。近年来，各级政府和相关部门按照中央要求，在使广大人民群众学有所教、劳有所得、病有所医、老有所养、住有所居等几个方面，大胆探索、积极作为，取得了一定成效。

一是更大力度促进就业。通过及时出台实施针对性的扩大就业政策、加大就业培训、建立健全统一灵活的人力资源市场等措施，中国就业形势整体平稳。近十年来，就业规模不断扩大。2011 年，全国就业总人口达到76420 万人，城镇就业人员达到35914 万人，农村外出务工人员达到2.5 亿人，年均保持 1000 万～1200 万人流入城镇。同时，就业结构持续优化，第二、三产业就业人员已经占到非农就业人员的2/3，第三产业就业人员已经居首位。

二是推进覆盖城乡的社会保障体系。通过不断扩大覆盖面、逐步提高保障标准、稳步采用多元资金筹集和运营等方式，中国基本建立和完善了城镇职工基本养老保险、失业保险、城镇基本医疗保险、工伤保险、生育保险、城镇居民社会养老保险、新型农村合作医疗制度以及新型农村社会养老保险等社会保险体系，建立和完善了城乡最低生活保险制度、医疗救助等社会救助体系，发展和完善了孤儿收养、优抚安置、残疾人事业等社会福利事业，初步形成了一个相对完整的社会保障体系。

三是加快发展各项社会事业。通过区分"公益性"和"非公益性"的界限，政府加快了公益性教育、卫生、住房、安全等方面的制度设计和推进，并通过组织创新、财政保障、加强监督等措施，促进基本公共服务的均等化。九年制义务教育全面普及，各级各类学校的助学助教体系不断完善，地区间、城乡间的教育发展不均衡情况有所改善。高等教育得到长足发展，2011年，全国普通高校招生规模达到680多万人。公共卫生服务网络和医药服务体系建设加快，医疗体制改革不断深化。2011年，城乡千人卫生技术人员拥有率分别达到7.9人和3.19人，城镇社区卫生服务中心（站）达到32860个，农村卫生室建设不断完善。

通过政府保障和政策支持，解决困难群众的基本住房问题，也成为政府基本公共服务的内容。国务院和地方各级人民政府不断完善政策，并通过财政补助、土地优惠、税费减免等方式，大力推进保障房建设。中国以廉租住房、经济适用住房、公共租赁住房为主要形式的住房保障制度初步形成。"十一五"共开工保障性住房1630万套，"十二五"期间还要建设3600万套。包括社会治安、社会安全、食品药品安全、自然灾害和突发事件应急在内的公共安全体系建设步伐加快，公共安全预警和处置能力不断提高，社会治安防控体系全面建成，保证了社会秩序的稳定和社会整体和谐。

四是创新公共服务提供方式。改善民生，是政府的责任。调动民众广泛参与，形成密切配合、充分理解的良好氛围，是各项民生工程落到实处的保证。杭州市在实施西湖综合保护、背街小巷和危旧房改善、"免费单车"系统建设等一系列重大工程中，通过建立健全"以民主促民生"工作机制，创新民主参与方式，为有效改善民生、促进社会和谐稳定提供了机制保证。

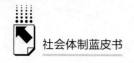

（四）逐步改善社会管理机制

源头治理、动态管理、应急处置相结合，是社会管理效能化的客观要求。从源头上、根本上防范社会矛盾的产生，是治本之举。实现对社会矛盾的及时发现、及时化解，避免"小事拖大、大事拖炸"，是管理之要。不断提高应急处置能力，做到高效应对、科学应对，是长治之需。

一是不断提高流动人口管理和服务水平。数以亿计的农民工流入城镇，给中国的经济社会发展带来巨大活力，也给各级政府的社会管理带来挑战。各地在加强培训、引导流动、促进同工同酬和同等社会福利方面，做了大量工作，促进了农民工融入城市。同时通过以房管人、以证管人、以业管人，及时了解流动人口诉求，及时化解社会纠纷，避免了城市二元结构产生较大社会冲击。

二是加强对特殊人群的服务和管理。刑释解教人员、肇事肇祸精神病人、不良行为青少年、吸毒人员等特殊人群，是需要加以特殊关注、关爱和关怀的人群。广州、上海、江苏等地，通过设立培训机构、专门学校、救助站和过渡性服务机构等，引入社会工作、进行专业干预，帮助相关人员解决就业、上学、就医和生活、社会融入等方面的具体困难，建立了社会帮扶机制和连续性监管服务体系。

三是加大社会矛盾的排查化解。各级政府通过强化和完善信访制度，畅通和规范群众的诉求表达、利益协调、权益保护渠道，普遍建立大调解体系，施行社会稳定风险评估，有效地预防和化解社会矛盾。辽宁省纪委、省政府纠风办联合开通"民心网"，接受群众网上投诉。江苏南通市在全国率先建立社会矛盾大调解机制，创建了"横向到底、纵向到边"的覆盖城乡的六级大调解网络。海门市创造性地将高发的交通事故纠纷、劳资纠纷等实行一站式并联矛盾调处。深圳南山区建立"和谐企业工作室"，完善了工会、信访、企业三方代表组成的对话协调机制。

四是加强治安防控体系建设。各级政府普遍加强了政法工作力度，不断强化治安防控的人财物投入。普遍探索信息化和网格化管理方法，并通过发动群众参与重大活动安保和日常社会秩序维护，点线面相结合，人防、物防、技防相结合，打防管控相结合，网上网下相结合的立体化社会治安防控体系已经建立。

二　政府社会管理面临新的问题与挑战

总体上看，中国社会管理水平是与社会发展基本适应的。但也要看到，经济体制深刻变革、社会结构深刻变动、利益格局深刻调整、思想观念深刻变化，导致政府社会管理面临巨大考验。

（一）社会矛盾仍然处于高发易发期

一是就业岗位需求数量大，结构性矛盾突出，劳动关系紧张。每年由农村进城务工的"新市民"上千万人，毕业大学生 600 多万人，新增就业岗位需求 2000 万个以上。中高级技能人才供不应求，普通劳动力供过于求，结构性矛盾长期得不到化解。部分行业和地区劳资关系紧张。2012 年，全国各级劳动争议仲裁机构立案受理劳动争议案件超过 60 万件。由于工资引发的利益矛盾、企业管理不规范、企业经营困难向工人转嫁风险等各类矛盾均呈上升趋势，甚至在局部地区引发停工、罢工、游行等群体性事件。

二是政府发展压力大，部分官员行为失当，容易引发群众利益受损事件。为了建设公共工程、推进公益项目，或者为了招商引资等目的，征地拆迁冲突、劳资冲突、环境事件引发的冲突长期高位运行，以这三类社会矛盾为主引发的群体性事件每年均以数万起计，群众上访数百万人次。特别是环境群体性事件近年增速很快。自 1996 年以来，一直保持年均 29% 的增速。什邡事件、启东事件、宁波 PX 事件等都引起巨大

社会影响。

三是在收入差距拉大、群体间关系有所紧张的大背景下，社会心态不稳。广大群众普遍感觉到生活压力加大，物价上涨、就业难、房价高、看病贵等困难现实而又剧烈。某些强势阶层或群体为所欲为，全社会各行各业"潜规则"流行，社会信任面临困境。广大民众的生活普遍改善，幸福感却未相应提高。浮躁、焦虑、冲动等虚弱心态和非理性行为增多，某些还发展到公开"约架""动手打人"等行动，少数家人反目为仇甚至互相谋杀、借公共事件泄愤砸车打人、谋杀学生等行为，表明社会风气有恶化的可能。

（二）政府社会管理责任不明，边界不清

一是认识存在差异。各级政府在社会管理中扮演什么角色、发挥什么职能，各地认识存在很大的差异，操作无章可循。实践中，社会管理各主体承担的工作和事务，基本取决于当地主要领导的思路，取决于各方权力（利）博弈，尚未形成制度化、常态化的职责分工。特别是在实践中，一方面，政府及其部门有着强大的资源动员能力和路径依赖，仍然习惯于"大包大揽""亲力亲为"的工作方式；另一方面，社会组织、社会团体、城乡社区、人民群众主动参与社会管理和服务的积极性不高，主动性不强，仍然习惯于"有事找政府""政府万能"。

二是缺乏制度保障。政府社会管理机构的职责、编制、岗位等仍有待落实，部门间管理权限有待明确，政府、社会组织、公众参与的机制有待建立。

三是事权划分不细。各级政府、政府各部门履行职能的事权存在重复、交叉甚至冲突等众多情况，经常发生"事来打乱仗""无事都不管"的局面。社会管理服务需要的各种资源，仍然集中在上级政府及其部门，集中在权势和要害部门。

四是盛行经验式管理。在社会管理和服务过程中，仍然喜欢并习惯

于行政审批、上项目、批资金、搞评比达标、对下进行"走过场式"检查和验收等方式。在公共服务领域打破政府垄断引入竞争机制，发挥政府、市场和非营利组织的作用，仍然不被多数政府公务人员认可。

（三）社会组织立法滞后、操作标准不一

一是立法进展缓慢。目前，社团登记管理条例、基金会管理条例等相关法律修订了很长时间，却长期不能出台。而且立法进程不透明，立法内容不公开，没有一个让社会公众有序参与的渠道，不能充分吸纳社会各方面的意见和建议。

二是社会组织的登记注册困难仍未得到彻底解决。虽然民政部直接登记了部分社会组织、广东等地尝试简化登记程序、北京以"枢纽型组织"代替主管部门，做了一些积极的尝试，但受立法所限，全国性的社会组织登记注册难题仍未破解。

三是现有公办社会组织"去行政化"步伐缓慢。这些社会组织往往由机关人员兼职或退休后担任主要领导人，有一些还直接承担政府职能，甚至免费使用政府物业、与政府部门合署办公等，"行政化"色彩浓厚，乱收费、乱评比、乱培训等现象大量存在。

四是社会组织"一业一会"的垄断性限制没有根除。虽然一些地方通过名称变异、领导人协调等方式，突破了"一业一会"的限制，但都具有明显的规避法律嫌疑，真正竞争型的机制并未建立。

五是社会组织培育中心（孵化器）作用有限。受资金、管理、场地等方面的限制，承担功能有限，只具有展览的意义，而服务远远不能满足社会需求。

六是政府购买社会组织服务规范程度低。有的购买服务招标走过场，人情标、关系标众多。部分政府自办社会组织私自承接服务，有的还滋生回扣送礼等现象。有的设置过高的购买公共服务的条件，导致小型社会组织、新生社会组织机会不均等。

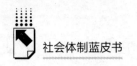
七是出现了社会组织管理过度现象。在各地实践中，政府管理部门为了规避风险，规定了非常烦琐的管理要求，对社会组织设置了预算、申报、报表、审计、评估、检查、年度考核等多重管理内容，耗费社会组织大量人力物力。

（四）政府公共服务不能达到人民群众期望

一是公共服务型政府建设缓慢。受发展程度、政绩观等因素的影响，为数不少的地方仍然是经济建设型政府。从中央到地方，各级政府用于教育、卫生、养老、保障房等方面的支出持续增长，人民群众在这方面的怨言却非常之多。

二是中央、地方各级政府之间的公共服务责任分工和财政支持划分不清。财力普遍向上集中，职能和责任却不断下放，基层公共服务人财物保障仍然缺乏机制化长效渠道。

三是公共服务提供方式过于单一。多数地方政府及其部门习惯于亲自提供公共服务，调动社会各方面积极性不够。而且，极大地挤压了企业和第三部门提供公共服务的空间。在实际操作中，还出现了由于政府包揽公共服务产生财政危机的现象。部分公共服务提供的效率低下，针对性差。

四是公共服务项目的选择过于偏重维稳。为了防范群体性事件和上访，地方政府在政法、监控、信访、治安等方面投入很大，出现了"花钱买太平""花钱装门面"现象。

三　进一步提高政府社会管理的科学化水平

党的十八大提出，必须从维护最广大人民根本利益的高度，加快健全基本公共服务体系，加强和创新社会管理，推动社会主义和谐社会建设。

（一）进一步做实做强政府的基本公共服务

一是要通过区分政府、社会、家庭、个人的各自责任，建立政府基本公共服务提供的责任机制。政府在这方面需要做好如下工作：其一，促进就业、再就业和创业。其二，提供基本公共卫生服务，实现初级医疗保障。其三，向全社会提供公平的教育资源和人力资源增长机会。其四，完善并不断提高社会保障能力和水平。其五，加强公共安全管理，维护社会秩序和诚信环境。其六，发展社会福利事业，建立适合中国国情的社会福利制度。

二是要掌握公共产品供给基本规律，建立"政府主导、社会参与、适度竞争、监管有力"的现代公共服务体制。要通过建立公共预算制度和以公共服务为导向的政绩考核制度，促进形成科学的公共服务决策机制，保证公共资源主要运用于公共产品和公共服务的供给，保证公共服务水平与经济发展水平相协调。逐年增加公共服务投入的比例，改善公共服务质量，使全社会成员都能够享受均衡的基本公共服务。要通过建立公共服务分权化的管理体制，调动社会各方面力量参与提供公共服务，鼓励各种民间组织投资兴办公益事业和提供社会服务，实现公共服务供给主体的多元化和供给方式的多样化，满足公众高质量和日益多样化的需求。要通过透明化和监督常态化，建立现代公共服务监管机制。为此，实现公共服务的决策、执行、监督适度分离，建立公共服务供给透明化制度，促进公共服务的群众监督，极为必要。

三是要在建立城乡统一的基本公共服务制度方面取得重要突破。要通过基本公共产品的有效供给，逐步缩小贫富差距，缩小城乡差别，彻底改变不合理的城乡二元结构。要通过建立流动人口基本公共服务制度，加大对农村、老少边穷、城乡困难群体的公共财政投入、转移支付、援助帮扶等，促进公共服务资源在城乡、区域、群体间的均衡配置。要通过对农村、欠发达地区、困难群众实施教育、培训、卫生、就

业等方面的有重点的针对性支持，不断提高他们的人力资源储备，增进他们的劳动技能和社会适应能力，为他们向上社会流动提供动力。

（二）进一步培育发展社会管理多元互动格局

首先，要结合政府职能转变和建设服务型政府，切实限定政府责任和履职边界。要明确政府及其部门履行职能的权力边界和职责范围，实现职责法定，真正实现政企分开、政资分开、政事分开、政府与市场中介组织分开。要按照权责一致的原则，不断规范各级政府间、政府及其所属部门间、垂直管理部门与地方政府间的关系，合理调整社会管理事项职责，实现管理与责任挂钩、与利益脱钩，从而真正为社会组织的发育和基层自治开放空间，培育服务市场，营造发展环境。

其次，要加快社会组织立法进度，大力发展社会组织。各级政府、民政部门、社会建设（管理）部门，要结合各自实际，加快社会组织立法和政策调整进程，有序放开社会组织发展的"大门"，适度放宽准入"门槛"。要通过简化登记手续、降低准入标准，引导经济科技类、慈善公益类、社会服务类、社区服务类的社会组织加快发展。要通过科学评估，将部分不适合由政府履行的职责交由社会组织承担，并通过购买服务、特许服务、合约服务等多种方式，形成开放竞争的社会服务市场。要进一步简化和优化社会组织的管理。在税收减免、会费收取、票据管理、社会保险等方面要积极作为，为社会组织发展提供便利和良好的发展环境。另外，要减少评比、检查、申报、审批、报表等各类附带事务，确保社会组织能够集中精力做好社会服务。在放松准入、减少打扰的同时，要通过制度化措施，加强对社会组织的日常监管和违法查处；同时，引导社会组织遵守法律及其章程，规范社会组织的社会行为。

再次，要推动基层自治，加快城乡社区管理体制改革。要通过建立新型社区管理和服务体制，增强社区的共同体功能，构建行政管理与基层自治相衔接、政府依法行政和居民依法自治良性互动的格局。为此，一方面，要弱化社区的行政化倾向，逐步从社区干部的身份及待遇、社区经费来源、社区事务议题、社区公共事务决策与执行等方面，收缩政府的战线，淡化社区的管控、维稳色彩。另一方面，要加强社区居民委员会和村民委员会建设，有序扩大基层民主，使"民主选举、民主决策、民主管理、民主监督"的自治原则真正落到实处。依法保障社区居民委员会、小区业主委员会的自治空间，支持和帮助业主管理委员会等群众自治组织发挥自治管理和服务作用。

最后，要强化公民参与社会管理和服务意识，激活自我管理资源。要通过宣传、帮扶、引导等方式，培养和壮大志愿精神，鼓励社会各界热心参与公益事业，促进积极向上、热心文明的社会氛围的形成。

（三）进一步完善社会管理服务的体制机制

首先，要加快完善社会管理领导工作机制。进一步强化政府在社会管理中的总体协调、筹划规划、日常监管功能，形成分工合理、权责明确、协调有序、运转高效的社会管理领导体制和工作机制。同时，发挥人大、政协、民主党派、工会、共青团、妇联在社会管理中的作用，加强政府部门与相关机构的协调，整合各方力量，确保社会管理体制高效运行。

其次，建立覆盖全社会的社会管理服务体系。中国的基层社会管理和服务已经由条块分割的单位体制向属地化的社区体制转型。社区是有地域属性的人们的社会共同体，也是新形势下社会整合的重要载体。只有通过城乡社区，才能实现包括对常住人口和流动人口在内的实有人口的管理服务。要按照属地原则，建立流动人口和特殊人群管理与服务体制。要在制度上明确流入地政府的责任，建立与实有人口相适应的财政预算、管理机构人员编制和公共设施提供机制，中央政府对地方的转移支付也应当考虑人口流动因素。

再次，建立健全适应社会利益主体多元化的社会利益调节机制。中国正处于社会利益的大分化、大重组时期，利益关系复杂多变。政府要按照公平正义原则，充分发挥好对社会收入的调控职能。并通过营造守法氛围和契约精神，发挥社会自我调节机能。各级政府应当通过建立工资协商、价格听证、重大项目评估公示等制度，建立相关利益主体间的平等协商机制，实现利益的协调平衡。另外，要进一步完善利益协调和诉求表达机制，畅通调解、法律诉讼和仲裁途径，及时发现和化解各类社会矛盾与纠纷。

最后，完善社会安全应急管理机制。要加强社会治安综合治理，增强人民群众的安全感。推进社会稳定风险评估机制建设，防止在决策、审批等前端环节因工作不当而产生社会矛盾。健全和落实各项安全生产制度，防范遏制重特大安全事故。健全公共突发事件应急管理体系，制定完善全方位、多层次的各类应急预案，加强消防、交通、气象、地震、人防、电力、水利等公共基础设施建设，增强全社会抵御风险的能力。

（四）进一步加强社会管理的法治保障

首先，通过法治，进一步明确党委、各级政府、社会团体、社会组织、社区、公民在社会管理领域中的定位与职责。彻底避免政府在社会管理中越位、错位、缺位，建立长效稳定的公共服务体制；真正摆顺政企、政事、政社关系，厘清基层群众社会自治和加强政府社会管理的关系。

其次，通过法治，及时平衡利益、定纷止争，化解社会矛盾。现代国家无不通过立法来集中民意、保护产权、调整利益关系，实现社会资源和社会利益的合理分配，这也是中国社会管理的题中应有之义。还要通过立法、执法、司法等方式调整各类社会主体间的财产关系、家庭关系、政治关系、社会关系，起到矛盾调处的作用。为此，需要将当前社会管理中一些行之有效的办法、措施上升为法律，以公开、公平、公正的方式对人们的社会行为做出评判，对人们的矛盾纠纷进行处置。

再次，通过法治，维护社会秩序，促进社会和谐稳定。通过立法，避免工作的随意性，防止权力滥用；通过执法，帮助人民群众形成对行为的合理预期，公平公正地处理公共事务；通过司法，促进社会秩序的正常运行，避免少部分人"投机获利"破坏善风良俗；通过加强监督，避免"运动式"管理、唯长官意志是从、受人际关系干扰。

最后，通过法治，推动社会空间的发育和生长，形成国家与社会的良性互动。近年来，我们通过社会管理，开放了大量的社会自治空间，效果十分突出，但中国社会空间的开放是一个渐进的、缓慢的过程，需要通过法治引导社会达成共识，从而不断保障公民社会权利的实现。

B.3

中国社会组织参与社会管理

尹志刚　王雪辉*

摘　要：

本篇介绍了中国社会组织的范围、类型以及发展情况；结合地方经验和具体案例，指出社会组织的功能及其参与社会管理的途径，重点研究和介绍了作为社会组织参与社会管理的主要途径——政府购买公共和公益服务——的做法和经验。

关键词：

社会组织类型　参与社会管理途径　政府购买服务

中国社会组织主要包括社会团体、基金会、民办非企业单位、行业协会、社会中介组织、社区基层群众组织及工商注册的社会组织等。改革开放，特别是近几年以来，社会组织参与社会管理的范围越来越广，层次越来越深，作用越来越大。

一　社会组织发展情况

《2011 年社会服务发展统计公报》显示，截至 2011 年底，全国共有社会组织 46.2 万个，比 2010 年增长 3.7%。其中，社会团体 25.5 万

---

* 尹志刚，北京行政学院社会学教研部教授，北京市社会学会副会长；王雪辉，北京行政学院社会学研究生。

个，增长 4.0%；民办非企业单位 20.4 万个，增长 3.1%；基金会 2614 个，增长 18.8%（公募基金会和非公募基金会共接收社会各界捐赠 219.7 亿元），共有基层群众自治组织 67.9 万个。

各类社会组织业务范围几乎覆盖了社会的各个领域：教育、卫生、科技、文化、劳动、民政、体育、环保、法律、慈善等公益领域及中介服务，初步形成体系，吸纳 599.3 万人就业。6 万多个行业协会联系企业会员 2000 多万名，4 万多个学术团体联系 500 多万名专家学者，专业协会联系 1000 多万名会员。各类社会组织的经济实力开始显著增强。到 2011 年为止，拥有固定资产 1089 亿元，年收入约 1247 亿元。社会组织利用自身资源优势提供各种专业性服务，广泛参与社会管理活动，满足了不同群体的需求，弥补了政府和市场功能的不足，也使社会组织在社会管理实践中经受了锻炼，组织能力得到了提高，并受到社会的广泛关注和认同。

二 社会组织的分类

（一）社会组织的一般分类

社会组织分类思路有两个，一是单一标准分类法，二是复合标准分类法。分歧主要体现在单一标准分类法上，可以简单归纳为法律地位、公益性质、活动范围和领域、民间性程度、权力诉求、服务对象、功能差异、规模大小九种分类法。

中国官方文件依据法律地位和规模差异把社会组织分为三类：一是法定社会组织，包括社会团体、基金会、民办非企业单位；二是草根社会组织，包括工商登记（企业），无法人地位的单位下属组织、小区公益性组织，农村社会组织；三是准社会组织，包括改制中的事业单位、业主委员会、网上社团等新型组织。

联合国国际标准产业分类体系（ISIC）将社会组织分为 3 个大类

15 个小类：教育类，包括小学教育、中学教育、大学教育、成人教育等；医疗和社会工作类，包括医疗保健、社会工作、兽医；其他小区服务和个人服务类，包括商会和行业协会、工会、娱乐组织、图书馆、博物馆、环境卫生，以及文化、运动与休闲等机构。[①]

（二）参与社会管理视角的社会组织分类

社会组织的不同分类服务于不同的目的和功能。以参与社会管理为主要价值取向，对社会组织的分类应着眼于其公共性、公益性及其程度。

不同类型的社会组织参与社会管理的角色和功能不同。其一，从公共性及其强度分析，可以把社会组织划分为公共性组织、准公共性组织（承担的大部分业务工作是协助政府提供相关的公共管理和服务，如政府全额拨款的事业单位）、半公共性组织（承担部分政府公共管理和服务职能，如差额拨款的事业单位、行业协会），以及非公共性组织。上述组织参与社会管理的涉入程度依次递减。其二，从公益性及其强度分析，可以把社会组织划分为纯公益性组织、半公益性组织、互益性组织和自益性组织，其参与社会管理的涉入程度也依次递减。也就是说，社会组织具有的公共性和公益性越强，其参与社会管理的可能性和现实性也就越大，同时，政府对它们培育和扶持的力度也应越大。其三，从不同功能上划分支持型（或枢纽型）与操作型两类社会组织，分析各自参与社会管理的不同功能和途径。

三 社会组织参与社会管理的功能和途径

社会组织的公共性、公益性及其程度存在差异，在参与社会管理中

---

① 周秀平、刘求实：《以社管社：创新社会组织管理制度》，《中国非营利评论》2011 年第 1 期。

各自的适应领域和运行机制也势必不同。

公共性（包括准公共型和枢纽型）社会组织，其运行机制更多体现出行政性特点，准公共社会组织承担政府的部分公共管理和服务职能，往往按照行政程序履行本组织的责任和义务，其中"枢纽型"社会组织作为政府和民间社会组织的中介和桥梁，发挥着引领性作用。这两类社会组织适合的领域是社会宏观层面公共领域的服务和管理，主要承担公共服务、公益服务领域的制度安排和政策设计，重大社会建设和管理项目的策划、组织、评估和监管，对其他社会组织承担引领、支持型的枢纽角色，在社会管理领域发挥策划、计划、组织等功能。

公益性社会组织构成社会组织的主体。在社会管理中主要承担政府行政职能之外的公益性管理和服务职能，其运行机制行政色彩较薄弱，更多体现为协商、合作和自治。表现为将社会服务寓于社会管理之中，做到更灵活、更专业、更有效。公益性社会组织门类繁多，提供服务的形式灵活多样，服务对象极其广泛，提供的服务公益性更强，因此能够最大限度满足大多数群众的社会服务需要。其适应的领域是社会的中观层面，大多是针对某个群体开展的服务，在社会管理和服务中发挥具体组织、实施和协调的功能。

互益性社会组织，生长在基层社区，主要是由居民自发形成的各种团体和草根组织，如各种各样的兴趣小组、文体活动小组、志愿帮扶和互助小组等。这类草根组织的群体性很强，组织性较弱，往往没有明确的宗旨和章程，呈现完全自治性的特点，具有较强的活力和凝聚力。互益性组织活动的领域主要是社会微观层面的小区，其功能主要是协助或辅助公共性和公益性社会组织，促进草根协商自治和互动互益，创造更加人文和谐的小区环境。

下面以各个领域有代表性的社会组织为例，分析不同社会组织在参与社会管理中的不同功能和途径。

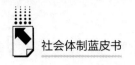

（一）公共性（枢纽型）社会组织[①]

1. 构建社会组织"枢纽型"工作体系的基本思路

北京市市委、市政府在 2008 年出台的《北京市社会建设实施纲要》《关于加快推进社会组织改革与发展的意见》等文件明确提出构建社会组织"枢纽型"工作体系的工作思路，形成了在市委、市政府领导下，市社会建设工作领导小组及其办公室统筹协调"枢纽型"社会组织服务管理工作的新机制。

"枢纽型"社会组织，指对同类别、同性质、同领域社会组织进行联系、管理和服务的联合型组织。北京市社会建设工作领导小组认定并授权承担以下工作职责：一是政治的"桥梁纽带"作用，即负责在所联系和管理的社会组织中贯彻执行党的路线方针政策，开展党建工作；二是业务上的"龙头"引领和聚合作用，即团结并带领本领域的社会组织，形成合力、共同发展；三是日常管理和服务的平台作用，即承担有关社会组织的业务主管单位职责，负责业务指导，进行日常联系、服务和管理。

2. 构建社会组织"枢纽型"工作体系的主要做法

北京市先后认定 22 家"枢纽型"社会组织，业务领域覆盖市级社会组织的 80% 左右。"枢纽型"社会组织根据各自的工作性质对相关领域的社会组织实行分类管理，如团市委、市妇联、市残联分别对青年、妇女儿童和助残类社会组织进行联系服务和管理，基本建立起市级层面的社会组织"枢纽型"工作体系。同时，区（县）乃至街道根据具体情况构建相应的工作体系，逐步形成市、区（县）、街道（乡镇）多级"枢纽"，建立起比较完整的分类管理、分级负责的"枢纽型"社会组

---

① 卢建、杨沛龙、马兴永：《北京市构建社会组织"枢纽型"工作体系的实践与策略》，《社团管理研究》2011 年第 9 期。

织工作网络。

"枢纽型"社会组织在联系、服务、管理本领域社会组织的同时，自身建设和事业得到较大发展，探索出一些新的工作经验。

（1）延伸工作触角，工作体系特别是基层组织体系更加完善，联系和服务的社会群体不断扩大。比如，北京团市委通过举办"青年社团文化季"等活动，吸引本领域的大批"草根"组织参与，2011年底实现了与8000家青少年社团、近百万人次青年的互联互动；同时，在全市建立了228家"小区青年汇"和"乡村青年社"，开展585项青年活动，近8万青少年直接参与服务活动，进而带动5.5万名青少年参与。

（2）搭建"枢纽"平台，增强凝聚力和影响力，不断拓展参与社会建设的渠道。市社会建设工作领导小组通过"整体打包"，支持"枢纽型"社会组织举办活动和承担公益项目等形式，推进参与社会管理。2010~2012年，围绕社会基本公共服务、社会公益服务、社会管理服务、小区便民服务、社会建设决策研究信息咨询服务5个领域、40个类别，每年支付数千万元购买300个公共服务项目。通过成立社会组织孵化中心，吸纳10多家社会组织入驻，为初创期的公益组织提供前期孵化和能力建设支持。同时，举办多期社会组织能力建设培训班、沙龙及研讨会，培训2000余人次，开展社会组织公益服务十大品牌评选，提升社会组织参与社会管理的知名度和影响力。

（3）放手创新，携手合作，形成许多公益品牌。如市总工会与人力社保、司法、法院、信访等部门建立解决劳动争议"六方联动机制"，综合运用法律、政策、经济、行政等手段，预防并化解劳动纠纷，构建和谐劳动关系。

（4）完善职能，提高为本领域社会组织提供规范服务和管理的水平。

（二）公益性社会组织

公益性社会组织包括行业协会、民办非企业单位、基金会和社区民间组织。在政府难以更多关注的公共和公益服务领域发挥自身优势，协助政府整合资源，为构建和谐社会扮演重要角色。

1. 行业协会参与社会管理——以温州商会为例

2007 年颁布的《国务院办公厅关于加快推进行业协会商会改革和发展的若干意见》（国办发〔2007〕36 号），提出推进行业协会商会改革和发展的总体要求：坚持市场化方向，坚持政会分开、统筹协调、依法监管。加快行业协会立法步伐，健全规章制度，实现依法设立、民主管理、行为规范、自律发展。积极拓展行业协会，"充分发挥桥梁和纽带作用、加强行业自律、切实履行好服务企业的宗旨、积极帮助企业开拓国际市场"的五大职能。

温州市是 1997 年国家经贸委进行行业协会试点的四个城市之一。目前温州发展各类行业协会近 200 家。温州商会的主要特点，一是以企业自发为主。行业协会大多数组织是出于现实需要，自下而上发起成立的。二是政府积极推动。温州政府在培育行业协会方面做了大量工作，如营造有利于行业协会发展的政策法规环境，简化手续，直接引导一些行业的企业组建行业协会。三是精选重点培育对象。温州选择培育行业协会的试点谨慎，不追求数量，但选定试点后支持力度大，大胆授权。四是政府与协会共谋发展。双方的关系定位是相互合作、服务，共谋社会稳定和经济发展。

2. 基金会参与社会管理——以南都公益基金为例

（1）南都公益基金的运行机制

南都公益基金会成立于 2007 年 5 月 11 日，是一家经民政部批准成立的非公募基金会，业务主管单位为民政部，原始基金人民币 1 亿元，来源于上海南都集团有限公司。

该会关注我国转型期的社会问题，资助优秀公益项目，推动民间组织进行社会创新，促进社会平等和谐。

该会定位为资助型基金会，在整个公益行业的生态链中，是一个资金和资源提供者，扮演"种子基金"的角色。资助方向一是发起、支持行业发展的宏观性项目；二是支持性机构、引领性机构和优秀公益人才的战略性项目；三是农民工子女教育、灾害救援等特定公益领域的项目。同时开展指导三大资助方向的战略性、政策性研究。

（2）具体计划和项目

根据各类项目的不同性质，主要资助方式有公开招标（如新公民计划，灾害救援和灾后重建计划）、他荐（如银杏计划）、寻访（如机构伙伴景行计划），以及结合南都自身需求、行业热点，以合作形式开展的项目（如宏观项目和研究项目）。

资助的主要项目：宏观项目——基于自身的核心优势，从搭建公益行业产业链的角度着手，对产业链上游进行引导，为产业链下游提供倾斜性支持，开展促进行业发展的合作、交流、人力资源建设等。灾害救援和灾后重建项目——配合政府应对频发的自然灾害，支持灾区，该会设立了1000万元的常设灾害救援和灾后重建基金，用于资助民间公益组织利用其自身的专业技能，开展救灾和灾后重建的公益服务项目。

资助的主要计划：新公民计划——资助方向以流动儿童（进城务工就业农民同住子女）为主要对象，在四个教育目标下设立了5个资助子领域。银杏计划——主要资助草根机构的年轻领导人或创始人，使他们突破成长道路上的瓶颈，成为推动某一公益领域发展的领袖型人才。机构伙伴景行计划——一项创新的资助模式，是对具备支持性或引领性的民间公益组织进行资助的长期计划。

3. 社区民间组织参与社会管理——以北京慧灵智障人士社区服务机构为案例[①]

机构简况。慧灵智障人士服务机构1990年2月发源于广州，目前

---

① http：//www. huiling. org. cn/Index. html.

已在全国多地设立分机构。各分支机构之间相互帮助、支持，没有上下隶属关系。各分支机构以创始人为中心，成立"慧灵委员会"，维护"慧灵"的宗旨、理念，不断开创新机构。2000年春进军北京，成立全国第一家智障人士小区服务机构——"北京慧灵"。

服务愿景：使智障人士平等参与小区建设，共享社会文明成果。

服务使命：推广小区化服务模式，提高智障人士生活质量。

服务目标：①培养智障人士的独立生活能力，使其像正常人一样享受社交、娱乐、培训和就业的快乐。②引导大众正确认识智障问题，为智障人士争取"平等机会、平等参与"的社会环境。③为社会工作专业学生提供实习场所和相应指导，推动社工事业发展。④通过建立良好的组织运作示范效应，与其他机构分享成功经验，推动非营利领域的共同进步。

服务内容。①日间服务。利用小区资源为学员提供参与小区生活的丰富的机会。②支持性就业。为学员提供学习制作手工艺品和庇护性就业环境，并依据小区及社会的就业机会，进行工作质量和职业技能训练。③家庭式住宿服务。建立模拟式家庭，帮助学员学习如何独立生活，分享生活的烦恼和快乐。④艺术调理。由专业人士在日间服务点开展艺术调理活动，使学员在享受音乐、舞蹈、绘画等艺术活动的同时，缓解压力、调整情绪和提高自身修养。

社会支持。"北京慧灵"的服务收费约为运作费用的20%，其他主要来自国内外社会各界的支持。日常小区服务中，居民、大学生、公司职员、教会教友等众多热心人士积极参与和帮助，对组织的可持续发展起到关键作用。参与的各界人士以志愿者服务、捐款捐物、一对一助学、赞助活动、专业技术支持、宣传推介、场地提供等多种方式，支持"北京慧灵"的发展，同时为智障人士创造出更加有利的生存环境。

（三）互益性社会团体

互益性社会团体主要是指那些自发形成的兴趣团体、俱乐部、志愿者组织等。与公益性组织相比，这类社会团体没有很明确的宗旨和章程，更多的是基于个人的兴趣爱好、某种价值选择和理想目标。它们虽然不像行业协会、基金会等正式社会组织那样正规，在小区建设和管理中却发挥着不可替代的作用。

近年来，城乡小区更加重视软实力的提升，通过各种方式丰富居民的精神文化生活。互益型组织主要包括文体活动类、公益慈善类、生活服务类、促进参与类、教育培训类、权益维护类等。① 开展的活动形式多样，不仅充实了小区居民的业余生活，而且加强了居民之间的联系和互动，增加了熟悉感，降低了陌生感，促进了小区内部和小区之间的文化与社会融合。

近期中央政府反复强调各种资源、服务要向基层小区下沉和聚集，各类小区草根组织承担起更多的公共和公益服务的生产和输送功能，成为具有一定公共性、公益性和互益性的综合性草根组织。国家要出台政策，大力推进小区互益型组织发展，同时加以引导，使它们在社会建设和管理中发挥更大更积极的作用。

四　政府购买公共和公益服务

政府购买服务是社会组织参与社会管理的主要途径。

（一）政府向社会组织购买公共服务

政府购买公共服务，是搭建政府提供资金、社会组织承包服务、双方通过合同关系提供特定公共服务目标的形式。政府购买公共服务是政府采购的一部分。公共服务购买的对象包括社会组织、营利组织、事业单位等，社会组织是承担提供公共服务的重要主体。

---

① 夏建中、张菊芝：《中国城市社区社会组织的主要类型与特点》，《城市观察》2012 年第 2 期。

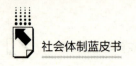

政府购买公共服务的国际经验主要如下。

（1）政府购买公共服务涵盖大多数公共服务领域，特别是教育、公共卫生、文化、社会服务等领域。

（2）社会组织是公共服务购买的重要承接主体。社会组织收入中有相当比例来自公共财政资源，欧洲普遍有40%～70%，日本有45%，中国香港有70%～80%。

（3）购买类型一般分为核心合作或长期合作、短期项目支持两种。

（4）公开竞标是购买的典型方式。

（5）资金拨付流程有多种形式。

（6）立法规定健全。

（7）有一系列严格的操作程序。

（8）建立以结果为导向的监管制度。

（9）除签署合同购买服务外，公共财政资金对于社会组织的支持还有三种形式：资助（包括办公场所、打折收费等）、竞争性或随意性拨款和减免税。

（10）发展趋势大致分为内生型和外力型两种模式。

（11）服务购买与向小区地方转移职能、增强地方治理能力的趋势相关，在小区层面兴起大量社会组织，在这一过程中伴随着从中央向地方政府职能转移的明显趋势。

（12）各国公共服务购买中出现的问题与公共服务的难测度性和社会组织的运作特性有关。

（二）中国政府向社会组织购买公共服务

1. 政策

2012年2月14日，民政部颁布《关于印发〈2013年中央财政支持社会组织参与社会服务项目实施方案〉的通知》，提出以下明确规定。

资金性质。项目资金是中央财政通过民政部预算安排的、专项用于支持社会组织参与社会服务的补助资金。

资助范围。项目将围绕国家"十二五"规划纲要、《国家基本公共服务体系"十二五"规划》（国发〔2012〕29号）、《小区服务体系建设规划（2011~2015年）》（国办发〔2011〕61号）、《社会养老服务体系建设规划（2011~2015年）》（国办发〔2011〕60号）和《民政事业发展第十二个五年规划》（民发〔2011〕209号）确定的主要方向和领域，资助社会组织开展小区服务、养老服务、医疗救助、受灾群众救助领域的社会服务活动。

项目的资助类型、数量和标准。2013年，主要资助以下四类项目：发展示范项目（A类）：拟资助200个左右四川、云南、西藏、甘肃、青海、新疆等西部地区困难社会组织开展小区服务、养老服务、医疗救助和受灾群众救助等社会服务活动。

承接社会服务试点项目（B类）：拟资助100个左右规模较大、职能重要的全国性社会组织和具有较强区域辐射功能的社会组织开展医疗救助和受灾群众救助等社会服务活动。

社会工作服务示范项目（C类）：拟资助80个左右符合条件的社会组织开展小区服务、养老服务等社会服务活动。

人员培训示范项目（D类）：拟资助50个左右具有教育培训职能和培训经验的培训机构（包括社会组织）开展社会组织负责人、业务工作人员培训。

资助条件。在民政部门登记成立，且2011年年检合格；有正在开展实施的社会服务项目；有相应的配套经费来源；有完善的组织机构；有健全的财务制度和独立的银行账号；有健全的工作队伍和较好的执行能力；有开展实施社会服务项目的经验，具有良好信誉。

2. 实践

近年来，各级政府向社会组织购买公共服务的领域不断拓展和深化，形式更加多样。购买服务涉及教育、文化、城市规划、公民教育、环保、政策咨询、公共卫生和艾滋病防治、扶贫、养老、残疾人服务、小区发展、小区矫正等诸多领域。例如，上海市在小区发展、职业技能培训、居家养老、慈善救助等多领域进行尝试。无锡市对公共卫生疾病防控、水资源监测、市政设施养护、环卫清扫保洁、城区绿化养护、社会办养老机构、地方剧种发展等服务进行购买。其中，上海市基层政府公共服务外包开展广泛，呈现如下特点。①

其一，发展迅速，涉及面广。区县、镇（街道）两级政府服务外包的总量和规模不断扩大，涉及领域和岗位不断增多。包括决策咨询研究、绿地养护、就业指导、再就业培训、青少年服务、居家养老、治安协管、小区矫正、外来人口服务、特殊人群救助等数十个领域。外包服务领域都是与居民生活直接相关、劳动密集型项目。

其二，存量改革与增量改革并存。合同外包既较好地提供了相关领域的公共服务，又避免了重复建机构、定编制、招聘人的老路。比如在为老服务中，除了政府直接提供老年活动中心的服务之外，部分小区（街道）以"政府购买服务"的方式委托社会力量具体运作，面向老年市民提供"一键通"紧急救援服务，以及独居老人的"每日主动关心"服务。

其三，种类多样、合同类型不一。社会组织承包的服务分两类：一类是定制性外包，主要是政府内部服务由社会组织承接。如决策前的调查研究、决策咨询报告等。这类服务有较强的专业要求和目的特性，需要量身定制。另一类是公益性外包，完全由政府免费供给，主要针对个体公民，具有较强的专业性和个性化，不适合规模化运营。如小区"居家养老服务管理中心"，承担对养老政策的理解、消化，对服务员的培训、指导和招聘，对准入"居家养老服务"老人的评估等工作。

---

① 陈奇星：《完善基层政府公共服务外包的思考：基于上海市的研究》，《中国行政管理》2012 年第 11 期。

公益性外包合同大多缺乏明确的客观标准，制定和实施难度较大，主要体现政府对社会组织承接服务的补贴与合作，具体实施需要双方共同协商、摸索和探讨。

迄今为止，社会组织参与社会管理和服务方兴未艾，发展的广度和深度尚需大力拓展。

B.4
中国企业履行社会管理责任

陶传进*

摘　要：

本篇探讨企业参与社会管理的内涵、机制及其意义；提出企业
参与社会管理的分析体系，包括劳资冲突效应、从冲突到建构企业
社会责任行为、综合影响员工的行为、三种领导风格、非营利组织
管理手法与企业管理手法的互相融合，并对中国社会现实中发生的
企业履行社会管理责任的政策和典型案例进行剖析。

关键词：

企业参与社会管理　劳资冲突　企业社会工作　民主协商机制

一　企业参与社会管理的概念框架

1. 企业参与社会管理的内涵

讨论"企业参与社会管理"初看起来并不恰当；甚至在深入分析
之后，也不便把"企业参与社会管理"狭义地理解。但是，企业的特
点在于要雇用工人，形成组织，进行生产。而企业在其自己的生产、运
营、组织、管理乃至最终的企业公民行为中，都在影响其员工的心态、
感受、行为，在满足员工的工资、福利，在建构其员工和社会其他组分
之间的关系，从而直接或更多的是以间接方式产生了社会管理的效果。

---

* 陶传进，北京师范大学社会发展与公共政策学院教授。

简而言之，员工进入企业，在其中形成一种特定的社会结果；员工又从其中走出来进入社会，以一种特定的面貌出现。二者共同产生了企业参与社会管理的效果。

2. 企业参与社会管理的三种机制

企业是通过三种机制或途径对其员工产生社会管理作用的。

第一，利益分配关系。在这一意义上，利益群体成了核心概念，劳资双方成了相互对立、关系敏感的两类群体。如何处理好劳资关系，让两大群体成为社会和谐关系的建构者就成了这里的核心内容。

第二，企业的社会公益行为。企业的社会公益行为越来越成为社会中的一种流行现象，体现出企业尽其社会责任的一种途径。企业通过在社会中从事公益行为，不仅可以以企业整体的形式来影响社会，而且使参与其中的员工有了一种对企业乃至整个社会的认同感和归属感，从而产生和谐社会建构的效果。

第三，企业在其组织运营的管理过程中，对员工产生特定的作用。企业中对于人的管理或领导，实际上是指在生产的过程中如何对待一个人的问题。这样的管理过程在短期效果上，直接就是一个微型的"社会管理"过程，而在其长期效果上，则是企业通过其管理过程为社会产生出什么样的人的过程，或说怎样地影响、改变了社会中的人的过程。

社会科学研究告诉我们，社会公众通过参与非营利组织，可以促使社会中建构性成分的增加，以及促使人们成为更好的公民。同理，一个企业也在改变人，管理过程中对员工的信任程度、友好程度，最终促使员工以不同的面貌进入社会。

3. 企业参与社会管理的意义

除了国家行政机关、事业单位以外，社会中的劳动就业者基本上集中于企业，企业是劳动力就业的第一大部门，因而，从这里产生出来的人们的社会状况，将决定社会的基本面貌。

另外，企业的员工涉及社会中的两大类型的群体，第一是城市户籍的工人，第二是农民工。如果把社会看作是城市、乡村和流动人口三元结构的话，那么企业在其生产经营过程中所涉及的群体便包含了其中两大部分的核心成分。

从中可以看出企业在其运营中所产生的社会管理效果的重要意义。

二 企业参与社会管理的分析体系

1. 劳资冲突效应

这是我们分析的起点，而且是从消极现象开始。

企业最典型的特点就在于它具有劳资冲突的潜在利益结构，并且由此引起人们各种各样的维权行为，这样一种冲突行为在雇用农民工队伍的企业中尤为典型。农民工由于其整个社会身份、社会地位处于一种弱势状态，因而就更容易受到资方的权利侵害。近些年来，围绕员工维权行为，尤其是农民工的维权行为，出现了一系列事件，这些事件一方面反映出劳资冲突关系仍然存在，另一方面也看出整个社会在不断进步。

解决劳资冲突问题的外部保障，可以自 2008 年 1 月 1 日起施行的《中华人民共和国劳动合同法》为例。该法制定的目的是为了完善劳动合同制度，明确劳动合同双方当事人的权利和义务，保护劳动者的合法权益。其适用对象包含所有的企业，虽然并不限于企业，但对于劳资冲突关系更容易爆发的企业来说，其社会效益尤其不可忽视。

而《劳动合同法》的有效实施，又需要社会力量的介入。例如，北京致诚农民工法律援助与研究中心于 2011 年年中发布自己的研究报告，提醒社会关注用人单位通过复杂劳动关系规避《劳动合同法》。他们选取了近年来中心和地方各工作站办理的涉及复杂劳动关系的 55 个案件进行研究，对其进行分类说明并总结出了九类用人单位通过复杂劳动关系规避《劳动合同法》的方法，希望能借此梳理目前劳动关系中的种种扭曲现象，还原其本来面貌，维护劳动者的合法权益。

解决劳资冲突问题的内部措施，从理论上讲应当是工会组织，工人通过自身组织维护自身的权益。但目前这方面的状况较为复杂。从整个社会的变化来看，企业由于用工而产生的冲突具有缓和和改善的趋势。其根源来自"企业社会责任"。依据这个词语，企业在基础层面，会由于市场竞争的需要（或者再加上一部分自身责任感的需要）而试图改善员工的福利待遇；而在高端层面，则会出于社会责任感或者公益营销的需求而从事社区或社会领域里的公益行为。在这些行动中，企业的用意很积极，就是将消极的对抗关系转化为一致性的建构关系。而在这样的关系模式下，工会通常会改变自身的角色，而其新角色则是建构关系的实际操作主体。

2. 从冲突到建构：企业社会责任行为

当前企业一个核心转变就在于随着它的生产经营状况的好转以及企业公民意识的觉醒，并不甘心停留于一个劳资双方冲突的关系中，而致力于建构劳资双方的积极性的关系。在这个建构过程中，核心概念便成了企业社会责任行为，而工会的角色发生了转变，由在理论上代表工人的利益从而与资方进行谈判的一种角色转化为协调劳资双方关系的角色，组织大家在企业公益这个概念的旗帜下，使劳资双方由利益冲突型的关系转化为利益一致型的关系。

企业社会责任有一个较为基础的层面，就是企业对其内部的员工负责，由此落实到社会管理的基本含义上。对自己的员工负责中的一个最基本的做法则又是改善员工的福利待遇和工作环境，其中有一些做法具有十分明显的社会保障意义，例如企业年金制度、改善企业员工的居住环境、改善企业的生产安全、为企业员工的子女就学进行指导、建立企业内的互助基金等。其中有一些福利待遇是针对企业中的特殊员工的，

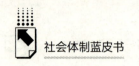

他们经常就是具有一技之长的某些中层甚至高层管理者，而另有一些福利则是针对所有员工而言的。

除了一些基本保障制度之外，另外一些制度则涉及丰富多彩的文体活动、心理咨询等。

企业社会责任往上层走，另外一个层面就是企业和社区之间的良性互动，主要是企业参与社区公益行为。这样一些行动促使企业以及企业的员工与周围的社区间产生良好的互动关系。大家居住在同一个场所，共同建设自己所在的社区，不仅使社区的面貌发生改变，而且会使企业员工同所在地的居民产生积极性的关系。

企业社会责任的最高层面则是企业在整个社会领域从事公益行动，我们在这里并不特别强调这种公益行动对整个社会的贡献，而是强调企业员工的受益，一些有创意的社会公益行动就包括让员工作为志愿者参与一些组织的公益行为，企业的员工通过这样一种参与形式，就站到了一个更高的社会利益角度上去，不仅实现了自身心情的愉快，而且产生了自身的价值感，而这种价值感又是通过企业作为载体来实现的。因而，企业内的劳资冲突性成分下降，一种建构性的、具有归宿感的成分上升。

因而，企业社会责任在几个层面上都促进了员工和企业的认同，改善了劳资关系。而至于通过这种途径使得员工和整个社会之间产生良性互动则不在我们更细的考察范围之内。

3. 综合影响员工的行为：企业员工管理的社会效果

这一部分讨论的只是中性意义上的员工管理，与具有积极含义的"企业社会责任"概念不同。同是这样的管理，却产生不同意义上的社会员工。

（1）规范学派和理性学派的差异

企业管理可以依据管理风格划分为规范学派和理性学派两大类型。其中，规范学派认为组织应是一个集体，或是一个享有社区关系的共同体，或是一个享有共同文化的群体，组织是共享价值的场所、是道德卷入的场所。工作与非工作、主管官与工人之间的界限是模糊的，和谐与忠诚是生产力的最终源泉。管理者是领导者：他们树立榜样、激发和激励员工、为职工提供福利。而在理性学派那里，生产力来源于仔细的计算方法与系统，企业被描述为机器，它们或者是机械机器或者是计算机器，它可以被分解为组分，加以修改、重新组装成更有效的整体。

显然，不同的管理风格使员工接受不同的对待方式，最终，人们也将受到不同的影响。

这样的影响不仅关乎这一场所本身的社会管理效果，而且将使这些员工以不同的面貌进入社会。

（2）信任与非信任

企业管理中涉及的一项重要内容就是企业管理者对于员工的信任度问题。信任与不信任，二者之间涉及两种不同的管理风格，也把员工界定为不同的人。

比如说某流水生产线，其中产品的质量是企业的生命线，但是这个质量又取决于生产线上的员工如何去完成生产任务。这个时候，为了保证生产质量，有的企业会采取严格的监管措施，为此不惜派上大量的人手进行产品质量的核查工作，生产成本也因此而大幅度上升。而另外一个企业采取一种信任管理措施，通过建构管理层和员工之间的信任关系的技术，减少监管人员数量，让第一线的工人更加自觉和负责任地进行生产。两种生产方式下，很难说花费高成本的那种通过更多监管人员的生产方式质量会更好，曾有一家企业就是通过以信任化管理取代过去的严密监督，不仅促使生产成本降低，而且促成生产质量（表现为不合格产品的下降）的上升。

这个时候我们就看到，为了实现产品质量这同一个目标，人们可以被用两种不同的方式来对待，一种是信任，一种是不被信任。两种不同的方式下，在生产现场并没有明显的社会效果的区别，因为在这里，生

产是最主要的任务。但是产生出了两种不同的社会公民，从企业里出来的人正像从志愿组织里出来的人一样，他们将带有这个组织为他们打下的烙印，被信任的人按照社会科学的推理，将以更加信任别人的方式进入社会，而被严格控制和监管的人，其效果要差许多。

4. 专制、民主和放任三种领导风格

美国著名心理学家勒温（Kurt Lewin）和他的同事从 20 世纪 30 年代起就进行了关于团体气氛和领导风格的研究。勒温等人发现，一共有三种领导行为或领导风格，即专制型、民主型和放任型的领导风格。

专制型领导对团队的成员不够关心，被领导者与领导者之间的社会心理距离比较大，领导者对被领导者缺乏敏感性，被领导者对领导者存有戒心和敌意，容易使群体成员产生挫折感和机械化的行为倾向。

民主型领导者注重对团体成员的工作加以鼓励和协助，关心并满足团体成员的需要，营造一种民主与平等的氛围，领导者与被领导者之间的社会心理距离比较近。在民主型领导风格下，团体成员有较强的工作动机，责任心也比较强，团体成员自己决定工作的方式和进度，工作效率比较高。

放任型领导者采取的是无政府主义的领导方式，对工作和团体成员的需要都不重视，无规章、无要求、无评估，工作效率低，人际关系淡薄。

结果发现，放任型领导者所领导的群体的绩效低于专制型和民主型领导者所领导的群体；专制型领导者所领导的群体与民主型领导者所领导的群体工作数量大体相当；民主型领导者所领导的群体的工作质量与工作满意度更高。

三种不同风格也将产生三种不同的人，正如政府对待社会的态度不同将产生不同的社会一样。在整个国家的范围内，我们将此界定为国家和社会的关系，我们认为更加民主的社会将产生公民社会的成分，而更加专制的氛围下产生出来的是一个更加臣民和不会负责任的公众。当然，最差的情形是放任的情形。三者的区分放到微观的领域则是企业内产生出来的是怎样的人。当然，企业的目标并不是要产生公民社会或者产生出一个良好的社会公民。但是在他们追求自己的物质利益目标下也会追求改善人们的民主意识和民主能力，原因就在于他需要以自己特有的激励方式来调动整个生产流程，让企业更高效地运作，企业激励员工的方式正是通过满足员工的需求来实现的，从低端的物质型需求到高端的自由空间和尊严的需求。在这个过程中，随着企业管理能力的提高，员工的高端需求将得到满足。因而，由这种企业里产生出来的工人将越来越具有一种良性的公民社会面貌。

5. 非营利组织管理手法与企业管理手法的互相融合

随着企业越来越注重对员工高端需求的满足，一种通过非专制化手法而加以管理、领导和激励的方式就产生出来。为了实现这个目标，企业需要拥有一些高端的管理技巧。

在传统企业中，往往通过胡萝卜加大棒的方式来实现自身的管理，在此之上最多加上一些改善员工社会关系氛围的工作。而在当下，越来越多地不需要通过控制而实现目标的管理要求就被提上议事日程，尤其是目前几个方面的压力迫使企业这样做。第一就是现代员工越来越不适应也不欢迎用强制性的方式来管理；第二是《劳动合同法》的规定，其迫使企业不得不考虑更多员工的要求和利益而不再依照自己的意愿使用原始管理方式加以管理；第三是企业竞争高端人才的需求使得其从满足人才物质需求方面竞争的基础层面逐渐走了出来，进入一个更高端的竞争，就是让这些人才们感受到尊严、感受到发展的空间、感受到自我的权能，而不仅仅是感受到高工资和高福利。这样一些要求就需要企业在进行管理、领导和激励的过程中更多地使用非控制化、非权力化的方式，而后者正是非营利组织的特长。所以，在这样一个发展的进程中，非营利组织管理的手法就会被越来越多地动用

起来，从纯粹的公民社会理念盛行的场所或非营利组织为主的场所进入企业的生产经营之中。

三　社会场所里发生的事情

1. 党的十八大精神对于企业参与社会管理的重视

党的十八大关于企业参与社会管理的一条重要精神是："加强和创新社会管理。……强化企事业单位、人民团体在社会管理和服务中的职责……"这条精神说的就是企业要在社会管理中发挥重要的作用，而这正是本文的主题。

此外，十八大在"完善基层民主制度"部分指出，"全心全意依靠工人阶级，健全以职工代表大会为基本形式的企事业单位民主管理制度，保障职工参与管理和监督的民主权利。"这一原则实际上是说，要依据企业内部的民主制度，促使基层民主的全面实现。这条原则的实现，意味着企业可以通过自身的运作管理，间接影响到社会建设和社会管理的效果。

十八大报告指出："深化企业和机关事业单位工资制度改革，推行企业工资集体协商制度，保护劳动所得。多渠道增加居民财产性收入。"这正是促使社会和谐稳定的基础条件。

总之，企业本身有增加收入、促进民主和更一般意义上的社会管理中的特殊作用。十八大已经将企业参与社会管理的方方面面都直接或间接地提了出来。

2. 富士康员工打架事件

2012 年 9 月 23 日 23 时左右，富士康太原工业园区发生一起内部员工大规模群殴事件。大约有 2000 名员工参与，凌晨 3 时警方介入后，事件才平息。群殴共致 40 人受伤，无人员死亡。之后，部分涉事员工被控制。富士康媒体发言人称，具体原因还在调查，此次群殴原因应与工作无关。①

《南都周刊》② 的报道："在富士康太原园区骚乱不久后的10月5日，富士康郑州园区的工人因工作压力过大而以集体旷工表达不满。富士康将这一事件称为'员工纠纷'，并称事件立即得到了解决。"

"而一位员工透露，2012年年初时，富士康太原工业园已经发生过一起规模不大的罢工事件。一名保安还因试图抓人而被工人殴打。"

而其中原因，则可参考这篇报道的题目："富士康工人自述打工生活：如同机器人不需思考"。

"凭借严格的管理制度和强大的制造能力，富士康获得了苹果在内的众多全球顶尖品牌的青睐。但李襄说，在富士康工作是件很无聊的事。'除了上厕所的几分钟时间外，其他时间我就像机器人一样，只能一动不动地盯着喷枪'，这位面色苍白的年轻人抱怨说，工厂里永远充斥着令人昏沉的机器运转声，而涂装车间里的油漆味也让他感到胸闷。"

"作为应对，富士康在事件发生后将基层员工的月薪从900元调升到1200元，还发起了'珍惜生命、关爱家人'员工签名活动，不过有员工将之称为'不自杀协议'。"

这些事件把企业内的工资福利待遇以及管理问题的现状，直接与社会管理的问题关联起来。

3. 中国劳工领域热点事件：罢工③

据"城边村"网资料，2011年，中国劳工领域事件可谓风起云涌。从制造业到服务业，从环卫工到教师，各地域、各领域事件都在发生。仅2011年1月18日至11月22日，该网站便报道了10起

---

① 《太原富士康数千工人持续斗殴4小时》，《新京报》2012年9月25日。
② 《富士康工人自述打工生活：如同机器人不需思考》，《南都周刊》2012年10月31日。
③ http：//www.chengbiancun.com/special/topic/bg.html.

罢工事件。

4. 建筑工郑州讨薪，黄河岸边祭拜河神求显灵①

在郑州北郊花园口景区门口有尊河神将军塑像，2010 年 10 月 11 日，有 30 多名农民工代表在这个塑像前焚香杀鸡祭拜。他们想让河神显灵，帮他们讨薪成功，回家秋收。

祭拜活动的负责人之一毛国军说，这 30 多人都是农民工代表，他们此举是乞求河神显灵，帮他们拿到被拖欠的 675 万元工钱，回家收秋。毛国军表示，2005～2007 年，他带领 60 多名农民工，跟着开封市建立水利工程机械有限公司（以下简称开封建立）做黄河大堤原阳段、桩号为 103＋829 至 106＋600 "放淤加固工程"。而这个工程，是从中标单位河南省新乡黄河工程局转包的。

"新乡黄河工程局现已更名为河南中建水电工程有限公司（以下简称河南中建），是新乡市黄河河务局的下属单位。这个工程于 2007 年 1 月竣工，但到现在，还拖欠着我们 675 万元工钱没给。"

"2009 年 1 月份，我们将开封建立和河南中建告到了新乡市中院，但直到现在，只开了两次庭，还没宣判。"农民工鲁晨光说。

记者联系了开封建立原负责人赵武群，他说："的确拖欠农民工工资 600 多万元，这主要是因为河南中建提取了 33% 的管理费。按照国家规定，管理费不能超过 3.5%，每一笔资金到位后河南中建都要提钱，所以导致后面的资金链断裂。河南中建还不让公开他们提取 33% 管理费的这个合同，到现在，河南中建还差我们 160 多万元、农民工工资 600 多万元。"

5. 中国劳工领域热点事件：矿难②

据"城边村"网站信息，2011 年，中国共发生矿难约 120 起，造

---

① 《建筑工郑州讨薪，黄河岸边祭拜河神求显灵》，人民网，2010 年 11 月 13 日。

② http：//www. chengbiancun. com/special/topic/wh. html.

成超过 540 人遇难，矿难依旧是一件让人心碎的事情。

6. 企业公民评选行为

随着企业社会责任行为的兴起，社会力量逐渐介入对于企业社会责任的关注中。关注的表达形式之一就是为企业的相关行为进行评选和奖励。

例如，2004 年起，《21 世纪经济报道》《21 世纪商业评论》每年举办"中国最佳企业公民评选"；2005 年"21 世纪报系"与波士顿咨询公司、长江商学院和奥美公关公司合作，制订国内首部企业公民评价体系，其后逐年修订。

相应的理念通过具体的指标而体现出来，然后，经由专家评选，产生最终的最为社会认可的企业。

7. 召开首届全国企业社会工作建设研讨会①

2011 年 10 月 21～22 日，"首届全国（深圳）企业社会工作建设研讨会"在深圳召开。

企业社会工作始于 19 世纪末的美国，20 世纪 60～70 年代，中国台湾及香港地区相继推行企业社会工作。至今，企业社会工作服务方法在全球各大工商企业得到了大范围的运用。

8. 企业社工有了"初级课本"②

由高钟、王丰海领衔编著的《企业社会工作实务》正式出版。该书集中了 2011 年在深圳召开的首届全国企业社会工作建设研讨会成果，立足于中国本土理论和实践，首次全面回应了"企业社工做什么""怎么做"等基本课题。

9. 企业社工：离开襁褓开始蹒跚学步③

据了解④，作为中国企业社会工作的"探路者"，深圳共有超过

---

① http://www.mca.gov.cn/article/zwgk/gzdt/201110/20111000189470.shtml.

② 赵鸿飞：《深圳商报》2012 年 10 月 22 日。

③ 《深圳商报》2011 年 7 月 25 日，A14 版。

④ 赵鸿飞：《深圳商报》2012 年 10 月 22 日。

7家社工服务机构设有企业社工岗位或项目，而市民政局2012年出台的"政府一半企业一半"的购买社工岗位方案，将使深圳的企业社工人数大大增加。

10. 科技创新与民主治理：上市公司成企业治理结构试验田①

证监会于2003年7月起要求所有上市公司董事会中必须至少包括1/3独立董事。截至2011年12月31日，沪市共有3081名在任独立董事。

在建立独立董事制度的同时，一些上市公司为了使其内部的治理结构更趋合理，还在公司董事会中聘请了职工董事。职工董事开始在上市公司的民主治理结构中崭露头角，今后也具备较大的发展空间。

11. 7天连锁酒店集团引入美式民主治理企业②

一个名为"7天"的连锁酒店集团，在经济型酒店大战中异军突起，从行业第七名，成功进入行业前两名。7天连锁酒店抛弃了传统的金字塔形、树形组织结构，采用总部直接管理超过1500家门店的超扁平组织架构，并采用独创的区域执政官、公司立法会等带有浓厚美式民主的企业管理方式，让员工参与企业管理，构成了企业管理创新的一大特色。

12. 员工参与的民主协商机制

山东傲饰集团公司是一家大型民营企业，经营服装、地产、旅游等多种产业。据《光明日报》的一篇文章，该公司董事长常挂在嘴边的一句话是："宁可得罪客户，也不得罪职工。"

对企业职工来说，最关心、最重要的利益，就是工资收入。在创建和谐平安企业的过程中，他们广泛开展工资集体协商，推动职工工资稳步增长，实现了企业与职工效益的双赢。从而出现"工资涨多少，我

---

① 《证券日报》2012年9月19日。
② 周建华：《郑南雁：引入美式民主治理企业》，《经理人》2012年第11期。

们也有发言权"的结果。①

13.《企业民主管理条例（草案）》完成②

由中纪委、中组部、国资委、监察部、全国总工会、全国工商联组成的全国厂务公开协调小组，已完成国家层面的《企业民主管理条例（草案）》的论证和起草工作，正在积极推动《企业民主管理条例》早日出台。

四　小结

我们看到，不管是城市里的工人还是从农村走到城市里的一些农民工，他们最主要的存在形态便是在工商企业里面工作，因而企业如何对待员工、企业如何连同他们的员工一起来对待社会，将决定这一批社会公众的社会状态、社会心态以及社会关系。

在整个过程中，企业通过自身的员工福利、企业公益行为、企业管理过程，正在实现社会管理的某种功能。

---

① 《山东泰安创新社会管理：企业做大也要分好蛋糕》，《光明日报》2011 年 10 月 19 日。
② 《中国青年报》2011 年 8 月 28 日。

B.5
中国城市社会管理体制及其变革

龚维斌*

摘　要：

城市化过程中，人口结构、空间结构、社区类型和环境、社会需求结构的变化，对传统的城市社会管理体制提出了新要求，原有的社会管理体制机制已经难以适应形势的变化和要求，迫切需要建立健全新型的城市管理体制。虽经多次改革调整，现有中国城市社会管理体制已经面临诸多困境，一是仍然习惯于行政管控，服务与管理没有很好结合；二是外来人口尚未真正纳入城市社会管理体制，社会融入和社会融合存在困难；三是缺乏顶层设计，党政机构职能和机构设置不够科学合理；四是社会组织发育滞后，不能适应城市社会发展需要；五是社区建设面临诸多困难，居民社区认同度不高，社区自治程度低；六是城市社会管理法律法规和相关制度建设滞后，造成不同社会群体在城市空间资源占有和使用上新的不平等。

关键词：

城市社会管理　体制变革　困境

一　中国城市化快速推进对社会管理体制提出新要求

2011 年，中国城市化率历史性地突破 50% 大关，标志着中国社会

---

* 龚维斌，国家行政学院社会和文化教研部主任、教授。

结构发生了深刻而本质的变化，由传统的农村社会转变为城市社会。截至 2010 年底，中国城市数量由 1978 年的 193 个增加到 657 个，超过 100 万人口的城市由 29 个增加到 125 个，800 万以上人口的城市达到 30 个，超过 1000 万人口的城市达到 13 个，城市群逐步形成。

中国城市化的快速发展，一方面是城市人口自然增长的结果，另一方面是大量农村人口进城带来的结果。如果按照户籍人口计算，中国的城市化率仅为 36% 左右，即全国有 2.1 亿多人是城乡两栖的"半城市化"人口。这部分人口虽然进了城，却享受不到城市同等的公共服务，融入不了所在城市，无法成为真正意义上的城市居民。本地人和外地人交往交流较少，存在着二元结构，他们生活在同一个城市，心理和社会联系上却是分离的。

中国城市化快速推进的另一个重要力量和表现是城市边界不断扩大，大量农村地区转变为城市区域，大量农民失去土地。有的住上楼房，成为城市居民；有的成为城中村居民，住在城里，没有土地，却仍然保持农民身份，主要依靠卖地所得、出租房屋、从事二三产业维持生计。一些城中村转为居民委员会，有些仍然保留着农村行政村的建制。即使是转为居民委员会，大多数上楼农民对新建社区认同感也较差，经济上联系较多、心理更为认同的还是原来的村级组织。社区中存在着本地城乡二元人口结构，社会融合存在困难。

城市本身由于单位制解体，旧城改造，新建小区大量涌现，职住分离现象越来越普遍，人户分离现象越来越多。城市社区类型越来越多样，有新建小区、老旧社区、城中村社区，有高档社区、普通商品房小区、回迁安置小区；有传统单位大院、外来人口聚居区、少数民族聚居区、外国人聚居区；等等。有些社区人口构成单一，同质性强；有些城市人员构成复杂；高档社区，各方面条件较好，资源丰富，自治愿望和能力较强；而传统老旧社区资源匮乏，居住生活条件较差，有的甚至破败不堪，居民自治愿望和能力较差。

随着时间的推移和城市自身的发展，特别是随着信息化的发展、青年一代的成长，人们对生活质量的要求越来越高，对于城市公共服务的要求越来越高。

城市化过程中人口结构、空间结构、社区类型和环境、社会需求结构的变化，对传统的城市社会管理体制提出了新的要求，原有的社会管理体制机制已经难以适应形势的变化和要求，迫切需要建立健全新型城市社会管理体制。

二 中国城市社会管理体制及其变革

城市社会管理体制是指提供基本公共服务，协调社会关系，解决社会问题，化解社会矛盾，应对社会风险，促进社会和谐稳定的组织机构设置、制度安排及其相互关系。城市社会管理组织机构一般包括党的组织、政府组织、社区自治组织、人民团体、企事业单位、社会组织等。城市社会管理体制包括城市政府行政管理体制、单位管理体制、社区管理体制、社会组织参与社会管理体制等多个方面、多个层次的社会管理体制。

中国城市分为直辖市、副省级城市、省会城市、地级市、县级市等多个行政层级；从地域看，有沿海发达地区的城市，也有中西部地区的城市。不同行政级别、不同地域的城市在人口规模、资源获取能力、经济发达程度上有较大差异，城市内部的社会管理要求也存在差别。从政府管理角度看，虽然各个城市社会管理面临的任务各有不同，但是，城市政府架构主要是两种类型，一种是设区的市，另一种是不设区的市。设区市，通常是三级政府、四级管理，即市、区、街道办事处（政府派出机构）和居民委员会。通常情况下，无论人口规模大小，县级市不设区，县级市辖若干镇，通常城关镇人口最多、经济最发达、社会事务最复杂，镇下面再设居民委员会，是两级政府、三级管理。

在计划经济时期，中国大部分城市人口工作和生活在单位，单位是社会管理的主体，是社会管理的主要载体，少数没有单位的城市居民被纳入街道办事处和居民委员会这种社会管理体制中。那时，中国城市基层社会管理体制主要是单位制加街居成员制，以单位制为主导。在单位制和街居制下，居民来自同一个单位和居委会，同质性强、熟悉程度高，单位和街居掌握着居民工作和生活的绝大部分资源，对成员的控制能力强，居民对单位和街居的认同度高，依赖性大，同一单位和居民委员会成员互动性较强。以三级政府或二级政府为主导，以单位为主体，以街居为补充的城市社会管理体制适应了当时计划经济的特点和要求。

20世纪80年代以来，中国政府体制已经进行了6次改革，在此过程中城市政府公共服务和社会管理的职能和机构设置得到了一定程度的加强。但是，从整体上看，中国城市政府社会管理体制一直处于多头分散、分割的状态，缺乏统筹协调机构。政府民生事业和社会服务事项由民政、劳动、卫生、教育、住房、文化等多个部门负责，基层社会管理服务则主要由民政部门负责，而社会矛盾化解、社会治安维护分别由公安、司法、信访等部门负责。一些政府行政机构的领导权又被分割在党委不同的部门。

随着经济体制改革的深入推进，户口制度、住房制度、就业制度、人事档案制度等一系列市场化改革措施的推出，单位制解体，人们在职业、居住地的选择上具有更大自主权，职住分离、人户分离成为常态，社会流动越来越多，城市人口结构急剧变革，社会阶层关系越来越复杂，利益关系协调难度越来越大，公共产品和公共服务需要新的组织和机构来提供，传统的单位制已经无力承担变化了的城市社会管理重任。20世纪90年代以来，街道居民委员会逐步成为城市基层社会管理体制的重要力量，传统的单位制走向了街居制。

政府行政管理和公共服务通过街居体制向城市居民递送。但是街居体制在掌握资源，提供服务、协调利益关系，解决社会问题、化解社会矛盾方面，已经无法和单位制的社会管理服务能力和效率相比。因为此时城市居民的构成和要求已经日益复杂化和差别化，依靠行政手段和单一力量已经难以满足社会服务管理的需要。另外，在计划经济向市场经济转型过程中，政府经济管理服务的功能大大增强，但是政府社会管理和公共服务职能相对较为滞后，公共财政用于社会事业和公共服务的投入不足，政府社会管理和公共服务机构设置少而分散，获取和整合资源能力不足。如何正确处理政府、市场与社会以及政府不同部门之间、不同层级政府之间的关系，以增强基层社会管理服务机构获取资源、提供服务的能力，已经成为一个亟待破解的难题。因此，迫切需要改革政府社会管理体制、基层社会管理体制、传统街居体制，建立专门的综合性社会建设管理机构和组织体系，建立新型社区管理服务体制，建立多元多样的社会管理体制。

三 中国城市社会管理体制的新探索

（一）设立负责城市社会建设和管理的专门机构

进入 21 世纪以后，中国城市社会建设和社会管理逐步得到重视和加强，2007 年以后进入城市社会建设和社会管理的新阶段。2004 年，党的十六届四中全会提出要加强社会建设和管理；2006 年，党的十六届六中全会提出构建社会主义和谐社会，要求"完善社会管理，保持社会安定有序"，指出"必须创新社会管理体制，整合社会管理资源，提高社会管理水平，健全党委领导、政府负责、社会协同、公众参与的社会管理格局，在服务中实施管理，在管理中体现服务"。2007 年，党的十七大明确提出要加快以改善民生为重点的社会建设，要完善社会管理。党的十七大之后，报经中央有关部门批准，北京市成立了市委社会工委、市社会办，随后又成立了社会建设工作领导小组，办公室设在市委社会工委、市社会办。各区、县也相应成立了工作部门和协调机构。社会工委、社会办具体负责全市社会建设政策研究、规划制定和统筹协调工作，负责综合协调社区建设、社会组织建设、社工队伍建设、志愿者工作，协调推进社会公共服务工作，负责社会领域党建工作。近年来，上海、广东、大庆等也进行了相应工作。

（二）调整区街关系

一些城市探索区政府直管社区居委会，以减少管理层级，推进管理扁平化。具体来说，就是撤销街道办事处，由区政府直接管理社区居委会。

一些沿海发达地区镇街根据外来人口多、常住人口多的实际，探索进一步加强镇街管理，改革基层政府机构设置，强化社会服务和管理职能。

（三）改革和理顺街居关系

各地都在积极探索如何进一步理顺街居关系，设立社区工作站，减少镇街对居民自治组织的行政干预，减轻居委会的行政负担，强化居民自治。各地社区工作站的性质和设置方式不尽相同，主要有"一站多居模式""合署办公模式""接受委托任务模式"等形式，普遍在社区建立综合便民服务大厅。

一些地方以行政为主导改革街道社会管理体制，整合基层管理和服务资源，广州市在社区建立"三中心""一队伍"，即行政服务中心、家政服务中心、信访维稳中心及综合执法队伍。

（四）建立多元化的城市基层社会管理体制

一是培育民间组织，发挥其联系广泛和服务便捷高效的优势。北京、上海、深圳、广州等地改进社会组织培育和管理模式，探索建立枢

纽型社会管理培育模式，建立社会组织培育孵化基地，利用政府购买公共服务，促进社会组织发展。南通市崇川区开展"百团大建"，大力培育社区社团。二是搭建平台，为驻区单位和组织提供参与管理和服务的平台。一些地方建立社区居民议事制度，由社区居委会主任、居委会专职社工带领，以社区片长、楼长、层长为骨干，成立"居民议事厅"，对社区事务进行协商协调。三是建立商务楼宇工作站，加强商务楼宇党建工作，加强非公有制企业党建和工会工作。开展这些工作目的在于，加强和改进商务楼宇和非公有制企业的社会管理。四是探索运用网格化管理方法，细化管理单元，再造管理服务流程，实现责任到人、减少管理层次和环节，达到及时发现问题、迅速做出回应的目的。五是改革警务体制，推动警力下沉，充实基层治安力量，强化社区服务和治安维护。六是建立健全社会矛盾调处化解机制，在社区设立专门调解室，推动人民调解、司法调解、行政调解"三调联动"。不少城市社区还建立物业纠纷调解、环境污染纠纷调解、医患矛盾纠纷调解、房屋拆迁纠纷调解等专门的调解力量。

（五）探索多样化的城市社会管理体制

探索城乡接合部地区社会管理新体制。上海浦东建立"镇管社区"新模式。浦东是一个特大型的新城区，"大区、大镇、大街道"的特点十分突出。长期以管理农村为主的传统镇的管理体制已不适应镇域内大量城市化社区发展的要求。浦东新区围绕如何应对快速城市化进程给社区管理和发展带来的挑战，提出"镇管社区"的概念，并在实践中不断探索和完善，取得了初步成效。

探索外来人口新模式。一些城市外来人口多，有的远远超过本地人口数量。例如，福建省晋江市本地人口 106 万人，而外来人口高峰时期达到 110 万人，晋江市设立专门的流动人口服务管理办公室，各个乡镇街道也设立相应机构，综合协调和统筹流动人口管理服务事项，协助解决流动人口生产生活困难，维护流动人口正当合法权益。

四　中国城市社会管理体制创新中的困境

一是仍然习惯于行政管控，服务与管理没有有机结合，管控多服务少。还有不少地方借社会管理创新之名，行社会管控之实。不是着眼于维护城镇居民的合理合法权益，而是把主要精力放在增加警力、增加技术装备上；不是着眼于及时了解民情民意，畅通诉求表达渠道，缓解群众不满情绪，从源头上化解社会矛盾，而是采取围追堵截的方式进行事后控制；不是着眼于从制度上解决问题和矛盾，而是就事论事，采取"花钱买平安"的方法，不讲原则、不讲法治，信奉"摆平就是水平，搞定就是稳定，没事就是本事"的哲学，把问题后延。

二是外来人口尚未真正纳入城市社会管理体制，社会融入和社会融合存在困难，社会和谐风险增大，本地人与外地人冲突增多。改革开放以来，随着城市大门的打开和户籍制度的松动，数以亿计的农村人口进入城镇工作和生活，推动了中国城镇化的快速发展。但是，2亿多进城的农村人口中绝大多数人由于户口仍然在农村，仍然不能平等地享受本地城镇户籍人口在就业、住房、社会保障、看病、子女教育以及社会参与等方面的权益。城镇外来人口仍然工作和生活在一个自我封闭的社会里，在城镇内部形成一个新的"二元社会结构"，本地人与外来人和谐相处的问题越来越突出，需要国家从人口服务和管理制度上进行深层次改革，促进外来人口的市民化。

三是缺乏顶层设计，党政机构职能和机构设置不够科学合理。中国现有城市社会管理体制带有很强的计划经济时期的特点，主要还是城市化程度较低时期的管理办法，不少地方还是以管理农村的方式管理城市。需要认真研究和建立为城市所有人口提供基本公共服务和管理的组

织体系和制度体系，适应城市人口快速增长和社会组织形势变化的新要求，适应脱离传统"单位"的社会人越来越多、农转居人口越来越多、外来流入人口越来越多的新形势；认真研究和正确处理政社关系、政府管理和居民自治、多方共治的关系，处理好党政关系、政府内部机构的关系；认真研究现行依靠政法委系统统筹城乡社会管理的体制的科学性和有效性。

四是社会组织发育滞后，不能适应城市社会发展需要。党的十六大以来，社会组织得到了一定发展，2012年底全国各类社会组织达到49万多个，在提供公共服务、解决就业、维护群众正当权益等方面发挥了积极作用。但是，现有社会组织数量、规模与13亿多人口大国的需求是极不相称的。社会组织发展速度慢，一些社会组织发育不良，内部治理结构不完善，管理和服务能力差；有些社会组织定位不清，成为"二政府"，自我发展能力弱，严重依赖政府的财政支持；还有一些社会组织偏离宗旨，搞创收谋利。造成这种状况的原因是多方面的，既有认识问题，也有政策法律和体制问题，还有从业人员的素质能力问题。从根本来说，是一些领导同志对于社会组织的作用认识不足，甚至心存疑虑，不愿意让社会组织充分发展，对社会组织发展设置障碍。必须看到，大力发展社会组织是城市化和现代化发展的大势所趋，刻不容缓。除需要对少数几种特殊类型的社会组织加强监管之外，对于经济类、公益慈善类、社区性社会组织，应该放宽准入条件，完善相关法律，加大政府支持力度，促进和规范社会组织快速健康发展。社会管理，既要管理"社会"，也要"社会"管理，需要由包括社会组织在内的多元主体进行自我管理。

五是社区建设面临诸多困难，社区居民社区认同度不高，社区自治程度低。2012年底，中国居民委员会达到9.1万个，与2003年全国城镇居民委员会7.7万个相比数量增加较多，居民成分复杂。当社区居民成分复杂时，社区居民内部的交往和交流就显得尤其重要，需要在职场之外建设一个友好和谐方便舒适的生活家园。实现这样的社区建设发展目标，就要充分挖掘和利用社区资源，特别是驻区单位、社区居民参与社区服务和管理的热情和力量。要创新社区体制，通过政府购买服务、培育和调动社区志愿服务、整合社区资源等方式为社区发展提供多方面的资源；创新社区发展方式，为社区居民搭建交流交往的平台，开展丰富多彩的文体活动和互助帮扶活动，让社区居民熟悉起来，在相互交流和相互帮助中建立与增强社区意识，使社区从居住共同体走向生活共同体和意义共同体。

六是城市社会管理法律法规和相关制度建设滞后，造成不同社会群体在城市空间资源占有和使用上新的不平等。城市是一个高度复杂的生产生活体，是人类有意选择和市场驱动的结果。城市化既是城市人口不断增加和城市社会复杂性不断增加的过程，也是城市地理空间和城市资源不断扩大的过程。在城市众多资源形态中，空间资源居重要地位，影响其他资源和机会的占有。因此，公平合理地配置城市空间资源，就成为一项重要的社会管理工作。要对城市空间布局进行合理规划设计，充分考虑人与资源、机会公平合理地结合，从交通、住房、公共设施、社会福利的可得性及可及性等方面充分考虑不同群体的基本需求及其满足基本需求的能力，尤其要重视弱势群体的基本需求，防止强势群体过度占有城市空间资源，侵占普通群众特别是弱势群体的空间资源。现在很多城市特别是特大型城市，在城市规划方面，对于不同社会群体在空间资源占有和使用权利的公平性考虑不够，使得城市空间变化造成不同社会阶层在资源和机会占有上的不平等和不公平，产生不同阶层和群体之间的社会差距，造成新的社会问题和社会矛盾。

B.6
中国农村社区管理新探索

王金华*

摘　要：

　　本文全面分析农村社区建设管理的重要意义，梳理了农村社区建设的模式和类型，研究了农村社区建设对农村社区管理服务的价值，提出了中国农村社区建设走向及工作重点。

关键词：

　　农村社区　农村社区建设的模式　工作重点

　　2003 年 10 月，党的十六届三中全会通过《中共中央关于完善社会主义市场经济体制若干问题的决定》，明确提出了加强"农村社区服务""农村社区保障""城乡自我管理、自我服务"等方面要求。2006 年 10 月，党的十六届六中全会通过的《中共中央关于构建社会主义和谐社会若干重要问题的决定》首次完整地提出了"农村社区建设"的概念，并要求把城乡社区建设成为"管理有序、服务完善、文明祥和的社会生活共同体"这一重大战略部署。2007 年 10 月，党的十七大报告明确提出要"把城乡社区建设成为管理有序、服务完善、文明祥和的社会生活共同体"，为全面深入推进农村社区建设进一步指明了方向。2010 年 10 月，党的十七届五中全会提出了"提高城乡社区自治和服务功能"的新要求，要求城乡社区在加强和创新基层社会管理中发挥重要作用。2011 年 2 月，

＊ 王金华，民政部办公厅副主任（正司级）。

胡锦涛同志在省部级主要领导干部社会管理及创新专题研讨班开班式上强调，要进一步加强和完善基层社会管理和服务体系，把人力、财力、物力更多投到基层，努力夯实基层组织、壮大基层力量、整合基层资源、强化基础工作，强化城乡社区自治和服务功能，健全新型社区管理和服务体制。

当前，城乡社区已成为加强社会管理和公共服务的重要平台、保障和改善民生的重要依托、构建和谐社会的重要载体。加强和创新农村社会管理服务，建立健全新型农村社区管理服务体制机制，能够有效地为全面推进新农村建设、建设惠及广大农民群众的小康社会奠定坚实基础。

一 开展农村社区建设的必要性

当前，随着经济的发展，我国总体上已进入以工促农、以城带乡的发展阶段，进入缩小城乡差距、统筹城乡经济社会发展的新时期。农村社会则开始逐步从半封闭向全面开放变迁、从自然经济向市场经济转型，农村经济社会结构发生重大变化。围绕创新基层社会管理服务体系，积极开展农村社区建设工作、强化农村社区自治和服务功能、实现农村社区管理和服务体制创新已成为必然趋势。

（一）开展农村社区建设是适应当前农村经济社会发展变化的必然要求

20 世纪 80 年代，社改乡、队改村是农村基层管理体制的重大改革，促进了农村经济社会发展。但随着中国农村改革开放以及工业化、城镇化和农业现代化进程加快，中国农村社会正在发生重大变化，传统的乡村封闭的"社队制"解体，农民从"社员"向"公民"转变，农村从单一、静止和封闭向多元、流动和开放社会转变；同时，出现多样

化的就业关系和利益分配形式,农民的同质性不断下降,农民的利益诉求和价值取向呈多元化趋向。传统乡村组织的生产分配方式、治理机制以及依附于村集体关系上的认同不断削弱,建立在村庄户籍和土地关系基础上的村组管理体制已难以适应农村基层治理的现实需求。特别是在现行体制下,村民自治也仅仅是户籍村民的自治,村级公共服务和管理仅仅是为本村户籍村民提供,外来人员难以享受平等的管理服务。重新将农村和农民组织起来,重建乡村社区的组织和认同,增强农村居民的认同感和归属感,实现乡村社区的重建和共治,已刻不容缓。

（二）开展农村社区建设是满足农民基本公共服务需求的要求

随着农村现代化进程的深入发展,农村社会正在加速转型,但由于长期受到城乡二元结构影响,农村各种基础设施落后,公共服务设施缺乏,服务和活动场所严重缺乏。开展农村社区建设,加强农村社区基础设施建设,并依托农村社区综合服务中心,开展政府公共服务、志愿互助服务和便民利民商业服务等,有利于促进基础设施向农村延伸,公共服务向农村覆盖,科学技术向农村扩散,现代文明向农村辐射,让农村居民共享改革开放和现代化的成果。

（三）开展农村社区建设是加强农村基层社会管理的要求

农村经济的飞速发展带来了农村社会结构的深刻变化,传统农村相对封闭的社会状态被打破,农村社区的开放性、流动性和异质性逐步增强。受工业化、城镇化和市场化浪潮的影响,每年约有2.1亿农民工在城乡之间双向流动;农村组织和农村居民的利益诉求呈现多元化,各类农村社会组织日益增多,驻村企业和外来务工人员呈增多趋势;农村居民的流动和阶层分化趋势加快,农民需求水平日益提高。这些都对传统乡村治理结构产生了极大冲击,原有的以村庄为单位、本村户籍人口为对象的农村管理服务体制已难以适应新形势发展的需要，迫切需要基层政府和村民自治组织以外的多元主体参与农村社区公共事务，以有效满足农村居民日益增长的物质文化生活的需求。通过开展农村社区建设，积极构建包括各类社区组织、社区居民、驻社区单位、流动人口在内的多元社区管理和服务体制，以有利于增强社区组织和居民的归属感和认同感，增强社区凝聚力；有利于拓宽社情民意诉求渠道，健全社会舆情汇集和分析机制，建立农村基层利益协调表达机制，切实维护农村社区和谐稳定。

（四）开展农村社区建设是深化和拓展基层群众自治的要求

村民自治是中国农村基本的民主自治组织形式，也是社会主义政治建设的基础性工程。改革开放以来，村民自治制度不断完善，自治民主的形式不断创新，但是，中国的村民自治体制建立在集体土地所有基础上，集体土地产权及由此形成的村民户籍成为村民行使自治权利的依据。近些年来，随着经济社会发展和统筹城乡发展的加快，农村居民在不同城乡区域之间、不同经济单位之间和不同产业之间的流动不断增强，农村居民对公共产品和公共服务需求不断增长，农民的利益诉求和价值取向呈多元化趋向，对建立新的社区化组织和完善治理结构有着强烈的需求。在中西部地区，尤其是一些传统的村庄，大批农民离开土地进城务工经商，有些举家迁离农村，导致农村人口减少，"空心村"现象比较明显，再加之有些村庄原本就规模小、人口少，村庄治理人才匮乏，使得村民会议开不起来，找不到合适的人担任村干部，原来行之有效的村民自治遇到挑战。在经济发达地区，包括中西部地区的城郊结合部的一些村庄，村办企业和驻村企业越来越多，新的经济组织、社会组织不断涌现，外来人口大量涌入，在一些经济发达地区，有的村外来人口超出本村人口数倍之多，传统的村庄体制难以把他们纳入管理服务范畴，丰富的人才资源缺乏一定的渠道参与居住地的建设和服务。开展农村社区建设，即将"空心村"等传统村庄以"多村一社

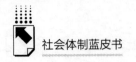

区"的方式建立平台，整合管理职能和服务资源，扩大选人用人范围，整合农村各类人才资源，赋予村民自治新的活力；在外来人口多的村庄，通过推行社区化管理，将外来人员、驻村企业和所有经济组织、社会组织纳入社区管理服务的范畴，拓展了村民自治的范围，强化了村级组织的自治和服务功能，实现了从传统的农村基层社会管理向强调社区规模适度、多元主体组织化和制度化参与的现代农村社区治理体制转变。

二　农村社区建设模式

农村社区既是生产单元，也是生活单元，还是农村实现更高治理和提供有效公共服务的基本单元形式。农村社区建设关键在于通过整合资源实现农村公共产品服务的有效供给，其区域界限和规模应根据这一目标合理确定，它既要与行政村规划相衔接，又不能搞"一刀切"，可以以单个行政村为单位，也可以跨行政村进行组合。在开展农村社区建设过程中，各地在尊重农民群众意愿的基础上，根据当地人口规模、文化习俗、服务半径和产业发展等要素，按照有利于整合资源、方便群众和便于管理服务的原则，因地制宜地探索实验多种不同的农村社区建设模式。从当前全国各地的实践看，具有代表性的主要有"一村一社区""多村一社区"和"村转居"型社区等模式。

一是"一村一社区"模式。全国绝大多数地方都推行了此种模式。以行政村为基础，建立社区服务中心，村党组织和村委会与社区服务中心实行一套人马、两块牌子，村"两委"成员与社区干部交叉任职，在不改变村民自治架构的情况下，建立健全了农村新型社区管理和服务体系。

二是"多村一社区"模式。这种情况在村庄数量多、规模较小且人口较少的地方比较普遍。基本做法是选择一个规模大、经济基础较好的村为中心村建设农村社区服务中心，辐射半径一般在2~3公里、人口在 3000 ~ 5000 人，为周边群众提供基本公共服务和生产生活服务，打造起"两公里服务圈"。保留社区内各行政村党组织和村委会，在社区层面设立社区党组织和议事协调组织，管理各行政村和其他单位党组织、社会组织，统筹协调辖区内的经济发展、社区管理和服务等事项。在社区层面建立人口、土地、户数、资产、债权债务及村干部等台账，坚持"五不变"政策，即土地承包关系不变、各项承包租赁合同不变、资产和债权债务不变、原村村名不变、原村民福利待遇及优惠政策不变。

三是"村转居型"社区模式。在城近郊区、乡镇驻地和一些经济发展较快的地区，这种情况比较普遍。在这些地方，由于城镇化发展、城中村改造和重点项目实施建设等原因，土地已所剩不多，从事农业生产的农民越来越少，农民的生活方式、居住方式变化也很大，一些城镇居民与村民交叉居住。对这样的社区，有的采取一步到位，撤销原有的村党组织和村民委员会，设立社区党组织和社区居民委员会，对原有的集体资产进行股份化改革，量化到农户和个人；有的采取过渡方式，撤销原来的村党组织，设立新的社区党组织和社区居民委员会，在村民居住比较集中的地方建设社区服务中心，为所有村民和居民提供公共服务和其他服务。原来的村民委员会保留，对原有集体资产进行管理。虽然各地的建设模式不同，但是都建立在尊重村民现实利益和农村村民自治的现实基础之上，通过优化资源配置，提高基础设施和公共服务的共享度，为农村居民提供快捷便利的管理服务。

三 农村社区建设促进了农村社区管理服务

农村社区是一个比传统农村治理体制更有弹性的制度平台。它注重通过整合资源、延伸服务来提升社区居民的凝聚力和认同感，它的目标是将社区建设成为新型社会生活共同体。农村社区建设并不是照搬城市化管理的模式，也不是简单的"建新村"或"建小区"。它是以城乡统

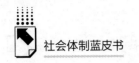

筹发展为目标，将政府各种公共服务延伸到农村，切实加大对农村社区公共产品和公共服务供给的力度，满足农村居民日益增长的物质文化需求，不断提高农村居民的生活品质和农村文明程度。在推进农村社区建设过程中，各地注重以改善民生和发展社会事业为重点，积极推动以发展农村基层民主为目标的基层群众自治机制建设，推动以覆盖城乡全民共享为导向的基本公共服务体系建设，推动以形成和谐的社会生活共同体为取向的乡村文明建设。

（一）加强农村社区综合服务平台建设，将政府公共服务延伸到农村

各地根据农民群众的需要，通过新建或改扩建等方式，兴办集管理、服务、教育、活动等于一体的社区综合服务中心。社区服务中心既要满足村级组织或社区组织办公、服务需要，又要满足农民群众活动需要。由政府派驻人员或村干部在社区服务中心开展"一站式"服务，向村民提供医疗卫生、人口计生、社会保障、司法调解、农业技术推广、土地流转和体育文教等多种服务，把政府的社会管理和公共服务职能下沉到社区，积极推动政府公共资源和管理职能向农村延伸，为农民群众提供各种公共服务。同时，依托社区综合服务中心，组织群众开展土地流转、读书看报、协商议事等生产生活服务活动，开展社区志愿服务和互助服务。鼓励吸引村民在社区综合服务设施内或周围开展日用品超市、农资超市、再生资源回收等商业性服务，有的地方还把邮局、电信、银行、保险等服务引进社区，开展便民利民服务。在开展农村社区建设的地方，通过提供政府公共服务、志愿互助服务和市场化便民利民服务，初步建立了与当地农村经济社会发展相适应的新型农村社区服务体系，解决了长期困扰农民群众的一些生活难题，突破了过去单纯依靠村集体和村民自我服务的局限，得到农民群众的普遍欢迎和认可。

（二）完善农村社区治理机制，实现农村社区化管理

各地以社区建设为契机，在坚持和深化村民自治制度的基础上，适应农村经济社会发展阶段和体制变化的现实，创新完善农村基层社会管理体制，推行了一种全新的管理模式，即社区化管理和服务模式。

一是普遍实行"一委一村一中心"，即构建以社区党组织为核心、社区村委会为基础、社区服务中心为依托的城乡社区管理体系，下移管理重心，推动人员、经费、资源"三下沉"。有些地方按照服务类别、服务内容、承办方式、办事流程、委托或授权部门等，将社区管理服务事项分门别类地进行细分，然后下沉至社区，将办理事项划分为社区直接办理和社区代为办理等，促进政府服务职能和村民自治功能向社区转化，确保将管理重心下移到社区，村民自治功能体现在社区。

二是实行"无缝隙"管理和服务。根据农村社会形态与经济结构的变化，通过政经分开，使村委会与集体经济组织剥离，集体经济专门归集体经济组织管理，将村民的经济成员身份与社会成员身份分开，消除了因户籍等刚性条件来阻碍外来人员参与当地社区自治的约束，将原有村民、农村各类经济组织和社会组织、流动人口以及驻区单位都纳入农村社区的管理和服务范畴，使得社区居民在流动中也可以在异地享受到应该享有的公共服务，保障了社区内各类居民的平等地位和民主权利，从而在传统的农村地区实现了对全部地域、全体人员和各类组织的"无缝隙"管理服务，实现了全体社区居民共同参与的自我治理，也是对传统村民自治的创新性发展与超越。

三是建立多元治理机制，即由政府组织、村民群众、驻区单位和外来人口共同参与社区管理，将农村社区建设的各项事务纳入社区协商议事范围。社区的所有居民都是社区成员，社区内所有成员都有权利参与本社区的自我管理、自我教育与自我服务活动，都成为社区自治的主体，改变了过去社队制仅以户籍标准来为本村村民提供服务的情形。现

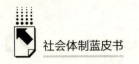

在要管理包括本村村民在内的所有农村居民、各类社会组织和驻村单位，依托社区平台，把政府的管理和服务、社区的管理和服务以及村民的自我管理和服务有机结合起来，从而有效地适应当前农村社会开放性、流动性日益增强的需要，满足多元主体的不同需求。

（三）积极扩大基层治理和民主范围，深化和拓展基层群众自治

当前，中国村民委员会及村民自治体制大都是建立在集体土地所有基础上，具有强烈的封闭色彩，这种封闭性也限制了外来人员参与村委会选举及公共事务管理，使村委会及村民自治组织封闭起来。随着人口的流动及土地的流转造成地权关系变化及人口杂居，农民民主意识的增强，其利益诉求和价值取向日益趋向多元化，外来人口对自身利益的维护和民主权利意识的提升，各种农村社会组织日益多样化，并发挥着越来越重要的作用，传统封闭的村落和集体组织日趋瓦解。

通过开展农村社区建设，在不打破村民自治架构的前提下，进一步完善村民自治，延伸和拓展村民自治。如在社区组织方面，多数地方以村党组织和村委会为基础，建立健全社区党组织；有的地方直接把村党支部（党委、总支）和村委会过渡为社区党组织和自治组织；有的地方则打破村庄界限，改变党组织设置方式，在社区设立党委或党总支，把支部建在原有村庄、产业链、经济组织或社会组织、社区服务中心等，在社区设立社区议事协商委员会或社区发展理事会等新型社区治理组织，培育服务性、公益性和互助性社会组织，由原村委会主任、经济组织和社会组织负责人、驻村企业代表、党员和村民代表等组成，统筹协调超出原有村庄的事务和本社区的自治事务，实现村民自治与社区治理的有机统一。

在社区自治内容方面，各地普遍把社区建设事项纳入自治范畴，不仅拓展了村民自治内容，也创新、丰富了自治方式。有些地方推行

"四审四议两公开"工作机制，"四审"即重大决策事项审查、重要事项用章审核、财务审计、村主要干部经济责任审计制度，"四议"即党组织提议、"两委"商议、党员大会审议、村民会议或村民代表会议决议，"两公开"即村务公开、财务公开。在社区自治主体方面，依托社区，重新构建新的社会管理和服务平台，逐步探索形成了以农村社区党组织为核心、社区村民委员会为主体、社区社会组织和驻区单位协同、社区居民广泛参与的社区自治管理体制，最大限度地保障了社区全体居民的权益，扩大了基层治理和民主范围，使得基层民主自治更具有广泛性、适应性。

（四）有效整合新农村建设的资源，统筹推进城乡一体化发展

长期存在的城乡二元结构使中国城乡之间存在巨大差别，有限的政府公共资源大多集中在城区和乡镇（街道）驻地，绝大多数农村地区存在公共服务产品供给短缺现象。除水、电、路等"硬件"基础设施严重不足外，环境卫生、教育、文化、医疗、社会保障、社会治安等"软件"公共服务也基本上属于"被遗忘的角落"。

近年来，党和国家将统筹城乡发展作为加快推进现代化和全面建设小康社会的重大战略，各级政府及有关部门加大了对"三农"的扶持力度，各种捐助资金、项目、技术源源不断流向农村。以农村社区建设为抓手，以农村社区综合服务中心为平台，加强农村基础设施和基本公共服务体系建设，进一步完善以政府为主体提供基本公共服务。积极推动乡镇政府职能的转变，通过人、财、物向基层倾斜，积极整合各项惠农资源，为农村居民提供"一站式"服务，使公共管理和服务资源得到有效整合优化，促进了政府职能由管理向服务的转变；以社区为平台，加强资源整合，统筹协调各部门下拨到农村的资金、资源和项目等，形成推进新农村建设的合力；确立农村居民为农村社区建设的主体

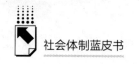

地位，广泛动员社会各方面力量支持和参与农村社区各项事务的发展，形成全社会关心、支持和促进农村社区建设的长效机制。

四　中国农村社区建设的走向及工作重点

当前，农村社区建设正在深刻改变着传统的农村基层社会组织、管理和服务体制。通过不断增强农村基层组织的服务功能，促使村级组织从村民组织向社区组织转变；从传统的村庄治理向社区治理转变，从村民的生产生活共同体走向社区的生产生活共同体；基层村民自治逐渐从传统封闭走向现代开放，由户籍村民的自治向全体社区成员的自治转变，基层民主自治的参与主体和覆盖面不断扩大，这是农村基层民主和自治水平的提升和发展；随着政府公共服务向农村的延伸，村民自治不再是单纯的自我管理和自我服务，也应享受政府公共服务带来的便利；乡镇也要转变职能，通过与社区的协作共同从事社会管理和提供公共服务，将服务型政府落到实处。毫无疑问，随着农村社区建设的展开，农村基层组织、管理和服务体制将发生深刻的变革。

为了进一步推动和深化农村社区建设，第一，要进一步加强农村社区建设的研究和宣传工作，提升社会各界对农村社区建设的认识，把握农村社区建设的规律。研究制定出台农村社区建设的相关法规政策，把各地成熟的经验做法上升为政策，用政策统一思想认识、规范各地做法，统筹推进城市和农村社区建设，为更好地推进农村社区建设提供政策依据。

第二，建立健全农村社区管理体制机制，立足农村社会管理和服务实际，科学规划农村社区的布局和规模，加紧探索完善农村社区民主治理机制，创新农村社会管理服务体制，理顺农村社区党组织、村委会和社区集体经济组织与社区组织的关系，实现村民自治和农村社区治理的有机结合，理顺政府与社区的关系，强化政府的社会管理和公共服务职能，建立健全党委领导、政府负责、社会协同、公众参与的社会管理体制格局，形成共同推进农村社区建设的合力。

第三，加强和完善农村社区服务体系建设，认真贯彻落实国务院办公厅印发的《社区服务体系建设规划（2011～2015年）》，加强资源整合，将卫生、计划生育、文化、社会治安等基本公共服务向农村延伸，促进城乡基本公共服务均等化。探索政府购买服务机制，积极开展农村群众性志愿互助服务和邻里守望活动，引导一些商业主体开展便民利民服务，逐步建立政府公共服务、村民志愿互助服务、社区便民利民服务相衔接的覆盖全体村民的新型社区服务体系。

第四，切实尊重农民群众的主体地位，根据农民群众的愿望和需求确定农村社区的工作重点和服务内容，努力增进农村社区居民的社会福利和社会融合，保障好农民群众的权益。要动员、组织、支持和引导农民群众及志愿团体积极参与社区建设，将农村社区建设成为真正与农民群众生产和生活息息相关的社会生活共同体。

第五，建立健全农村社区建设资金投入保障机制。各级财政应以推进基本公共服务均等化为目标，根据财权与事权一致的原则，建立中央和省市及地方各级政府按比例合理负担农村社区建设投入的财政分担机制，将农村社区建设支出纳入财政预算，切实加大政府公共财政资金投入。有序整合部门资金，提高资金利用整体效益，鼓励企事业单位、社会团体、个人和外资以多种形式捐赠或兴办社区公益事业，逐步建立以财政资金为主，单位帮扶资金、一事一议筹资筹劳、社会各界捐助为补充的多元化投入机制。

B.7
中国特色社会管理法治建设

赵秋雁*

摘　要：

　　本文介绍了中国社会管理法治建设的主要进展；分析了中国特色社会管理法治建设的挑战和机遇；提出了加快社会管理法治建设的思考，一是科学立法，二是严格执法，三是公正司法，四是全民守法。

关键词：

　　社会管理　法治建设

中国共产党第十八次全国代表大会报告提出，要更加注重法治在社会管理中的保障作用，善于运用法治思维和法治方式破解社会管理难题，提高社会管理创新水平，在改善民生和创新社会管理中加强社会建设。要围绕构建中国特色社会管理体系，形成"党委领导、政府负责、社会协同、公众参与、法治保障"的社会管理体制。这标志着中国社会管理创新将进一步制度化、法治化、科学化，意义深远。积极推进中国特色社会管理法治建设，加强法治保障，是深化社会管理体制改革的重要任务。

一　中国社会管理法治建设的主要进展

新中国成立以来，党和国家始终高度重视社会管理法治建设，

---

*　赵秋雁，北京师范大学中国社会管理研究院副教授，副院长。

为形成和发展适应国情的社会管理法律制度进行了长期探索和实践。特别是党的十一届三中全会以来，根据国内外形势发展变化，不断就保障和改善民生、加强和创新社会管理做出重大部署，取得了明显成就，积累了宝贵经验。

（一）构建改善民生和创新社会管理规范体系

1981年12月4日，中国第四部宪法（现行宪法）在第五届全国人大第五次会议通过并颁布，明确规定了政治制度、经济制度、公民的权利和义务、国家机构的设置和职责范围、国家的根本任务等，自此，全国范围内的立法工作全面恢复和发展。总体上构建了基本公共教育、劳动就业服务、社会保险、基本社会服务、基本医疗卫生、人口和计划生育、基本住房保障、公共文化和体育等基本公共服务规范，奠定了中国特色社会管理法治的基础。

保障和改善民生方面。

教育服务：《教育法》《教师法》《义务教育法》《职业教育法》《高等教育法》《民办教育促进法》等；劳动就业服务：《劳动法》《劳动合同法》《就业促进法》《劳动争议调解仲裁法》等；社会保险和社会服务：《社会保险法》《军人保险法》《农村五保供养工作条例》《城市居民最低生活保障条例》《军人抚恤条例》《妇女权益保障法》《未成年人保护法》《老年人权益保障法》《残疾人保障法》等；医疗卫生：《食品安全法》《药品管理法》《精神卫生法》《传染病防治法》《母婴保健法》等；人口和计划生育：《居民身份证法》《人口和计划生育法》《婚姻法》《继承法》等；住房保障：《土地管理法》《城市房地产管理法》《农村土地承包法》《合同法》等；文化体育：《体育法》《著作权法》等；财政税收：《预算法》《财政转移支付法》《个人所得税法》等。其他还有《民法通则》《物权法》《农民专业合作社法》等。

加强和创新社会管理方面。

执政为民：《全国人民代表大会和地方各级人民代表大会选举法》和《地方各级人民代表大会和地方各级人民政府组织法》，首次以法律形式确认了"差额选举"制度。《选举法》规定城乡按照相同人口比例选举人大代表，进一步落实了人人平等、地区平等和民族平等。中共十二大通过的《党章》首次明确规定了党必须在宪法和法律范围内活动，禁止任何形式的个人崇拜。依法行政：《国务院组织法》落实和细化了宪法第八十九条国务院职权的规定，《村民委员会组织法》标志着村民自治正式纳入法律的轨道并付诸实施，《城市居民委员会组织法》为城市居民委员会建设提供了法律依据，《国家赔偿法》不仅保护被侵权人依法获得国家赔偿的权利，也促进国家机关及其工作人员依法行使职权，《行政处罚法》和《行政监察法》对于规范行政管理和提高行政效能起到较好的促进作用。《全面推进依法行政实施纲要》提出要用十年左右的时间基本实现建设法治政府的目标，《关于加强法治政府建设的若干意见》指出，建设法治政府是我们党治国理政从理念到方式的革命性变化，是我们国家政治体制改革迈出的重要一步，具有划时代的意义。安全维稳：1991年2月19日，中共中央、国务院做出《关于加强社会治安综合治理的决定》，同年3月2日，七届全国人大常委会第十八次会议通过《关于加强社会治安综合治理的决定》。这两个《决定》是中国搞好社会治安、维护社会稳定、确保长治久安的纲领性文件，使社会治安综合治理工作走上了规范化、制度化的轨道。1992年10月，党的十四大把"加强社会治安综合治理，保持社会长期稳定"写入了新修改的《党章》的总纲，从而使社会治安综合治理成为全党的一项工作纲领。其他还有《人民调解法》《国家赔偿法》《信访条例》等。

此外，法律既包括实体法，又包括程序法，二者互相依存，互为保障。《刑事诉讼法》《民事诉讼法》《行政诉讼法》三大诉讼法的出台和修订，为保障民主政治顺利开展、规范市场经济正常发展、保障和改善民生服务提供了重要依据。

（二）加强立法规范，推进法律实施

为了适应中国经济和社会的发展变化，全国人大分别于 1988 年、1993 年、1999 年、2004 年逐步修改完善了宪法，2004 年，第十届全国人大二次会议通过宪法修正案，这是历届修改最多、涉及内容最广泛的一次。确立"三个代表"重要思想在国家政治和社会生活中的指导地位、完善对私有财产的保护规定、建立健全同经济发展水平相适应的社会保障制度、尊重和保障人权、完善全国人民代表大会组成、规定国家主席进行国事活动的职权、修改乡镇政权任期规定等，为社会管理法治建设进一步提供了合法性、正当性依据。

2000 年 3 月 15 日，第九届全国人民代表大会第三次会议通过《立法法》，这是中国法制建设史上又一里程碑。该法确立了立法应当遵循的四项基本原则：一是立法应当遵循宪法的基本原则，以经济建设为中心，坚持社会主义道路、坚持人民民主专政、坚持中国共产党的领导、坚持马克思列宁主义毛泽东思想邓小平理论，坚持改革开放；二是立法应当依照法定的权限和程序，从国家整体利益出发，维护社会主义法制的统一和尊严；三是立法应当体现人民的意志，发扬社会主义民主，保障人民通过多种途径参与立法活动；四是立法应当从实际出发，科学合理规定公民、法人和其他组织的权利与义务、国家机关的权力与责任。该法的实施，对于规范立法活动、健全国家立法制度、提高立法质量、建立和完善有中国特色社会主义法律体系、保障和发展社会主义民主、推进依法治国、建设社会主义法治国家，产生了重大而深远的影响。

国家把执法检查、法律适用、法律监督等工作和对法律法规的修改完善调研结合起来，建立跟踪反馈制度，推动法律的有效实施。例如，2011 年，全国人大常委会开展《劳动合同法》第二轮执法检查，劳动合同签订率显著提高，全国规模以上企业劳动合同签订率达到 97%，工资

集体协商有序展开，当期有效集体合同覆盖职工1.14亿人，比2007年增长76.5%。① 再例如，全国范围内涌现了"法治湖南""法治江苏""法治上海""法治淄博""法治遂宁"等各具特色的地方实践，整体推进法治环境建设。《深化法治江苏建设的意见（2012）》提出，到2015年建成全国法治建设先导区，实现社会管理法治化水平等"五个位居全国前列"的工作目标；《贵州法治发展报告（2011～2012）》在分析法治环境、社会管理、重大决策等领域面临的突出矛盾和问题基础上提出了创新社会管理工作，强化公共服务管理等对策建议；《法治淄博建设纲要》把法治建设纳入经济社会发展综合评价体系，为经济社会又好又快发展创造环境和提供保障。这些举措在一定程度上提高了法律表达和法律实践的契合度。

（三）积极推动公众参与，力争更好地反映人民意志和保障人民的根本利益，不断增强法治公信力

一方面，公众有序参与立法活动是民主立法和科学立法的重要途径和形式，具体包括立法座谈会、听证会、论证会和公布法律法规草案征求意见等多种形式。《立法法》规定，条件允许时，应召开听证会形式立法，《行政法规制定程序条例》《行政规章制定程序条例》都对行政行为的听证义务作了规定，《环境影响评价法》确立了行政相对人参与价格制定、环境及规划编制等行政决策的制度，《行政许可法》进一步规范了听证的事项、程序等。2005年9月27日，全国人大个税起征点听证会召开，这是全国人大第一次就全国性立法召开听证会，立法听证会制度实现零的突破。② 在征求意见方面，《物权法》2005年7月10日至8月20日征求到11543件意见，《就业促进法》2007年3月25日至4月25日征

① 《2012年全国人民代表大会常务委员会工作报告》。
② 江厚良：《个税起征点听证会的破冰意义》，《广州日报》2005年8月30日。

求到 11020 件意见，约 70% 来自基层群众，《劳动合同法》2006 年 3 月 20 日至 4 月 20 日征求到 191849 件意见，创人大立法史新纪录，①《劳动合同法（修正案草案）》征集到 557243 条网上意见，创下历史之最。②

另一方面，政府信息公开既是公众了解政府行为的直接途径，也是公众监督政府行为的重要依据。《政府信息公开条例》规定，各级行政机关应当在每年 3 月 31 日前公布本行政机关的政府信息公开工作年度报告。行政机关公开政府信息，应当遵循公正、公平、便民的原则。政府信息公开的主体主要是行政机关和法律、法规授权的具有管理公共事务职能的组织。《2012 年政府信息公开重点工作安排》指出，各级政府重点推进财政预算决算、"三公"经费和行政经费、保障性住房、食品安全、环境保护、征地拆迁、价格和收费等信息公开。③

二 中国特色社会管理法治建设的挑战和机遇

（一）中国民主法制建设取得长足进步，中国特色社会主义法律体系形成

《中国全面建设小康社会进程统计监测报告》表明，2010 年，中国在民主法制方面的实现程度为 93.6%，比 2000 年提高 9.1 个百分点，平均每年提高 0.91 个百分点，其中，2010 年公民自身民主权利满意度达到 82%，比 2000 年的 60% 增加了 22 个百分点，实现程度为 91.1%；以 2000 年为基期，从社会治安、交通安全、生活安全和生产安全四个方面

---

① 郭晓宇、李娜：《16 部法律草案公开征求意见"开门立法"成为常态》，《法制日报》2008 年 4 月 22 日。

② 逸吟、殷泓：《劳动合同法修改征求意见结束》，《光明日报》2012 年 8 月 7 日。

③ 政府信息公开年度工作报告由概述、主动公开政府信息情况、依申请公开政府信息情况、申请行政复议、提起行政诉讼情况和存在问题及改进措施等部分组成。详见中央人民政府官方网站：http://www.gov.cn/gzdt/2012-03/29/content_2097167.htm。

综合计算的社会安全指数，2010 年实现程度达 95.6%，详见表 1。[①]《中国特色社会主义法律体系》白皮书指出，截至 2011 年 8 月底，中国已制定现行宪法和有效法律共 240 部、行政法规 706 部、地方性法规 8600 多部，涵盖社会关系各个方面的法律部门已经齐全，各个法律部门中基本的、主要的法律已经制定，相应的行政法规和地方性法规比较完备，法律体系内部总体做到科学和谐统一，中国特色社会主义法律体系已经形成，国家经济建设、政治建设、文化建设、社会建设以及生态文明建设的各个方面实现有法可依。这是中国社会主义民主法制建设的一个重要里程碑，体现改革开放和社会主义现代化建设的伟大成果，具有重大的现实意义和深远的历史意义。

表 1　2000～2010 年中国全面建设小康社会及在民主法制方面的实现程度

单位：%

年份	民主法制实现程度	年份	民主法制实现程度
2000	84.5	2006	88.4
2001	82.6	2007	89.9
2002	82.5	2008	91.1
2003	82.4	2009	93.1
2004	83.7	2010	93.6
2005	85.6		

资料来源：《中国特色社会主义法律体系》白皮书（2011）。

（二）党中央、国务院做出加强和创新社会管理的重大战略部署，社会管理法治建设任重道远

2011 年 2 月 19～23 日，中央举办省部级主要领导干部社会管理及

[①] 国家统计局发布：《中国全面建设小康社会进程统计监测报告》（2011 年 12 月 19 日）。全面建设小康社会实现程度是一种综合指数，是各监测指标实际值除以标准值，然后再经加权综合而得的，其中，60 为总体小康，100 为全面小康。指数的指标体系由经济发展、社会和谐、生活质量、民主法制、文化教育、资源环境等 6 个方面 23 项指标组成。"民主法制"包括公民自身民主权利满意度和社会安全指数两项监测指标。

其创新专题研讨班，胡锦涛总书记等发表了重要讲话，首次对社会管理及其创新进行了全面系统阐述；同年3月，"标本兼治，加强和创新社会管理"独立成篇，写入"十二五"规划纲要；7月5日，中共中央、国务院印发《关于加强和创新社会管理的意见》；2011年8月21日，中共中央办公厅、国务院办公厅印发《关于中央社会治安综合治理委员会更名为中央社会管理综合治理委员会的通知》。《中国特色社会主义法律体系》白皮书强调，要突出加强社会领域立法。坚持以人为本，围绕保障和改善民生，在促进社会事业、健全社会保障、创新社会管理等方面，逐步完善劳动就业、劳动保护、社会保险、社会救助、社会福利、收入分配、教育、医疗、住房以及社会组织等法律制度，不断创新社会管理体制机制，深入推进社会事业建设。[1]《国家基本公共服务体系"十二五"规划》阐明了国家基本公共服务的制度安排，成为"十二五"乃至更长一段时期构建国家基本公共服务体系的综合性、基础性和指导性文件，是政府履行公共服务职责的重要依据。

2012年是实施"十二五"规划关于社会主义民主法治建设阶段性任务承上启下的重要一年，全国人大常委会推进社会领域立法规划，包括继续审议精神卫生法、出境入境管理法、军人保险法草案和民事诉讼法修正案草案，修改老年人权益保障法、劳动合同法等。[2] 国务院立法工作规划中保障和改善民生、维护社会和谐稳定需要提请全国人大常委会审议的法律草案、法律修订草案和需要制定、修订的行政法规14件，包括提请审议电影产业促进法草案、航道法草案、安全生产法修订草案，制定女职工特殊劳动保护条例、无障碍环境建设条例、博物馆条例、保健食品监督管理条例、长江三峡水利枢纽安全保卫条例、缺陷汽

---

① 国务院新闻办公室发布：《中国特色社会主义法律体系》白皮书（2011年10月27日）。
② 《2012年全国人民代表大会常务委员会工作报告》。

车产品召回管理条例，修订医疗器械监督管理条例、人体器官移植条例、互联网信息服务管理办法、铁路运输安全保护条例、水路运输管理条例。① 目前，已发布《精神卫生法》《军人保险法》《女职工特殊劳动保护条例》《无障碍环境建设条例》《缺陷汽车产品召回管理条例》《国内水路运输管理条例》等法律法规，完成《民事诉讼法》《刑事诉讼法》等修订，《老年人权益保护法》《博物馆条例》等还在征求意见。社会管理法治建设将继续平稳发展，今后重要而长期的任务是，积极推进科学立法、严格执法、公正司法、全民守法，开启社会管理法治建设新时代。

三 加快社会管理法治建设的思考

中国经历了工业化、城镇化、市场化、信息化和国际化，同时经历传统社会向现代化社会转型、计划经济向市场经济转轨的"两个转变"。如果说"五化"是世界普遍发展的规律，那么"两转"就带有中国特色，特别是计划经济向社会主义市场经济转轨前所未有，增加了中国现代化发展的难度。② 新形势下中国社会管理法治建设总体不错，但也存在一些不足，比如用法治思维破解社会管理难题意识还不强，重政策应用轻法治规则的制定与实施等。中央加强和创新社会管理的重大战略部署正当其时，深化"党委领导、政府负责、社会协同、公众参与、法治保障"的社会管理体制势在必行，法治要充分发挥科学立法、严格执法、公正司法、全民守法的保障作用，实现用法治精神统率社会管理全局、用法治手段破解社会管理难题、用法治方法巩固社会管理成果。

---

① 《国务院办公厅关于印发国务院 2012 年立法工作计划的通知》。
② 龚维斌：《正确判断社会形势　科学推进社会管理》，《行政管理改革》2012 年第 11 期。

（一）科学立法保障

科学立法是一国法律体系是否完善的价值判断标准之一。中国虽然在较短时间内出台了一些法律法规，但总体上看，立法数量相对较少，立法位阶比较低，且系统性不够，这与加强和创新社会管理的实际需要、广大人民群众的新期待，特别是切实改善和保障民生的要求还有一定距离，特别是一些法律与法律、法律与法规、法规与法规之间的矛盾或不协调问题依然存在。今后要继续完善法律法规制定、修改与解释三位一体的发展模式，提高法律体系的稳定性、适应性与实效性，统筹规划，分步实施，明确责任，争取3～5年形成比较完善的中国特色社会管理法治体系，在科学立法、民主立法方面迈出新步伐。

（二）严格执法保障

近年来，各地不断有因行政执法问题引发的群体性事件。游行示威上访甚至演变为打砸抢烧恶性事件发生，严重影响社会和谐与稳定。主要原因是中国社会管理执法管制色彩相对浓厚，某些领域仍过于依赖政府，社会组织、社会公众的自治和参与功能发挥不够，这是当前社会管理改革的重点和难点之一。2011年广东乌坎事件、四川什邡事件和江苏启东事件的发生和解决，就考验了地方党政部门有错即纠的政治勇气和善于担当的政治智慧。从法治角度来分析，基本可以把多发的社会矛盾归纳为公权与私权之间、私权与私权之间、公权与公权之间、不同代际四大类矛盾，其中最突出的是行政争议。加快法治政府建设，是从源头上减少和及时有效化解行政争议的根本途径。① 可见，关键是坚持执法为民服务大局的理念，讲求执法方法和艺术，推行人性化执法和柔性

---

① 曹康泰：《加快法治政府建设是加强和创新社会管理的基础和关键》，载魏礼群主编《社会体制改革与科学发展》，北京师范大学出版社，2012，第18～19页。

执法，加强和规范执法监督工作，实现严格公正文明执法效果和人文关怀社会效果的有机统一，进一步提高执法质量、执法水平、执法公信力，这是实施依法治国方略的基础性工程。

（三）公正司法保障

在现代社会，司法是解决社会冲突、调整社会关系的重要手段。我们党历来重视运用司法手段化解社会矛盾、实现社会治理。实践表明，如果人民司法的职能作用得到有效发挥，必将有力提升社会管理水平，维护社会稳定；反之，如果人民司法活动受到冲击和干扰，则社会管理就会出现问题，必然影响社会稳定。[①] 中国积极、稳妥、务实地推进司法体制和工作机制改革，以维护司法公正为目标，以优化司法职权配置、加强人权保障、提高司法能力、践行司法为民为重点，为中国经济发展和社会和谐稳定提供了有力的司法保障。[②] 但实践中司法公信力仍存在不足。2012 年，最高人民法院受理案件 11867 件，同比下降 1.8%；审结10515 件，审限内结案率为 95%。地方各级法院受理案件 1220.4 万件，同比上升 4.4%，审、执结 1147.9 万件，审限内结案率为 99%。各类案件一审后当事人服判息诉率为 90.61%，二审后达到 98.99%。[③] 社会管理领域的涉法信访案件中，大多当事人指责法官裁判不公，部分当事人不愿诉讼而采用私力救济，甚至求助于非法组织，表现出当事人对司法的极端不信任。[④] "2003 年孙志刚案"促使《城市流浪乞讨人员收容遣送办法》废止并终结了收容遣送的历史，其他个案如云南"躲猫猫"等也在影响着法治进程。因此，必须继续坚定不移地推进司法改革，保障人

---

① 公丕祥：《社会管理创新：能动司法的新作为》，《法律适用》2012 年第 6 期。
② 国务院新闻办公室 2012 年 10 月 9 日发布《中国的司法改革》白皮书，这是中国首次就司法改革问题发布白皮书。
③ 《2012 年最高人民法院工作报告》。
④ 叶俊：《社会管理：无法治，难创新》，《民主与法制时报》2012 年 7 月 17 日。

民法院、人民检察院依法独立公正行使审判权和检察权，扩大司法民主，推行司法公开，保证司法公正，才能为维护人民群众合法权益、维护社会公平正义、维护国家长治久安提供坚强可靠的司法保障。

（四）全民守法保障

虽然当前中国政府部门、企业、社会组织及公民个人的守法意识进一步增强，社会主义法治水平日益提高，但同时也存在守法意识淡薄、有法不依、执法不严、违法不究等问题，一定程度上影响社会管理法律法规的权威性和执行效果。这既制约了社会管理创新的深入推进，又同实施依法治国方略、加快社会主义法治国家进程步伐不协调、不匹配。全民守法是对人民主体地位的尊重，也是实现公民权利的保障，内涵是依法行使权利，积极履行义务，形成法治共识。这要从政治建设、经济建设、文化建设、生态建设和社会建设"五位一体"总布局高度积极推进，法治是治国理政的基本方式，政治建设中要更加注重发挥法治在国家治理和社会管理中的重要作用，维护国家法制统一、尊严、权威，保证人民依法享有广泛权利和自由；全面深化经济体制改革，不断增强国有经济活力、控制力和影响力，毫不动摇鼓励、支持、引导非公有制经济发展，保证各种所有制经济依法平等使用生产要素、公平参与市场竞争、同等受法律保护；加强社会主义核心价值观要从社会层面倡导自由、平等、公正、法治，坚持依法治国和以德治国相结合全面提高公民道德素质；推进生态文明建设和保护生态环境必须依靠制度。

在中国特色社会主义建设和发展的承上启下关键时期，我们必须加快法治建设步伐，在宪法的基础上，抓住执政为民、依法行政的关键点，把以人为本、保障和改善民生作为出发点和落脚点，以保证秩序稳定和增强社会活力为目标，推进中国特色社会管理法治建设，到2020年实现全面建成小康社会宏伟目标时，要实现"依法治国基本方略全面落实，法治政府基本建成，司法公信力不断提高，人权得到切实尊重和保障"。

B.8
中国教育体制改革：回顾、进展与展望

朱国仁*

摘　要：

　　本文全面回顾和总结了改革开放以来中国教育体制的进程及成就，分析了2012年中国教育体制改革的举措及成效，对中国教育体制改革的前景进行了展望。

关键词：

　　教育体制　改革　回顾　进展　展望

改革开放以来，教育体制改革作为整个教育改革的关键一直备受重视，不断向前推进，与社会主义市场经济体制相适应的中国特色社会主义教育体制逐步形成。2012年是《国家中长期教育改革和发展规划纲要（2010～2020年）》颁布实施的第三年，中央和地方出台了一系列改革新举措，教育体制改革取得了新进展。党的十八大对中国教育发展提出了新的要求，教育体制改革将进一步向纵深推进。

一　改革开放以来中国教育体制改革的进程

改革开放30多年来，为适应经济社会发展，特别是经济体制、政治体制和科技体制改革的不断推进，中国教育体制的改革从未间断过，

＊ 朱国仁，国家行政学院研究生部副主任、研究员。

总体来看主要有三次大的较全面的改革。

十一届三中全会以后的最初几年，中国教育事业虽然经过拨乱反正得到了较快的恢复和发展，但"左"的思想在教育工作中的影响还未完全克服，还不适应社会主义现代化建设的需要，特别是面对当时对外开放、对内搞活和经济体制改革全面展开的新形势、世界新科技革命兴起的新挑战，"我国教育事业的落后和教育体制的弊端就更加突出了"。[①] 1985年《中共中央关于教育体制改革的决定》的颁布实施，拉开了改革开放以后中国教育体制第一次全面改革的序幕。在"教育要面向现代化、面向世界、面向未来""教育必须为社会主义建设服务，社会主义建设必须依靠教育"方针指导下，改革旧的教育体制、探索和建立中国特色社会主义教育体制的进程全面启动。当时教育体制改革的主要内容是，改革管理体制，着重解决政府部门对学校特别是高等学校管得过死、统得过严、制约学校办学活力的问题，使学校在内部事务中有较大自主权，学校逐步实施校长负责制；对于中央政府与地方政府教育管理权限，基础教育在继续实行中央和地方分级管理体制的同时，扩大地方政府的管理权。改革人才培养体制，注重调整中等教育结构，着力发展中等职业教育，培养社会急需的各类中等职业技术人才。改革投资体制，在不断增加政府财政投入的同时，鼓励企业、社会团体和个人集资办学，多渠道解决教育经费不足问题。改革高等学校招生和毕业生就业制度，改变高等学校全部按国家计划统一招生和毕业生由国家统包分配的做法，实行在国家统一考试下，国家计划招生为主，用人单位委托培养和适当招收计划外自费生的招生制度；实行在国家计划指导下，学校推荐和毕业生、用人单位选择相结合的就业制度。1985年开始实施的教育体制改革，虽然是在有计划的商品经济大背景下进行的，但在中国教育体制改革历程中、在中国特色社会主义教育体制建立的过

---

① 《中共中央关于教育体制改革的决定》，1985年5月27日。

程中，具有奠基和里程碑意义。

进入20世纪90年代，经过数年的努力，中国教育事业发展和教育体制改革取得了显著的成绩和进展，但仍落后于中国经济社会发展的需要，滞后于经济体制、政治体制和科技体制的改革。党的十四大明确提出建立社会主义市场经济体制的目标后，教育体制改革再次受到重视和关注。1993年，中共中央、国务院印发了《中国教育改革和发展纲要》，明确提出，在90年代"初步建立起与社会主义市场经济体制和政治体制、科技体制改革相适应的教育新体制"。① 由此启动了中国改革开放后第二次教育体制的全面改革。这次改革的主要内容是，改革办学体制，逐步建立以政府办学为主体、社会团体和公民个人共同办学的体制。进一步改革教育投资体制，完善政府财政投入为主，多渠道筹资（包括教育费附加、义务教育阶段学生学费、校办产业收入、社会捐资和集资、设立各类教育基金等）的体制。深化教育管理体制改革，完善中等以下教育分级办学分级管理体制，调整高等教育办学及管理中中央与地方、国家教育主管部门与其他业务部门、政府与学校的关系，建立政府宏观管理、学校面向社会依法自主办学的体制；中等以下学校实行校长负责制，高等学校原则上实行党委领导下的校长负责制；推进学校人事制度和分配制度改革，逐步实现学校后勤社会化。在高校招生和毕业生就业制度的改革上，实行并轨收费和毕业生主要面向社会"自主择业"制度。进一步完善人才培养体制，着力发展成人教育和职业教育。《中国教育改革和发展纲要》颁发实施以后，国家相继制定颁布了一些重要的教育法律，如《教育法》（1995年）、《职业教育法》（1996年）、《高等教育法》（1998年）、《民办教育促进法》（2002年）；中央和教育行政部门陆续出台了一系列政策，保证了教育体制改革的稳步进行。这一时期教育体制改革力度较大的是，1998年，为适应行政

---

① 《中国教育改革和发展纲要》，1993年2月13日。

管理体制改革的要求，按照"共建、调整、合作、合并"的方针，解决了自新中国成立以来中国高等教育办学和管理体制中的条块分割、条条分割的问题；2002 年，《民办教育促进法》的颁布实施，不仅为民办教育的发展提供了法律保证，也是中国办学体制改革适应社会主义市场经济发展的重大进展。

经过十多年的改革，中国初步形成了与社会主义市场经济体制相适应的教育体制，教育事业得到了快速发展。义务教育全面普及，高等教育实现了大众化，职业教育快速发展，建成了世界最大规模的教育体系，实现了由人口大国向人力资源大国和教育大国的转变，基本上告别了教育短缺的时代，中国教育进入了一个新的发展阶段。在新的历史起点上，面对新的机遇和挑战，中国教育需要做出新的选择，即实现由有学上到上好学的转变、由教育大国向教育强国和人力资源强国的转变。同时，中国教育发展面临新的矛盾，如人民对接受高质量教育需求的不断增强与中国优质教育资源供给不足的矛盾，中国经济社会发展特别是建设现代化强国和创新型国家对高素质创新型人才的需要与中国教育模式（人才培养模式）相对滞后的矛盾。教育发展过程中还存在各种问题，教育公平和教育质量成为社会普遍关注的焦点问题。"中国教育还不完全适应国家经济社会发展和人民群众接受良好教育的要求。""教育体制不完善，学校办学活力不足"，[1] 也是重要的问题之一。为此，2010 年 7 月，中央颁布实施了《国家中长期教育改革和发展规划纲要（2010 ~ 2020 年）》（以下简称《规划纲要》），启动了改革开放以来中国第三次教育体制全面改革的进程。《规划纲要》明确提出"要以体制机制改革为重点"。这次教育改革中关于教育体制方面改革的主要内容集中在六个方面。一是把人才培养体制改革作为教育体制改革的核心，创新人才培养模式，改革教育质量评价和人才评价制度；二是改革考试

---

① 《国家中长期教育改革和发展规划纲要（2010 ~ 2020 年）》，2010 年 7 月 29 日。

招生制度，探索招生与考试相对分离，政府宏观管理、专业机构组织实施、学校依法自主招生、学生多次选择，逐步形成分类考试、综合评价多元录取的考试招生制度，以着重考察学生综合素质和能力为目的，完善中等学校和高等学校招生考试制度，加强信息公开和社会监督；三是以建立现代学校制度为目标，改革学校管理体制，落实和扩大学校办学自主权，完善中国特色现代大学制度和中小学校管理制度；四是深化办学体制改革，健全政府主导、社会参与、办学主体多元、办学形式多样、充满生机活力的办学体制，对民办教育大力支持、依法管理，实现公办教育与民办教育共同发展的格局；五是以提高公共教育服务水平为目的，以转变政府职能和简政放权为重点，健全统筹有力、权责明确的教育管理体制，加强省级政府教育统筹，发挥各级地方政府发展和管理好当地教育的作用；六是扩大教育开放，提高教育国际化水平，重点是加强教育国际合作与交流，引进优质教育资源，提升交流合作水平。此外，在教育投资体制方面，要求健全以政府投入为主、多渠道筹集教育经费的体制，明确提出 2012 年国家财政性教育经费支出占国内生产总值的比例达到 4%。这一比例目标虽然在 1993 年就已提出（20 世纪末实现），但直到 2011 年也尚未达到。与前两次相比，这次教育体制改革的内容更全面、力度更大、措施更实，积极而稳妥。《规划纲要》颁布之后，中央随即成立了由 20 个部门组成的由国务院领导担任组长的国家教育体制改革领导小组。国务院还印发了《关于开展国家教育体制改革试点的通知》，提出教育体制改革的 10 大任务，确立了 15 个试点改革专项，并对改革进行了全面部署和指导。近两年来，中国的教育体制改革在稳步推进，各试点改革专项工作进展顺利，已取得初步成效。

改革开放以来，中央颁布的三个重大改革文件都是关于中国教育改革的顶层设计，为中国教育体制改革提供了明确的方向和指导。经过三次大的改革，中国已经基本告别了新中国成立后通过学习苏联逐步建立、改革开放之初又得以恢复重建的适应计划经济体制的教育体制模式，初步建立了中国特色社会主义教育体制，为中国教育的健康发展提供了重要的保证。三次大的改革与中国经济社会特别是经济体制、政治体制和科技体制的改革紧密相关，说明教育体制作为整个社会体制的重要组成部分，不能脱离经济社会的改革发展而特立独行。这是由教育发展的规律所决定的。改革无止境。随着中国各项事业的发展和经济社会体制改革的不断深化，教育体制改革也将不断深入。

二　2012 年中国教育体制改革的举措

在教育体制全面改革推动下，中国教育事业得到较快发展。到 2011 年底，学前三年毛入学率达到 62.3%，比 2010 年提高了 5.7 个百分点；义务教育实现了全面的城乡免费，巩固率得到提高；高中阶段毛入学率达到 84%，比上年提高了 1.5 个百分点；高等教育毛入学率达到 26.9%，大众化进程稳步推进；中高等职业教育接近同级教育规模的一半，其中高中阶段职业教育在校生人数占同级学生人数的 47%，招生人数占 48.89%；全国青壮年文盲率降到 1.08%；教师队伍建设取得新进展，水平明显提高。[①] 2012 年是《规划纲要》颁布实施的第三年。这一年，根据《规划纲要》和《关于开展国家教育体制改革试点的通知》精神和确定的目标任务，围绕推进教育公平和提高教育质量，中国相继出台了一系列政策和措施，教育体制改革又有明显推进。

（一）学前教育发展得到进一步规范

在中国教育事业发展中，学前教育一直是短板，入园率较低（入园难），发展不够规范，社会反映比较强烈。针对这一问题，2010 年 11 月，国务院印发了《关于当前发展学前教育的若干意见》，明确了学前

---

① 《2011 年全国教育事业发展统计公报》，2012 年 8 月 30 日。

教育的定位，指出："学前教育是终身学习的开端，是国民教育体系的重要组成部分，是重要的社会公益事业。"① 并提出了学前教育发展的指导思想和措施，启动了《学前教育三年行动计划（2011～2013年）》。教育部也把学前教育作为整个教育改革的突破口，着力解决入园难和学前教育发展不规范的问题。为推进学前教育科学发展，2012年4月，教育部决定从2012年起在全国范围内组织开展全国学前教育宣传月活动，活动时间定为每年的5月20日至6月20日。教育部还组织专家研究制定并于10月印发了《3～6岁儿童学习与发展指南》，为学前教育的实施提供了科学的指导，对保证学前教育快速健康发展具有重要的意义。

（二）义务教育均衡发展得到进一步强化

推进义务教育的均衡发展是解决教育公平的重要途径，是化解"择校难"这一老大难问题和义务教育阶段各种乱象的有效措施。为此，中央和各级政府高度重视，先后采取了各种措施，取得了一些成效，但问题依然十分突出。《规划纲要》把推进义务教育均衡发展作为教育改革的重要内容和主要任务之一。2012年1月，教育部等三部委联合印发《治理义务教育阶段择校乱收费的八条措施》，对治理违反相关法律和政策的义务教育阶段各种乱收费行为做出了明确的规定。针对"在区域之间、城乡之间、学校之间办学水平和教育质量还存在明显差距，人民群众不断增长的高质量教育需求与供给不足的矛盾依然突出"的问题，同年9月，国务院印发《关于深入推进义务教育均衡发展的意见》，指出"深入推进义务教育均衡发展，着力提升农村学校和薄弱学校办学水平，全面提高义务教育质量，努力实现所有适龄儿童少年'上好学'，对于坚持以人为本、促进人的全面发展，解决义务教育深

---

① 《国务院关于当前发展学前教育的若干意见》，2010年11月21日。

层次矛盾、推动教育事业科学发展，促进教育公平、构建社会主义和谐社会，进一步提升国民素质、建设人力资源强国，具有重大的现实意义和深远的历史意义"①。文件不仅明确了推进义务教育发展的指导思想，还提出了具体目标和措施，包括具体时间和要求，即：到 2015 年，全国义务教育巩固率达到 93%，实现基本均衡的县（市、区）比例达到 65%；到 2020 年，全国义务教育巩固率达到 95%，实现基本均衡的县（市、区）比例达到 95%。针对近年来各地对农村义务教育学校布局调整和撤并出现的新问题及对义务教育均衡发展特别是对农村教育发展造成的不利影响，9 月，国务院办公厅出台了《关于规范农村义务教育学校布局调整的意见》，对推进义务教育均衡稳步健康发展起到了保证作用。

（三）高等教育质量建设和人才培养模式改革取得新进展

改革开放特别是 20 世纪末以来，中国高等教育得到了跨越式发展，2002 年高等教育毛入学率达到 15.3%，跨进大众化阶段，到 2011 年达到 26.9%，虽然这一数字与国际比较并不算高，但中国高等教育大众化的进程在世界高等教育历史上是最快的，以在校生超过 3000 万人的高等教育总规模，稳居世界第一。高等教育规模的大发展虽然缓解了中国对高层次专业人才的需求，但人才培养模式、教育的质量问题比较突出，引起了社会高度关注。"全面提高高等教育质量""提高人才培养质量"也是《规划纲要》对高等教育改革提出的重要任务。胡锦涛在庆祝清华大学建校 100 周年大会上强调，"不断提高质量，是高等教育的生命线，必须始终贯穿高等学校人才培养、科学研究、社会服务、文化传承创新各项工作之中"②。2012 年 3 月 22 日，全国提高高等教育质

---

① 《国务院关于深入推进义务教育均衡发展的意见》，2012 年 9 月 5 日。
② 《胡锦涛在庆祝清华大学建校 100 周年大会上的讲话》，2011 年 4 月 24 日。

量工作会议召开，对提高高等教育质量做出了全面动员和部署，对提高高等教育质量提出了具体的目标、措施和要求。针对提高高等教育质量密集出台如此多的文件，在高等教育历史上是不多见的。各高等学校积极探索人才尤其是创新拔尖人才培养模式，取得了不少新的经验和成果。特别需要指出的是，《高等学校创新能力提升计划》及《〈高等学校创新能力提升计划〉实施方案》（5 月 4 日由教育部、财政部联合印发）提出并推动实施的《高等学校创新能力提升计划》，是中国高等教育改革发展的又一项重要措施。该计划又称"2011 计划"，是落实胡锦涛 2011 年 4 月 24 日在清华大学百年校庆大会上的讲话精神制定的，以"国家需要，世界一流"，提升人才、学科、科研三位一体创新能力为目标，通过校校、校所、校企、校地以及国际间的深度融合，建立面向科学前沿、行业产业、区域发展以及文化传承创新重大需求的四类协同创新模式，集聚一流的创新团队，形成一流的创新氛围，巩固一流的创新成果，培养一流的创新人才，服务国家重大需求。这既是深化高校的体制机制改革，也是提高高等教育质量的重大举措。是继"211 工程"和"985 工程"之后又一个推进高等教育改革发展的重大工程。

（四）以完善现代学校制度为目标的学校管理体制改革取得新成果

学校管理体制改革一直是中国教育体制改革的重要组成部分，《规划纲要》把"建设依法办学、自主管理、民主监督、社会参与的现代学校制度"作为学校管理体制改革的目标。2011 年颁布、2012 年实施的《高等学校章程制定暂行办法》，是推进中国特色现代大学制度建设、深化高等教育体制改革的重要指导性文件。该办法对高等学校章程制定的原则、内容、程序以及章程的核准与监督执行机制做出了具体明确的规定。《国家教育事业发展第十二个五年规划》（2012 年 6 月印发）要求，"到 2015 年，高等学校完成'一校一章程'的目标"。这也有助于推进高等学校办学模式的改革和办学特色的形成。2012 年，教育部开展了大学校长面向社会公开选拔的试点工作，对教育部直属的 5 所大学校长岗位面向社会公开选拔，这是继中层管理人员公开选拔后高等学校干部选拔任用制度改革的新进展，对整个高等教育管理的改革具有重要而深远的意义。2011 年颁布、2012 年实施的《学校教职工代表大会制度》是完善现代学校制度、加强民主管理和监督、推进学校管理体制改革的又一重要措施，对各级各类学校的健康、科学发展具有重要的指导和推动作用。在 2012 年 9 月，高校办学自主权也得到了进一步的落实，如取消研究生院设置等行政审批事项，修订并形成了《普通高等学校本科专业目录（2012）》和《普通高等学校本科专业设置管理规定》，扩大了高等学校在专业设置方面的自主权。

（五）教师队伍建设得到进一步加强

教育大计，教师为本。教师队伍建设是提高教育质量、保证教育事业科学发展的关键。改革开放以来，中央高度重视教师队伍的建设问题，号召尊师重教、设立教师节、颁布教师法、提高教师地位和待遇、实施各种教师培养制度等等，教师合格率逐年提高，教师队伍建设逐步加强，对中国教育事业发展发挥了基础性的作用。但是，"我国教师队伍整体素质有待提高，队伍结构不尽合理，教师管理体制机制有待完善，农村教师职业吸引力亟待提升"[1]。为此，2012 年 8 月，国务院颁布了《关于加强教师队伍建设的意见》，从落实科教兴国和人才强国战略的高度，提出了进一步加强教师队伍建设的指导思想、总体目标和重点任务，并从加强教师思想政治教育和师德建设、提高教师专业化水平、建立健全教师管理制度、保障教师合法权益和待遇等方面，提出了加强教师队伍建设的具体要求。该意见对中国今后教师工作特

---

① 《关于加强教师队伍建设的意见》，2012 年 8 月 20 日。

别是教师队伍的建设指明了方向，提供了指导。9～10月，教育部与相关部委联合制定并下发了《关于大力推进农村义务教育教师队伍建设的意见》等6个文件，为切实加强教师队伍建设提供了具体措施和保障。9月，教育部召开全国教师工作暨"两基"工作总结表彰大会，温家宝总理出席会议并讲话，强调了加强教师队伍建设的重要性，并对贯彻落实《关于加强教师队伍建设的意见》提出了明确的要求。会议的召开，各项政策的密集出台，既显示出中央对教师队伍建设的高度重视，也对进一步加强教师队伍建设起到极大促进作用。

（六）教育督导体制进一步完善，教育督导工作进一步加强

教育督导是现代教育科学管理的重要手段，加强教育督导工作对完善政府职能、转变管理方式，推动教育管理科学化、法制化，保证教育事业健康发展具有重要意义。2012年8月，国务院教育督导委员会成立，为教育督导工作提供了领导基础。9月，国务院颁布《教育督导条例》，以法规形式对督学及督学制度、督导工作的实施和相应的法律责任做出明确规范。2012年，为做好教育督导工作，促进各级各类教育事业的健康发展，教育部还先后印发了《中等职业教育督导评估办法》（2011年12月30日）、《县域义务教育均衡发展督导评估暂行办法》（1月）、《学前教育督导评估暂行办法》（2月）、《关于加强督学责任区建设的意见》（5月）、《关于进一步加强中小学校督导评估工作的意见》（9月）等一系列文件。各地也成立相应机构并开展了相应工作。教育督导体制的完善和教育督导工作的加强，有力地促进了地方各级政府和学校对党的教育方针政策的全面贯彻及教育法律法规和政策的落实，对推动教育发展方式和管理模式的变化提供了监督、指导和促进作用。

（七）招生与考试制度改革有了新突破

招生与考试制度的改革也是一直为社会广泛关注的热点问题，这不

仅涉及教育质量或人才培养的问题，也影响到教育的公平问题。继在义务教育阶段进城务工人员随迁子女就地入学问题得到缓解之后，随迁子女就地参加中考和高考问题凸显出来。应对社会强烈的呼吁，2012 年 8 月，国务院办公厅转发由教育部等四部委联合制定的《关于做好进城务工人员随迁子女接受义务教育后在当地参加升学考试工作的意见》，对进城务工人员随迁子女接受义务教育后在当地参加升学考试工作提出了原则性意见，要求各省、自治区、直辖市根据各地情况制定出台相应的实施方案。10 月，北京大学法学院教授张千帆等 30 位专家学者联名向国务院、教育部及北京、上海、广州三地的教育行政部门领导递交了《进城务工人员随迁子女在就读地参加升学考试的建议方案》，对随迁子女的认定条件、父母条件、政策落实时间等方面提出了建议。依照该意见的要求，各地也先后制定出台实施方案。政策的出台，在推进中国招生考试制度改革、解决长期以来困扰进城务工人员难题方面，终于迈出了较大的一步。2012 年，针对国家教育考试中屡屡出现的严重违规违纪现象，教育部印发了修改后的《国家教育考试违规处理办法》（1 月）、《2012 年高等学校招生全国统一考试考务工作规定》（5 月），进一步完善了国家教育考试制度，对于严肃考试纪律、保障考试安全、维护考试秩序，规范对国家教育考试中违规行为的处理，保障参加国家教育考试人员的合法权益和保证国家教育考试的公正公平，具有积极意义。

2012 年，中国教育体制其他方面的改革也有新的进展。在教育投入体制方面，政府财政性支出明显增加，财政投入占 GDP 4% 的目标有望实现。办学体制方面，教育部印发了《关于鼓励和引导民间资金进入教育领域促进民办教育健康发展的实施意见》；中外合作办学也有新成果，2012 年 10 月 15 日，经教育部批准，中国第一所具有独立法人资格的中美合作创办的大学——上海纽约大学在上海正式成立。教育信息化建设得到进一步加强，2012 年 3 月，教育部印发了《教育信息化十年发展规划（2011～2020 年)》；9 月，全国教育信息化工作电视电话会议召开。为加强对全国教育体制改革的指导，2012 年 10 月，教育部成立综合改革司，具体承担国家教育体制改革领导小组办公室的日常工作，统筹推进贯彻落实教育规划纲要有关工作，研究提出落实教育体制改革的重要方针、政策、措施的建议，组织推进重大教育改革的有关工作，监督检查教育体制改革试点进展情况和承担教育体制改革宣传工作等。在国家教育体制改革领导小组的领导及其办公室或综合改革司的直接指导、监督下，2010 年确定的教育体制改革任务和各项改革试点专项工作稳步推进。

总之，2012 年是中国教育体制改革创新进展较大、成果丰硕的一年，一系列重大改革措施的出台和实施，有力地推动了《规划纲要》所确定的各项改革目标的实现，也为中国教育体制改革的全面推进迈出了坚实的一步。

三 中国教育体制改革的前景

党的十八大提出了全面建成小康社会和全面深化改革的目标，把"努力办好人民满意的教育"列为改善民生的首项任务，提出到 2020 年"全民受教育程度和创新人才培养水平明显提高，进入人才强国和人力资源强国行列，教育现代化基本实现"。[①] 党的十八大还在充分肯定教育重要地位和作用的同时，对中国教育的发展提出了明确要求，为教育体制深化改革指出了前景、指明了方向、提供了指导。

纵观中国教育体制改革的历程，虽然不断取得新的进展，但教育体制改革也已经进入深水区，触及教育发展的深层次矛盾和问题。在

---

① 胡锦涛：《坚定不移沿着中国特色社会主义道路前进　为全面建成小康社会而奋斗》，2012 年 11 月 8 日。

教育体制中还存在一些急需改革、人民要求迫切但进展缓慢的问题，如进城务工人员子女就地参加升学考试问题、义务教育阶段的择校问题、入园难问题、学生课业负担问题、多渠道筹集教育经费问题、教育经费保障体系与困难学生资助体系的完善问题、学校行政化问题、鼓励支持与引导民办教育发展问题、各类教育的协同发展问题、人才培养质量的提高与拔尖创新人才培养模式问题、教育法制建设问题，等等。由此可见，中国教育体制的改革任重道远。根据经济社会发展对教育事业发展的新需要、人民群众对教育改革的新要求以及当前教育体制改革中出现的新问题，中国教育体制在进一步的改革中，需要在以下方面予以关注。

（一）进一步解放思想，更新观念

教育体制改革是一个复杂、艰巨的系统工程，是整个教育改革的关键，涉及许多思想和观念问题。推进教育体制的改革，必须首先进一步解放思想、更新观念、凝聚共识。具体来说，就是要冲破旧的思想观念和思维模式的束缚，确立新的符合教育规律和时代发展要求的新观念。确立以人为本观念，使教育体制改革的最终目的指向受教育者的全面发展和实现学有所教的目标上，在改革过程中充分发挥教师、学生和教育管理者的主体作用，调动社会广泛参与的积极性；确立教育公平观念，使教育体制的改革有利于教育和社会的公平，体现制度公平、实现机会公平、权利公平和发展公平；确立终身教育观念，使教育体制的改革有助于终身教育体系的建立和学习型社会的建设；确立教育公益观念，切实认识教育是重要的国计与民生问题，摒弃把教育过度功利化的思想和行为；确立教育科学发展观念，使教育体制改革遵循教育规律，有利于各类教育之间、数量与质量、规模与效益、个人与社会、布局与结构的全面、协调、可持续发展；确立法制观念，使教育体制改革依法进行，推动依法治教、依法办学、依法施

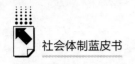
教；确立教育创新观念，在教育体制改革进程中，鼓励和尊重创新，使改革有利于创新人才培养及创新思想和成果的产生；确立教育开放观念，使教育体制改革适应教育国际化潮流，大胆学习和借鉴国际有益经验。

（二）把握改革节奏，处理好改革与社会和谐稳定的关系

教育体制的改革涉及面广，利益关系复杂，不可能一蹴而就、一劳永逸，必须着眼于长远目标，明确近期目标，先易后难、循序渐进。要充分认识和理解中国尚处于社会主义初级阶段的基本国情，达到理想的教育状态是一个长期、复杂和艰难的探索过程。现行教育体制上的许多问题特别是涉及不同利益和权益主体的问题，不是简单地靠一次性改革就能够解决的，拖不得，也急不得。期望值过高、操之过急、急躁冒进，往往事与愿违，欲速不达；但久拖不决，更会酿成重大社会问题。要充分把握改革的进度、幅度与人民或不同群体的承受度，要认真听取和慎重处理各种社会诉求，对现实教育中的热点、焦点和难点问题进行广泛深入研究，区别应对，确定可以解决并容易解决的要坚决而尽快地解决，对复杂和受现实条件制约不能及时解决的问题，可在充分研究的基础上，给出合理的解释。教育体制的改革要有利于教育的稳定、健康和可持续发展，力避大起大落、反反复复；要着眼于社会大局，正视各种矛盾和复杂关系，政策的制定和出台，要有充分论证，必须考虑到对社会现实可能造成的冲击，避免对社会稳定和谐发展造成重大不利影响。

（三）促进教育体制改革与经济社会改革的协同发展

教育是社会的有机组成部分，是社会大系统的一个子系统。教育的问题特别是教育体制的问题，很多不是教育本身的问题，而往往是社会问题在教育领域的反映，不少教育体制方面的问题常常是与社会其他方

面的体制问题紧密地联系在一起的。因此，不能就教育问题而谈教育问题，将教育中的问题仅仅或片面地归因于教育本身，或单单寄希望于通过教育的改革来解决。教育体制的改革必须与整个社会体制或相关社会体制特别是经济体制、政治体制、社会体制、科技体制、文化体制等的改革协同推进。如教育公平问题、毕业生就业问题、进城务工人员子女就地入学和参加升学考试问题等等，如果不与其他领域的改革协调推进，是很难得到有效解决的。还有一些教育体制方面的问题是与经济社会政治发展的水平和基础、社会文化传统和观念联系在一起的，如择校、学生负担重、职业教育吸引力不强、学校行政化等等，如果不能系统全面地加以分析和协同解决，相关改革很难取得成效。因此，教育体制改革要统筹规划、系统设计，着眼于社会大局，充分考虑社会现实环境、基础和可能，既要抓住机遇及时推进，也要加强协调稳步进行。对滞后于整个社会改革发展的方面，毫不迟疑地大力推进；对暂时社会条件还不完全成熟但能有所作为的，也可适当有所突破；对确实暂时无法解决的问题，积极协调、创造条件，适时推动。

（四）选准突破口，努力化解热点难点问题

中国教育体制改革已经进入深水区，各种热点难点问题和矛盾不断涌现，困难明显增大。随着经济社会发展的需要、办好人民满意教育的要求以及教育本身健康发展的需要，进一步深化教育体制的改革是大势所趋。教育体制改革有许多方面和环节，要取得较快进展和理想的效果，在全面推进的过程中必须抓住重点方面和关键环节，找准突破口。目前看来，《规划纲要》确定的教育体制改革重大任务和试点改革专项仍是当前和今后必须努力加快推进的方面。党的十八大提出的全面实施素质教育、着力提高教育质量、办好学前教育、均衡发展九年义务教育、基本普及高中阶段教育、加快发展现代职业教育、推动高等教育内涵式发展、积极发展继续教育、完善终身教育体系、大力促进教育公

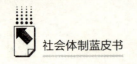
平、鼓励引导社会力量兴办教育、加强教师队伍建设等新要求，进一步明确了教育体制改革的方向，指出了当前教育体制改革的突破口，也是化解当前教育热点难点问题的主要途径。

（五）重视社会信息化，迎接新科技革命和工业革命、城镇化进程加速的挑战

中国教育体制改革全面推进的过程中，决不能忽视当前社会信息化、新的科技革命和工业革命以及中国城镇化进程加速对教育发展提出的新挑战。应对社会信息化的挑战，必须加快推进教育信息化，大力推进信息技术与教育管理和教育过程的融合，运用现代信息技术手段改进管理方式，提高管理效率，更新教育教学方式，完善人才培养模式，丰富办学形式。应对新技术革命和工业革命的挑战，进一步加强教育与科技、生产的联系，调整教育结构特别是学科专业结构或人才培养结构，重视创新型人才培养，健全职业教育体系，提高学校特别是高等学校的科研能力和服务社会能力，加快推进产学研一体化。应对中国城镇化进程的加速，加快教育布局调整、推进义务教育城乡一体化建设，完善成人教育与培训体系。

（六）完善顶层设计，鼓励局部创新

改革开放以来，在教育体制改革上，中国一直很重视顶层设计，无论是1985年的《中共中央关于教育体制改革的决定》、1993年的《中国教育改革发展纲要》，还是2010年的《规划纲要》，都是关于中国教育体制改革的重大的顶层设计；每一个关于教育事业发展的五年规划，也是关于教育改革发展的顶层设计。中国幅员辽阔、人口众多，地区差别较大，地方教育发展状况各异，顶层设计也只能从宏观战略的层面对教育体制改革做出整体规划，在计划经济时代顶层设计具有更加具体的、直接的指导作用，在市场经济时代，顶层设计则更侧重于宏观指

导，注重各地各办学单位的自主性和创造性。这本身也是教育体制改革的题中之意。在新的全面开展的教育体制改革中，需要根据经济社会发展的形势和教育改革发展的要求，在适时完善顶层设计的同时，中央把握方向、加强宏观指导，扩大地方和办学单位的自主权，进一步鼓励和发挥地方和办学单位的积极性和创造性。在加强现有教育体制改革试点地区和试点单位指导的同时，还要提倡和鼓励其他各地各办学单位在教育体制改革方面的探索和创新，不断总结经验，使教育体制改革朝着既定的目标稳步推进。

（七）推进教育管理方式转变，加强教育监督与指导

党的十八大提出了中国政治体制包括行政体制进一步改革的目标和要求，也为推进中国教育体制特别是教育管理体制的改革提供了指导。要加快教育管理方式的转变，根据"全面推进依法治国""完善中国特色社会主义法律体系"和"推进依法行政"的要求，尽快完善中国教育法律体系，推进依法治教，运用法治思维和法治方式深化教育体制改革。完善教育督导体系，加强对已经颁布的教育法律和教育体制改革的方针政策及各项改革措施的贯彻落实的监督和指导，保证教育体制改革得到全面、扎实、稳步推进。

（八）借鉴国际经验，探索特色之路

国际化是世界教育发展的重要趋势。推进教育体制改革，建立和完善中国特色社会主义教育体制，既要符合中国国情和教育发展的实际，也要学习借鉴国际相关经验，这是教育改革开放的必然要求，也是提高中国教育国际竞争力的需要。在教育体制改革过程中，学习借鉴国际经验，就是要掌握和善于运用国际教育组织的相关政策和规则，借鉴和吸取外国教育体制改革的经验和教训。借鉴国际经验，不能过高地评价国外教育体制，更不能简单地不加分析地把某一国家的教育体制作为参照

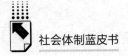

而对中国教育体制妄加评判，甚至照搬照抄。建立完善的适应中国经济社会发展需要、符合中国教育实际的中国特色社会主义教育体制，是中国教育体制改革坚定不移的方向。要在自觉和充满自信地坚持这一方向的前提下，处理好借鉴与创新的关系。探索和建立中国特色社会主义教育体制是坚持中国特色社会主义道路、完善中国特色社会主义制度的必然选择。

B.9
中国食品药品安全治理工作

胡颖廉 *

摘　要：

当前中国食品安全总体形势向好但是风险聚集，药品安全形势总体稳定但系统性风险突出；造成安全问题的主要原因有市场结构失调、社会心态失衡、政府监管失效，因此，下一步需要创新食品药品安全工作主体、方式和手段，确保人民群众饮食用药安全。

关键词：

食品药品安全　形势判断　问题分析　政策建议

一　当前形势判断

（一）食品安全形势总体稳定，但监管任务艰巨

我国食品安全现状总体稳定并逐渐向好。世界各国通常用食品卫生监测合格率以及质量监督检查合格率衡量一个国家食品安全状况。从20世纪90年代中后期开始，我国上述两项指标数值均从80%左右提升至90%以上，并在总体上保持平稳（如图1所示）。与此同时，重大食品安全和农产品质量安全事件也逐渐呈低发态势。

与此同时，当前我国食品安全风险类型多样、分布广泛、潜伏

---

* 胡颖廉，管理学博士，国家行政学院社会和文化教研部副教授。

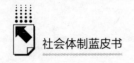

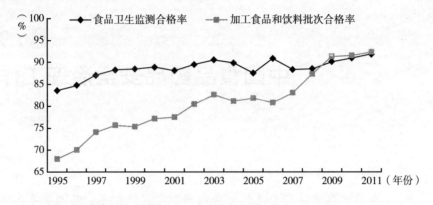

图1　20世纪90年代中期以来我国食品安全状况

资料来源：历年《中国统计年鉴》《中国卫生年鉴》。

深层、危害较大。受生态环境质量、产业产品结构、企业内部管理等因素的制约，食品安全基础薄弱的状况在我国尚未根本转变，风险隐患不容忽视。其中，"添加泛滥"和人为污染是食品安全的主要问题，尤其在食品添加剂、食用油、乳制品、肉制品、保健食品和酒类等重点行业领域，食品安全风险更为聚集。2012年发生的"地沟油制药""塑化剂入酒"等风波充分说明，食品行业"潜规则"还有很多。统计数据显示，1985年，我国食物中毒死亡人数高达620人，到2002年降至68人，最近几年又出现反复，死亡人数呈"W形"剧烈波动，加之食品领域违法犯罪高发，成为导致食品安全问题的主要原因。

（二）药品安全形势保持向好，系统性和区域性风险突出

一方面，当前药品安全形势保持向好。国际上通常用两个指标衡量一国药品安全状况，分别是药品抽检合格率和百万人口药品不良反应（Adverse Drug Response）报告数。权威数据显示，我国药品抽检不合格率已从1985年的30%左右下降至5%以下，并总体保持稳定（如图2所示）。2011年，我国国家药品评价性抽验不合格率仅为3.18%，基本

药物不合格率更是低于 3%。① 同时，药品不良反应报告工作从零起步，已连续多年达到每百万人口 500 份以上，在数量上接近发达国家水平。

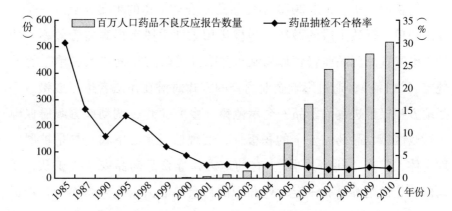

图 2　20 世纪 80 年代中期以来我国药品安全状况

资料来源：历年《中国卫生年鉴》《中国食品药品监督管理年鉴》。

另一方面，药品安全风险仍不容乐观。具体包括三项内容，一是标准体系不健全，相当数量的药品标准有待提高；二是药品生产经营质量管理有待进一步规范；三是不合理用药现象仍然突出。② 此外，药品市场存在非药品冒充药品、非法药品广告泛滥、中成药非法添加以及互联网药品交易秩序混乱等突出问题。2006 年以来，我国先后发生了"奥美定""齐二药""欣弗""甲氨喋呤"等重大药害事件，导致数百人死亡或受到严重伤害。与此同时，以"铬超标药用胶囊"事件为代表的药品系统性风险日益突出。与单个药品突发事件或恶意制售假药不同，药品系统性风险具有全局性、普遍性、长期性等特征。系统性风险一旦发生，市场主体很难独善其身，只能被动接受，因此会带来极其巨大的损失。

---

① 新华社：《2011 年中国国家药品评价性抽验合格率已超过 96%》，中国政府网，http：//www. gov. cn/jrzg/2011 – 12/28/content_ 2032349. htm，最后访问日期：2012 – 3 – 4。

② 邵明立：《食品药品监管人的生命安全始终至高无上》，《人民日报》2009 年 3 月 2 日。

（三）食品药品工作中新的政策和举措

创新理念和方式是 2012 年食品药品安全工作的主要亮点。一是改变以往单一行政手段的做法，积极运用柔性手段来提高监管效率。例如，国家食品药品监督管理局颁布并施行《药品安全"黑名单"管理规定（试行）》，通过影响企业商誉的方式对潜在违法者进行威慑。一些地方积极推进食品药品安全示范镇（乡）工作，调动地方政府保障本行政区域食品药品安全的积极性，实现监管重心下移。二是扩展治理主体，实现"共治共享"。有的地方建立食品药品安全义工队，发动白领、学生等具有一定专业知识的社会热心人士充当志愿者，走进城乡社区和工矿宣传食品药品安全知识。一些地方聘请食品药品安全社会监督员，有人大代表、政协委员、媒体记者、社区工作者，利用他们的影响力和广泛的社会网络收集食品药品安全信息。还有的地方实行规模企业龙头带动，比如形成农业生产合作社，把分散的生产经营者集中起来；园区集中监管的效果也同样如此，目的是改变监管者与被监管者数量严重不均衡的状况。三是出台了一系列更加严格的技术规范。针对"铬超标药用胶囊"事件，有关部门积极行动，正在修订或者已经出台了更加严格的安全标准、检验检测指标等，加强行政和技术监督。

二 问题成因

当前我国食品药品安全问题具有深层次的经济社会背景，归纳而言有市场、社会和政府三方面因素。

（一）市场结构失调

发达国家现代化历程表明，食品药品安全记录与消费结构具有显著相关性。[1] 当一国恩格尔系数大于 50% 时，消费结构为生存型，政府将农业、食品工业和医药产业作为提供基本公共服务的福利事业牢牢掌控，食品药品安全问题不易发生。当系数为 40% ~ 50%，消费结构从生存型转向发展型，产业的市场步伐加快，而监管体系改革往往滞后于产业高速扩张，食品药品安全问题呈高发态势。而当系数小于 40% 时，消费结构趋于合理，产业趋于成熟，监管体系趋于完善，食品药品安全问题亦趋于平缓。总体而言，消费结构与食品药品安全状况的关系呈"倒 U 字形"曲线变化规律，我们称之为"食品药品安全库兹涅茨曲线"。其特征如表 1 所示。

表 1 食品药品安全现代化的阶段性特征

恩格尔系数	消费结构	产业结构	政府与企业关系	食品药品安全问题
>50%	生存型	整体落后	政府用计划命令和直接干预，将农业、食品工业和医药产业作为福利事业牢牢掌控	不易发生
40% ~ 50%	生存发展兼顾型	"多、小、散、低"	行业管理职能弱化，政府监管体系改革通常滞后于产业的扩张	高发
<40%	发展型	趋于成熟	政府逐步引入标准、认证等现代化监管政策工具，监管体系趋于完善	趋于平缓

资料来源：笔者自制。

我国是食品药品生产和消费大国，现阶段消费结构异常复杂。不少农村和中西部地区的恩格尔系数为 40% ~ 50%，消费结构转型严重滞后于工业化进程，需求层次偏低，客观上给低质量食品药品提供了生存空间。应当说，我国正处于食品药品安全问题高发期。

经济学理论主张需求决定供给，不合理的消费结构带来需求层次的分殊性。有数据显示，我国城镇居民人均食品消费支出仅为美国居民支出水平的 1/13，农村居民人均食品消费支出更是只相当于美国的 1/34。

---

[1] 陈晓华：《完善农产品质量安全监管的思路和举措》，《行政管理改革》2011 年第 6 期。

由于消费者整体支付能力较低，而且为品牌支付溢价的意愿更低，企业难以通过质量和品牌获取高额利润，不得不采取低质低价的策略吸引消费者，进而使产业整体面临"长不大也死不掉"的困境。与之相关的是，食品工业总产值与农产品总产量之比是衡量一国食品工业整体发展水平的重要指标，这一比值在美国高达3.7∶1，日本是2.2∶1，台湾地区也有1.3∶1，而我国大陆仅为0.5∶1～0.8∶1。当前全国共有食品生产加工单位44.8万家，其中80%为10人以下的小企业、小作坊；食品经营主体约323万家，有证照餐饮单位约210万家，无证照的小作坊、小摊贩和小餐饮则难以计数。农业生产更为分散，种植养殖环节主要依靠2.4亿农民散户生产。[①] 与发达国家相比，我国食品产业呈现"多、小、散、低"的格局，规模化、集约化程度不高，自身质量安全管理能力不足。低端市场的广泛存在诱发了企业机会主义行为，[②] 于是我们在现实中看到"问题食品专供农村"的现象，[③] 尤其是在流动人口密集的"城中村"和城郊接合部，低质量食品对农民工等低收入群体造成很大威胁。

药品领域也类似。现实中，我国药品市场形成"三分天下"格局：价格高昂的进口药、"原研药"和新特药占据了大城市和三甲医院60%～65%的市场份额；中小城市市场以国内品牌仿制药为主；一些价格低廉的普药则被挤到农村。根据国家食品药品监督管理局公布的信息，在已经检测出胶囊铬超标的各类药品中，低价普药占大多数。[④] 在

---

① 国务院食品安全委员会办公室：《食品安全总体趋好》，中国政府网，http：//www.gov.cn/jrzg/2011－02/28/content_ 1813103.htm，最后访问日期：2012－08－07。

② 刘亚平：《中国式"监管国家"的问题与反思：以食品安全为例》，《政治学研究》2011年第2期。

③ 潘林青、魏圣曜：《"问题食品"专供农村？——山东部分县市追踪调查》，新华网，http：//news.xinhuanet.com/2011－08/19/c_ 121882392.htm，最后访问日期：2012－08－25。

④ 国家食品药品监督管理局：《铬超标胶囊剂药品基本查清抽检结果已向社会公布》，国家食品药品监督管理局网站，http：//www.sfda.gov.cn/WS01/CL0051/72032.html，最后访问日期：2012－6－9。

不合理的消费结构下，个别企业不想着如何提高质量和品牌，而试图用牺牲质量的低成本去吸引消费者，药品安全问题也就陷入"防不胜防"的境地。

（二）社会心态失衡

当前社会上存在群体安全焦虑与个体风险漠视并存的现象，其特征是"对于关系个人的风险意识较强，而对关系群体或社会的风险重视不够；对于突发的、伤害性大的风险警惕性较高，而对缓释性的、无直接生命伤害的风险防范不足"①。作为体验性商品，食品药品安全风险在工业化和城镇化高速进程中越来越具有系统性和隐秘性特征。例如，快餐食品低廉的价格完全不反映真实成本，其对健康、环境和廉价劳工的成本都"外部化"由整个社会承担。由此带来的肥胖、营养不良和各种心血管疾病极大危害了公共健康，并增加医疗负担。尽管人们对不断曝光的食品安全事件深恶痛绝，却不愿意从自身做起主动防范可能存在的风险。由于生活方式发生极大变化，越来越多的家庭希望从繁重的家务中解脱出来，其宁愿从超市选择预包装食品而不愿在家里做饭。②同样的，我们一方面对药品安全问题深恶痛绝，但有多少人专门了解过合理用药的知识？又有多少人主动制止过假药贩子在街头肆意收购过期药品的行为？调查表明，高达62%的消费者在遇到问题食品药品时居然不知该如何投诉，并且主观地认为投诉了也没用，最终消极地选择忍耐。③也就是说，人们一方面乐于享受现代化和大工业生产的成果，另一方面却不愿承担相伴而生的风险。

正是这种对食品安全的矛盾心态，为生产经营者滋生违法违规行为

---

① 王俊秀：《中国社会心态：问题与建议》，《中国党政干部论坛》2011年第5期。

② 〔日〕安倍司：《关于食品添加剂的思考》，《光明日报》2011年7月5日。

③ 杨文彦、陈景收：《食品安全刻不容缓　逾六成网民表示遇问题食品选择忍耐》，人民网，http：//politics. people. com. cn/GB/17219823. html，最后访问日期：2012 - 02 - 26。

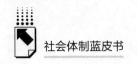

提供了土壤。当越来越多生产经营者嵌入这种社会环境时，就会出现违法违规是"可接受常态"，而严格守法是"奢侈例外"的局面。与此同时，阶层之间、城乡之间和区域之间的结构性断裂，导致各个部分产生隔阂，刺激着各种自利性短期行为，长此以往便会出现"人人造假、人人受害"的恶性循环。生产经营者认为只要"问题食品"不带来直接的致命危害，就会得到社会的宽容，因为他们坚信其他人同样在从事违法违规行为，被监管部门查处只是运气不佳。

社会心态一旦内化为社会环境，还会对新进入者的行为产生极大影响。现代生物科学的"降维竞争"理论指出，高端文明为了适应生存，会主动退化成低端文明参与竞争，从而避免被"劣币"驱除。该理论较好地解释了一些全球知名食品药品生产经营商在我国的肆意违法行为，如媒体曝光的重庆沃尔玛"假冒绿色猪肉"事件、北京麦当劳加工出售过期产品事件等，其通过自降标准的方法来适应宽容违法的社会环境。

（三）政府监管失效

当前我国食品药品监管体制存在横向分权与纵向分权两大问题。先说横向分权，人们经常用"九龙治水"来诟病大部制改革前的中国食品安全监管体制，认为农业、质监、工商、食药监管部门各管一段的做法会带来监管缝隙，加大风险隐患。实际上，药品领域同样存在监管职权横向割裂，例如新药研发牵涉科技、卫生等多个部门，医药产业政策分属工信部门和商务部门管，药品定价权在物价部门，药品招标由监察部门负责，药品报销目录归社保部门。药监部门仅对医药企业生产经营行为具有监管权。分割的职权带来风险碎片化，由于药品的安全有效性最终表现在企业生产经营行为中，药监部门无异于是在用单一职权担负起全产业链的风险。例如在胶囊事件中，食用明胶和作为化工原料的工业明胶均由质监部门负责，而工业明胶制成的药品空心胶囊则由药监部门负责，这样就产生了监管模糊甚至真空地带。

再看纵向分权的弊病。晚近世界主要发达国家食品药品监管体制改革的大趋势是权力上收和统一的"去地方化"，即便在实行分权的联邦制国家如美国，联邦监管部门也通过设立派出机构和地方办事处来动态收集监管对象的信息，同时防范风险的跨地区外溢效应。我国则不同，近年来监管改革正在经历权力下放和分散的"反向运动"：如2008年调整省以下食品药品监管垂直管理体制，几乎逆转了1998年药监改革的方向；2011年试图调整省以下工商和质监垂直管理体制，因种种原因而暂缓执行。监管体制的"去中央化"尽管有利于实现地方政府负总责的责任安排，但在现实中可能诱发机会主义心理：只要"问题食品药品"不给本行政区域带来直接危害，便可"睁一只眼闭一只眼"。更为严重的是，个别地方政府从保护本地税收、就业甚至声誉的考虑出发，倾向于少报甚或瞒报问题，出现地方保护主义重新抬头的迹象。

在现实中看到，但凡曝出行业"潜规则"，中央监管部门往往处于后知后觉的被动应对局面，"铬超标药用胶囊"事件就是如此，健康元事件也不例外，直到媒体将问题公之于众，监管部门才匆忙介入。归纳而言，横向权力的分裂导致风险碎片化，纵向权力的分层带来信息本地化。食品药品安全事件所凸显的监管体制之弊，是长期积累且不容回避的。

总之，复杂的消费结构给低质量食品药品带来生存空间，生产经营者嵌入个体风险漠视的社会心态诱发其违法意愿。当市场机制不健全带来守法激励不足，且监管体制不完善导致违法震慑力度不强时，理性的生产经营者会产生机会主义行为，食品药品安全问题就陷入"防不胜防"的境地。归纳而言，我国食品药品安全面临市场、社会和政府"三重失灵"，分别回答了生产经营者"值得违法""愿意违法"和"敢于违法"的问题，其生成机理如表2所示。

表2　宏观视角下我国食品药品安全问题生成机理

观察视角	存在问题	对生产经营者行为的影响
市场结构	低水平的需求导致低质量的供给	值得违法（激励）
社会心态	个体风险漠视冲突诱发企业违法违规行为	想违法（意愿）
政府监管	体制横向和纵向分权带来管理空白	敢于违法（威慑）

资料来源：笔者自制。

三　对策建议

党的十八大报告指出要改革和完善食品药品监管体制机制。确保食品药品安全是当前社会管理的重点工作之一，也是维护社会和谐稳定的重要内容。当前我国食品药品安全问题具有深层次的经济基础和社会背景，针对"三重失灵"带来的挑战，现阶段除了完善标准和加大监管执法力度，还应当以社会管理为指导，从顶层设计和总体规划入手，创新食品药品安全工作体系，确保人民群众饮食用药安全。结合2012年各地食品药品安全治理工作的经验，提出如下政策建议。

（一）理念重构：建立食品药品安全风险分析框架

新一代国家应急管理体系的主要特征是从被动应急向主动防范转变，理想的食品药品管理应当是建立在风险分析基础上的预防性体系。风险分析框架由风险评估、风险管理和风险沟通三部分组成。风险评估是指生物、化学、物理等危害对人体健康产生的已知或潜在不良作用的可能性评价，这是一项专家独立完成的纯科学技术过程，其任务是得出各种危害对健康不良作用的性质和最大安全暴露量。风险管理是监管部门根据当地经济社会因素和风险分析结果决定可接受的风险水平，包括制定和实施法规、标准并采取监管措施，属于政府部门的工作。不论是专家的风险评估结果抑或政府的风险管理决策，都要让不同利益相关者知晓，这一过程就是风险沟通，专家、政府、媒体、企业和消费者都参与其中。

以往在食品药品安全突发事件应急处置中投入大量精力，却忽视了风险源头治理。要提高我国药品安全保障水平，必须在监管工作中引入风险分析框架，实现由应急管理向风险治理转变。

一是风险评估的重心下移。改变以往食品药品风险评估工作集中在国家层面的做法，包括通过舆情收集和不良反应报告系统监测新发和区域性食品药品风险，用更加严格的日常监督性抽验掌握全行业食品药品质量动态，同时加大大宗食品和新特药未知风险的基础性研究。下移风险评估重心的目的是科学预警，防范类似"铬超标药用胶囊"事件这样的系统性风险爆发。

二是风险管理的关口前移。产业素质不高严重制约我国药品安全基础，因此不妨以实施《国家食品安全监管体系"十二五"规划》《国家药品安全"十二五"规划》为契机，完善产业政策，调整产业和产品结构，提升药品生产经营企业素质和管理能力，从而落实食品药品安全企业主体责任。关口前移是为了实现源头治理，形成食品药品安全"防火墙"。近年来，发展改革、工信和商务等产业部门越来越多地参与到监管政策制定中，形成政策合力。同时，国家食品药品监督管理部门开始出现一些具有基层药厂工作经历的高层管理者。监管部门也正在考虑重新担负起对从业人员进行培训的职责。

三是风险沟通的主体外移。可通过各种传媒渠道教育重点人群，尤其是引导慢性病患者和老年人等药品消费量大的人群从正规渠道选购药品，谨慎通过互联网购药。在流动人口和低收入群体中大力普及食品药品安全知识，让低质量食品药品没有生存空间。同时，加大食品药品安全信息服务力度，各地可探索组建"食品药品安全义工队"，发动具有一定专业知识的志愿者走进城乡社区和工矿广泛宣传日常食品药品安全知识，营造全社会关心食品药品安全的良好氛围。

（二）体制重构：对食品药品监管实行省以下垂直管理

判断一项事务是否需要进行垂直管理，主要取决于其外部性（externality）大小。食品药品风险在现代社会越来越具有跨区域流动性，分散的本地监管机构很难单独应对。在新一轮国务院机构改革整合有关部门食品安全监管职权后，有必要重新审视省以下食品药品监管体制。

一是确保省以下食品药品技术监督机构的独立性。地市级食品药品技术监督机构可以作为省级食品药品技术监督机构的派出机构，直属于省级食品药品监督管理部门。有条件的地区可以将检测机构设到县一级，人事、财务和资产相应上划。这样既不改变"地方政府负总责"的责任体系，又起到技术监督制约行政监督的作用，遏制地方保护。二是设立跨区域食药监管机构。为应对大工业生产中食品药品风险的流动性特征，需要有超脱于本地的机构进行综合协调和全链条查处。可以在全国设立若干个直属于国家食药监局的跨区域督察机构，进一步推进统一市场建立。三是提升地方食药监局长业务素质。省以下地方各级政府在任命食药监局长之前，应征求省级监管部门意见，尽可能保障其专业水平和胜任力。

（三）主体重构：充分发动各利益相关方"共治共享"

过去，食品药品监管工作一直被纳入医药卫生事业的范畴，是政府市场监管职能的组成部分。在加强和创新社会管理的语境下，食品药品安全已位列"四大公共安全"之首，成为一项社会命题。党的十八大报告进一步将改革和完善食品药品监管体制机制作为社会建设的重要内容，并把食品药品安全上升到"提高人民健康水平"的新高度。因此，有必要把"党委领导、政府负责、社会协同、公众参与和法治保障"的社会管理体制延伸到食品药品安全工作中，形成"主责在企业，主体是民众，主导靠政府"的工作新格局。

首先，完善消费者投诉反馈机制，参照食品安全监管领域的做法，提高举报奖励额度。这一做法的目的是畅通消费者诉求表达渠道，发挥其嵌入基层并拥有社会网络的优势，获取食品药品安全信息。

其次，发挥行业协会了解企业、接近政府的优势，担负起监管部门与医药行业的"桥梁"作用，把监管外压变成企业提高生产质量的内在行动。例如协会可以牵头设立"食品药品质量安全保证基金"，要求企业在取得会员资格前签署生产质量行为规范承诺并交纳保证金，对于违反承诺者扣除相应数额保证金甚至取消会员资格，从而用经济激励倒逼企业行为。

（四）手段重构：构建多元、动态和柔性的立体治理体系

传统食品药品监管主要依靠单一且刚性的行政手段，如审批、罚款、吊证等，这种静态监管方式不利于应对食品药品系统性风险。有必要综合运用宣教、经济、网络等柔性管理手段，全方位应对系统性食品药品风险。

一是市场激励手段。通过市场机制激励药品生产经营者主动守法，能够有效降低监管成本。食药监部门刚刚实施的药品安全"黑名单"制度便是典型，通过公布具有严重违法行为的企业名单，降低其产品的市场声誉，进而影响其经济效益，倒逼企业提高内部质量管理水平。二是宣传引导手段。有必要在全社会加大诚信宣传力度，让食品药品生产经营者意识到自己同时也是消费者。三是虚拟社会手段。互联网有利于将传统的科层管理变为扁平化治理，从而降低工作成本。目前国家食品药品监管局政务微博"中国食品药品监管"（CFDA）已有"粉丝"160多万，产生了较大社会影响。建议有条件的县级以上药监部门都开通政务微博，发挥普及药品安全知识、收集投诉举报线索、发布案件处理信息的作用。

B.10
中国流动人口服务管理

贺 丹*

摘　要：
　　本文分析了中国人口流动的基本态势和中国流动人口生存发展的基本特征及人口迁移流动对社会管理带来的诸多挑战，并对深化改革、促进流动人口的社会融合进行了探讨。
关键词：
　　流动人口　特征　困境　政策建议

　　党的十八大高度重视加强和创新社会管理，明确提出了建设服务型政府的目标，要求推进社会体制改革，加快形成党委领导、政府负责、社会协同、公众参与、法治保障的社会管理体制，完善和创新流动人口和特殊人群管理服务。当前，中国已进入人口转变、社会转型、体制转轨的新阶段，随着社会结构加快变动、利益格局深刻调整、社会组织体系发生深刻变化，各种社会矛盾和问题凸显。大规模的人口流动迁移对社会管理和公共服务带来了诸多挑战。必须科学把握流动人口变动与发展规律，切实加强社会理论创新、社会体制创新和社会管理创新，不断增强流动人口服务管理的针对性、预见性，提升流动人口的福祉。

---

* 贺丹，国家人口计生委流动人口服务管理司副司长。

一 中国人口流动迁移的基本态势

人口流动迁移是市场机制作用下劳动力要素有效配置的必然结果。随着工业化、城镇化的快速推进，中国正处于大规模农村劳动力向城镇转移和城镇间劳动力流动并存的发展阶段。2011 年，全国流动人口达到 2.3 亿人，其中近 80% 是农村户籍流动人口。未来相当长一个时期，中国仍处于城镇化快速发展阶段，农村地区、欠发达地区的人口将继续向城市和发达地区转移，流动人口服务管理将面临更为严峻的挑战。

（一）流动人口总量将在 2050 年左右稳定，农村户籍流动人口规模将达到 2.6 亿

根据城镇化、工业化进程和城乡人口变动趋势预测，假若中国户籍制度没有大的改变，2015、2020、2030 年，中国流动人口将逐步增长到 2.5 亿、2.8 亿、3.1 亿，农村户籍流动人口分别达到 1.9 亿、2.1 亿、2.3 亿。预计 21 世纪中叶，流动人口规模呈现稳定状态。届时，流动人口规模将达到 3.5 亿，其中农村户籍流动人口为 2.6 亿。

（二）中国将于 21 世纪中叶进入城镇化平稳发展阶段，农村劳动力转移速度将逐步趋于平稳

发达国家城镇化经验表明，一个国家（地区）的城镇化在经历了快速增长阶段后，会在一定水平上保持相对稳定。综合考虑中国人口规模、资源环境禀赋、经济社会发展特征、粮食安全、边境安全等因素，预计中国将于 21 世纪中叶进入城镇化平稳发展阶段，城镇化率峰值水平在 70% 左右。预计未来 10 年全国城镇人口年均增加 1300 万 ~ 1600 万，其中，农村转移人口 1000 万 ~ 1300 万。2020 年城镇化率将达 60% 左右，城镇人口约为 8.5 亿。随着人口和经济社会的发展，中国农村劳

动力向城镇转移的步伐将逐步趋于平稳，城市户籍流动人口所占比重将有所增加。

（三）人口流向由东南沿海单向集中向多向集中转变，新增城市人口主要集中在国家重点培育的城市群和城镇化地区

近年来，由于东部地区劳动力、土地等要素成本上升，资源加工型和劳动密集型产业向中西部转移加快，中西部劳务输出大省出现人口回流。2011 年，东部地区流动人口占比为 78.8%，比 2010 年下降 1 个百分点，跨省流动人口占比为 67.2%，比 2010 年下降 2 个百分点。未来 10 年，国家重点培育的 19 个城市群和城镇化地区将是城镇新增人口的重要吸纳地，预计将吸纳一半左右的城镇新增人口。中国人口分布将形成以 3 个都市圈、19 个城市群或城市化地区为主要聚集区，以其他中小城市和小城镇（不在都市圈、城市群覆盖范围内）为聚集点的空间形态。

二　中国流动人口生存发展的基本特征

随着中国经济社会快速发展，流动人口流量、流向、结构和流动人口群体的利益诉求都在发生深刻的变化，流动人口生存发展状况及其对社会管理和公共服务的需求也出现新的特征。

（一）新生代流动人口成为主体，人口流动由生存型向发展型转变

2011 年，流动人口的平均年龄约为 28 岁，近一半的流动人口出生于 1980 年及以后。其中，占据主体的新生代农村户籍流动人口大多数在城市成长，基本不懂农业生产，即使经济形势波动，就业形势恶化，

也不大可能返乡务农。与上一代流动人口相比，他们的思想观念、行为方式与城市居民更为接近，利益诉求更加明确，维权意识更强。他们在城镇工作不仅是为了打工挣钱，也是为了追求体面就业和发展机会。

（二）流动人口举家迁移和长期居留趋势明显，流动人口稳定性增强

根据国家人口计生委的监测，流动人口在居住地居留的长期化、家庭化趋势明显增强。2011 年，70% 左右的流动人口与家人一同流动。流动家庭在现居住地户均规模达到 2.5 人。超过三成的流动人口在流入地居住生活时间超过 5 年。流动人口在流入地从事目前工作的平均时间接近 4 年。

（三）流动人口主要就业于私营部门或从事个体经营，就业集中在制造业等五大行业

流动人口大部分以进城务工经商为主，就业率较高，已成为城市劳动大军的重要组成部分。从就业企业性质看，七成以上流动人口就业于私营企业或从事个体经营。从就业行业看，八成以上流动人口在制造、批发零售、住宿餐饮、社会服务、建筑等行业就业。

（四）流动人口在现居住地享受社会保障和公共服务整体水平较低，子女教育、住房影响流动人口在城镇的稳定生活

流动人口虽然进入城市工作生活，但仍未完全纳入城市公共服务和社会保障体系。流动人口在现居住地参加养老保险和医疗保险的比例分别为 23.1%、26.4%。3～5 岁流动儿童入托入园率为 67.2%，7～14 岁义务教育阶段适龄流动儿童入学率为 96.1%。住房方面，流动人口情况也不容乐观，覆盖流动人口的城镇住房保障体系尚未建立。71.6% 的流动人口家庭租房生活，由政府提供廉租房居住的比例极低，只占 0.3%。

（五）流动人口内部分化明显，加快了社会结构的变化

大规模的人口跨行政区域流动，推动计划经济体制下的"单位人"变为"社会人"，形成了具有不同经济收入、社会声望、价值取向的社会群体。流动人口内部经过职业分化，形成业主、个体工商业者、受薪者等社会分层。流动人口的内部分化加剧了全社会的社会结构变化。

（六）流动人口融入当地社会愿望强烈，社会参与意识日益增强

调查表明，八成以上流动人口关心流入地的发展和变化，愿意参与所在工作单位或所居住社区管理和选举活动，逐步融入当地社会。但流动人口与现居住地其他社会群体交流不多，社会交往仍局限于原有的亲缘、同乡、同学，参与当地活动比例较低。流动人口在现居住地参加选举、评先进以及业主委员会活动的比例较低，均不足10%。

三　中国人口流动迁移对社会管理带来的挑战

人口流动迁移是经济发展、社会进步的产物，对经济社会发展产生了重要的推动作用，但同时给传统的人口服务管理理念、社会管理体制、公共资源配置方式、城市提供公共服务管理的能力带来巨大挑战。

（一）人口管理体制改革滞后，难以适应大规模人口流动迁移的需要

一是人口流动造成人口信息变更不及时，户政信息不准确，户籍制度的人口管理功能弱化。二是有关职能部门信息多头采集、分散管理，共享机制滞后，远没有达到"动态更新、覆盖全国实有人口"的要求，

无法为人口专项管理和公共服务提供有效支撑。三是相关人口管理职能部门间沟通协调机制不健全。

（二）制度隔离强化社会隔离，流动人口面临生存发展和社会融合的双重困境

一是制度隔离强化了流动人口的乡缘、地缘关系，流动人口与当地居民交往少，利益冲突显现，极易激发社会矛盾。二是除了流动人口与居住地居民存在差异外，流动人口内部分化明显。三是流动人口在医疗、子女教育、社会福利等方面的困境将造成更多的城市贫困人口，由此带来的社会歧视和排斥可能加剧城市内部的社会隔离。四是流动人口由于与家庭成员长期分离，可能影响家庭幸福和社会的长治久安。另外，由于工资低、文化习俗、宗教信仰等差异和就业劣势等因素，少数民族流动人口的社会融合面临更多困难。

（三）财税、行政管理体制不顺，地方政府服务管理能力和动力不足

一是目前地方政府收入主要来源于增值税、企业所得税等间接税，与包括流动人口在内的常住人口的居住、消费关联度较弱，不利于引导各地加强公共服务吸引流动人口长期居留。二是中央对地方的财政转移体系以专项转移支付为主，直接增加地方财力的一般性转移支付规模较小。三是当前的财政预算、行政事业编制设置基本上只考虑城市户籍人口，流入人口较多的地方服务管理人员、公共服务经费、公共设施建设严重缺乏，为流动人口提供公共服务的能力不足。

（四）进城农民土地财产权益易受侵害，相关社会管理风险评估机制亟待建立

一是进城农民土地财产收益易被低估。农村土地权属关系不清，

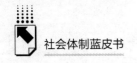

土地流转市场发育不全、征地补偿标准低，农民很难享受土地增值收益，更难以将其作为进入城市的资本。二是没有建立通过人口聚集带来的城市土地收益保障城市增量人口公共服务的有效机制。大量农民进城后失业和社会管理风险增加，容易形成新的社会不稳定因素。

四　促进流动人口社会融合，推动经济社会发展

流动人口服务管理所面临的种种挑战，既是人口发展本身的问题，更是转型期社会管理与社会建设的问题。促进流动人口社会融合，使其在流入地获得均等的生存和发展机会，公平公正地享受公共资源和社会福利，实现经济立足、社会接纳、身份认同和文化交融，是综合影响中国当前和未来一个时期区域发展、产业布局、生态建设、创新政府社会管理与服务的重要因素之一。

（一）促进移民社会融合是当前各国增强社会凝聚力、保障社会健康发展的重要手段

自20世纪90年代以来，发达国家和发展中国家均面临着构建和维护可持续发展社会的挑战。当针对贫困、失业和发展失衡等单个社会问题的政策未能发挥预期作用时，社会学家提出了社会融合这一综合概念，反映个体与群体、不同群体之间的凝聚力、互动关系及享受服务和发展机会的状况。联合国、欧盟等国际组织，均将移民的社会融合列为社会健康发展的手段和目标，主张政府积极干预。欧美等发达地区也将促进移民社会融合作为应对人口老龄化、促进区域经济发展、化解群族矛盾、全面提升劳动力素质的重要人口战略。中国的流动人口虽然不同于国外的移民，但由于区域、城乡、体制内外在公共服务和社会保障方面的政策制度差异，他们基本脱离户籍地而又没有真正融入所居住的城

市。这一群体的社会态度及行为选择直接影响和谐社会建设和全面建成小康社会目标的实现。

（二）促进流动人口社会融合是推进人口城镇化、促进经济发展方式转变的战略需要

目前，中国户籍人口城镇化率不到40％。规模庞大的农民工已经成为产业工人的主体，但他们及其家庭成员还没有真正转化为城镇居民。这既不利于居民收入分配结构改善和消费能级的提升，也不利于产业结构升级和经济发展方式转变。要实现中国向现代、和谐、有创造力的高收入国家迈进，就必须促进流动人口融入城市，真正形成支撑中国经济结构战略性调整的人力资源和社会基础。

（三）促进流动人口社会融合是推进社会管理创新、维护社会和谐稳定的迫切要求

中国正处在体制转轨、社会转型和城镇化快速发展的关键时期，社会矛盾凸显，社会管理面临更加复杂的局面。由于流动人口服务管理体制机制滞后，规模庞大、不断增长的流动人口对社会管理和公共服务带来巨大压力。流动人口的社会融合所面临的困境，产生一系列矛盾和问题，如果不能妥善有效解决，将直接影响社会和谐稳定。促进流动人口社会融合问题不仅需要流动人口调适与当地政府、企业、社区和居民的互动关系，提高自身的生存发展能力，也需要政府将流动人口纳入公共服务体系，着力解决其生存发展中的困难和问题。

（四）促进流动人口社会融合是促进人的全面发展和全体国民素质提升的客观要求

流动人口的社会融合，是农村迁移人口接受城市文明，价值观念、

行为方式由农民向市民转变的过程，是流动人口共享城市发展成果、获得平等发展机会的过程。同时，流动人口社会融合也是城市增强自身的包容性，推进基本公共服务均等化、提高社会管理和公共服务能力的过程，也为农业现代化和农村发展提供了空间。促进流动人口社会融合是实现城乡居民共同富裕，促进人的全面发展的重要途径。

五 加强流动人口服务管理的政策建议

流动人口服务管理是全面加强和创新社会管理、完善基本公共服务的重点任务。我们要按照在改善民生和创新管理中加强社会建设的要求，以科学发展观为指导，以体制机制创新为核心，以实现基本公共服务全覆盖为目标，以信息化建设和理论研究为支撑，加快构建政府主导、覆盖城乡、可持续的基本公共服务体系，形成政社分开、权责明确、依法自治的现代社会组织体制，切实保障流动人口的基本权利和发展权利，提升流动人口家庭发展能力，促进流动人口社会融合，促进人口与经济社会、资源环境协调可持续发展和人的全面发展。

（一）做好顶层设计，为加强和创新流动人口服务管理创造良好的制度环境

在推进人口城镇化过程中统筹城乡协调发展，引导人口有序迁移、合理分布，加快流动人口市民化进程。按照主体功能区战略和促进城镇化健康发展的总体要求，破除体制机制障碍，构建引导人口有序迁移、合理分布的制度体系。强化城镇化发展的产业支撑，大力扶持劳动密集型二、三产业和中小企业发展，为流动人口创造更多的就业和发展机会，逐步使大多数流动人口稳定下来，在城市或农村各得其所。推进社会管理创新，改变不适应经济发展水平的社会管理体制、社会治

理模式，推动建立统筹规划、信息完备、服务均等、管理高效的流动人口服务管理新体制。建立城乡统一的人口登记制度。按照"一恢复、一减弱、一剥离"的原则推进户籍制度改革，恢复户籍仅仅作为人口登记和民事关系证明服务的原始功能，弱化户籍在配置行政资源、财税资金等方面的功能，逐步将居民公共服务享受资格与户籍剥离。建立以公民身份证号码为核心的人口识别机制，使身份证成为政府专项服务管理档案的工具，成为公民在居住社区登记、享受相关福利待遇的凭证。

（二）以社会保障、住房和子女教育为重点，大力推动流动人口基本服务均等化

按照《国家基本公共服务体系建设"十二五"规划》提出的"加快建立农民工等流动人口基本公共服务均等化制度"要求，加快研究制定推进流动人口基本公共服务均等化的相关政策。优先实现工伤保险和医疗保险全覆盖，加快提高社会保障统筹层次。健全覆盖包括流动人口在内的常住人口住房保障体系，把符合条件的流动人口纳入住房公积金制度。逐步取消流入地职业教育、高考政策对流动人口子女的限制，逐步实现农村未能继续升学的应届初高中毕业生接受职业教育全覆盖。确立支持流动人口家庭团聚的社会经济政策导向，保护留守儿童、妇女、老人权益，强化父母监护未成年子女的法律责任。

（三）创新管理手段，建立覆盖全体国民的人口基础信息库

完善国家人口基础信息库，建立人口信息共享、动态更新机制。明确公安、人口计生、民政、卫生、人力资源社会保障、税务、工商等部门提供、获取人口信息的责任和权利，共同补充完善人口基础信息，形成以公民身份证号为基准、覆盖全国人口的国家人口基础数据库。整合

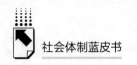

基层工作力量,建立源头数据采集、比对、动态更新机制。建立全国统一、规范的人口信息代码和标准,构建以国家库为基础的跨部门、跨地区人口信息共享平台。

(四)发挥群众组织的作用,推进社会治理模式的转变

社会融合需要政府、企业、社会的全面参与,人群之间的理解、尊重、包容、接纳。有效发挥社会协同、公众参与和政府主导的互补功能,逐步建立政府主导、多元主体参与的社会治理机制和模式。充分发挥群团组织、社会组织在覆盖流动人口、促进社会参与方面的作用,在流动人口和市民之间充当润滑剂,使当前流动人口和市民心理层面存在的一些隔阂和不认同逐步化解。帮助流动人口解决合法权益保障、民主权利履行、入党入团等问题。鼓励流动人口参加公益性、互助性社会组织,培养社会融合工作志愿者,形成全社会、全方位推进社会融合的格局。

(五)整合资源,完善以社区为基础的人口服务管理网络

建立和完善社区人口服务管理综合平台,承担人口登记、流动人口信息采集及各类社会福利、社会救济及其他有关公民权利和义务事项的落实。推动政府、企业、社会等各项资源在社区有效整合,强化社区的自治和服务功能,拓展流动人口参与社区建设的渠道,丰富流动人口文化生活,搭建流动人口与城市市民互动平台。强化流动人口聚集社区的工作网络和资金支持,为流动人口融入城市社区、与城市市民和睦相处提供更加便捷高效的服务。

(六)加强流动人口社会融合研究,推动地方改革实践

依托人口计生服务管理网络,建立流动人口生存发展和社会融合状况动态监测制度,深入了解流动人口人口学基本特征、享受公共服务情

况以及社会参与、社会接纳、身份认同、文化适应等状况。从流动人口经济地位、公共服务、社会保障、社会参与等维度构建流动人口社会融合政策指标体系。定期发布流动人口社会融合相关指数，引导地方政府出台促进流动人口社会融合的政策措施。开展促进流动人口社会融合示范工程试点，提升流动人口家庭发展能力，推动建立有利于流动人口融入城市的制度环境和政策体系。

B.11
中国社会工作发展状况及其问题

马福云 *

摘　要：

本文介绍了中国社会工作发展历程及其现状；分析了中国社会工作的发展特征，一是社会工作发展由政府主导推动，二是社会工作以专业化、职业化为发展导向，三是社会工作发展中注重多元化与协作推动；最后，剖析了中国社会发展中的问题，包括社会工作认知度偏低、缺乏广泛的社会认可，社会工作制度基础不坚实、缺乏职业法制保障，社会工作地区行业发展不平衡、职业结构不合理，社会工作者专业人员不足、专业素质有待提升等。

关键词：

社会工作　发展过程　现状　问题

社会工作在中国经历了一个长期的探索和曲折的发展过程，从 20 世纪初期的引入，到 50 年代取消，再到 80 年代的恢复重建，已经有百余年的时间。中国社会工作依然处于初步发展时期。目前中国所推行的社会建设、社会服务为专业社会工作的拓展提供了难得的契机，但其发展道路依然面临诸多挑战。本文将梳理中国社会工作恢复重建的发展进程，总结中国社会工作发展特点，分析其发展中存在的问题，并展望未来的发展前景。

---

* 马福云，社会学博士，国家行政学院社会和文化教研部副教授。

一 中国社会工作发展过程与概况

经过长期探索和人为中断，中国社会工作开始进入恢复发展阶段。目前，中国社会工作教育体系初步建成，社会工作职业也在探索中前行，但是，总体上中国社会工作目前的状况尚不尽如人意。

1. 社会工作的引入与恢复重建

20 世纪初，社会工作专业教育及实务开始在中国出现，并在 20 年代以后得到了快速发展。1914 年，上海浸礼会学院及神学院（后改名为沪江大学）设置社会学系，开始早期的社会学和社会工作专业教育。1921 年，协和医院设置社会服务部，开拓医务社会工作实务。1924 年，燕京大学开设"社会学与社会服务学系"，推行专业性社会工作教育。此后，社会工作教育及实务在中国得到了初步发展。

50 年代，中国对高校进行院系调整。受苏联的影响，社会学专业被取消，专业社会工作因失去存在的学科基础而消失，专业化的社会服务机构与社工实务基本消亡。社会服务转向由政府以行政化的工作方式供给，在特定社会群体救助方面发挥了一定作用。1978 年党的十一届三中全会以后，社会学开始恢复重建，社会工作也得到恢复发展，一些建立较早的社会学专业开设社会工作课程，推动社会工作教育。

1984 年，民政部派团考察香港社会福利制度，认识到社会工作对社会福利服务的重要作用，开始推动社会工作重建。1987 年 9 月，民政部邀请社会学、社会工作专家学者、国家教育委员会有关负责人在北京对外经济交流中心举办社会工作教育发展论证会（史称"马甸会议"），重新确认了社会工作专业的学科地位，社会工作开始了重建进程。专业社会工作教育逐步恢复，社会工作专业教育、职业化的制度建设以及实务服务进入新的发展时期。

2. 专业社会工作教育的发展

1987 年 10 月，国家教育委员会将社会工作与管理列为"试办"专业。同时，民政部资助北京大学 100 万元设立社会工作专业，次年，北大社会工作专业开始招生。稍后，中国人民大学、吉林大学先后建立社会工作专业。1988 年后，民政系统院校相继设立社会工作系，民政部培训中心及地方民政培训机构开展了系列社会工作培训，为民政工作系统培养社会工作人才。在推进专业社会工作教育过程中，社会工作研究得到相应发展，社会工作相关的著作、刊物逐渐增多。

1993 年，华东师范大学设立社会工作与管理系，开始招收社会工作本科专业学生，开社会工作教育扩张之先河。1999 年，大学开始扩大招生，社会工作专业成为大学扩张的增长点，一批社会工作专业、系部，甚至学院诞生。1988 年全国仅 4 所大学设有社会工作专业，2001年 94 所普通本科院校设有社会工作专业。目前，250 多所高校开设社会工作本科专业，每年社会工作专业毕业生人数达到 1 万多人。2009年，社会工作硕士专业教育获得批准，北京大学等 33 所高校开展社会工作硕士专业学位教育，次年招收社会工作硕士的院校再次拓展增加。与此同时，社会工作学术与实务研究向更深层次、更宽领域拓展，社会工作相关组织机构建立起来，多个省市区、地市，甚至县市都建立起社会工作（者）协会。

3. 社会工作职业化的开拓

在专业社会工作教育发展的基础上，社会工作职业化首先在上海拓展。1997 年，上海市浦东新区社会发展局引进社会工作毕业生，到社区和福利机构工作，开始社会工作服务的探索。1999 年，上海浦东新区社会工作者协会建立，致力于推进社会工作服务的职业化。2000 年5 月，浦东新区潍坊新村街道、沪东街道、东方医院、洋恒中学建立社工站，推行社会工作实务。2003 年，浦东新区开始研究社会工作岗位设置问题。同年 4 月，浦东新区社会发展局印发《关于在浦东新区社会事业系统推进社会工作职业化、专业化的试行意见》，规定在民政、教育、医疗卫生等系统内，必须设置一定比例的社工岗位，提供社会工作专业服务。浦东新区成为上海社会工作职业化的开拓者。

2003年3月，上海市人事局、民政局联合发布《上海市社会工作者职业资格认证暂行办法》。11月，上海举行社会工作者职业资格考试，上海持证社会工作者诞生。2004年，劳动和社会保障部颁布《社会工作者国家职业标准》，社会工作者正式列入国家职业目录，社会工作职业得到国家的认可。2004年4月，上海市民政局印发《关于在本市民政系统及相关机构配置社会工作者的意见》，在政府服务部门及其下属事业单位推进岗位开发，推动持证社会工作者到相应岗位上从事专业服务。与此同时，一批提供专业社会工作服务的组织机构产生，这些机构以政府购买服务形式运作，为特定服务对象提供专业化社会工作服务，推行职业化社会工作。

除了上海外，广东省的广州市、深圳市，江西省万载县也引进社会工作专业服务，并建构起推动社会工作发展的制度规范，成为社会工作服务先行者。2008年5月，汶川发生大地震。在抗震救灾中，社会工作首次以专业服务姿态介入灾后重建中去，探索自然灾害救援中的社会工作专业服务模式，展示了专业服务的优势，提升了社工的职业形象。

4. 社会工作职业化制度构建

为适应社会福利发展的需要，民政部一直在推动社会工作的职业化，在不断探索试验中建构并规范社会工作职业。从2001年起，民政部在制定老年人、残疾人、儿童等社会福利机构基本规范中明确提出要引入社会工作职业制度，聘用专业社会工作者，为社会工作职业化提供了政策支持，促进了民政事业单位社会工作实务的拓展。

2006年7月，人事部、民政部颁布《社会工作者职业水平评价暂行规定》和《助理社会工作师、社会工作师职业水平考试实施办法》，全国社会工作者职业水平评价制度正式建立。2008年6月，全国助理社会工作者职业水平考试举行，报考人数达 13.78 万人。经过考试，首批助理社会工作师、社会工作师产生，社会工作人才队伍建设取得初步成果。2009 年，《社会工作者职业水平证书登记办法》《社会工作者继续教育办法》印发，规定社会工作者职业水平证书实行登记服务制度，并提出续证时的继续教育要求。这些制度规范了社会工作者资格管理，推动了社会工作者的职业发展和能力提升。2009 年 4 月，民政部印发了《关于印发社会工作者职业水平证书登记办法的通知》；9 月，民政部下发了《关于印发社会工作者继续教育办法的通知》。这两个通知规范了社会工作职业水平认证，并要求持证社会工作者进行继续教育。

2008 年 10 月，人力资源和社会保障部、民政部发布《关于民政事业单位岗位设置管理的指导意见》，规定民政事业单位以社会工作岗位为主体。2009 年 10 月，民政部发布《关于促进民办社会工作机构发展的通知》，提出通过政府购买民办社工机构服务、完善激励保障措施等来支持民办社工机构发展。社会工作岗位设置以及民办社会工作机构的发展将推动社会工作职业化进程。其他有关部门也出台规范，在计划生育服务、残疾人服务、安置帮教等领域引入社会工作专业服务，推进社会工作实务。2011 年 11 月，中央组织部、民政部等 18 个部门和组织联合发布《关于加强社会工作专业人才队伍建设的意见》。意见提出，到 2020 年，建立较为完善的社会工作专业人才队伍建设运行机制和工作格局，并围绕"培养、评价、使用、激励"四个职业化环节提出了一系列创新性、配套性政策措施，对全国社会工作专业人才队伍建设发挥了指导和引领作用。

目前，中国社会工作教育体系初步建成，建立了从大专（高职）、本科到研究生不同层次的专业教育体系，培养了大批社工专业学生。同时，社会工作职业化也在探索中前行，有关社会工作的职业规范正在建构起来。但是，总体上，社工的职业化还存在很多瓶颈，有一系列难题有待解决。

二　中国社会工作的发展特征

为了促进中国社会工作的发展，民政部门采取试点推进的方式选择典型性的社会服务机构、地区来探索社会工作实务的发展路径，推进职业化社会工作的发展，涌现出上海、深圳、万载等社会工作发展的实务模式。研究中国社会工作发展过程，分析社会工作发展的不同实务模式，可以发现中国社会工作发展具有以下特征。

1. 社会工作发展由政府主导推动

和西方社会工作的自然发展进程相比较，中国社会工作发展更多是人为建构起来的，由政府主导。其基本路径是引进社会工作教育，伴随社会工作人才积累，在原有社会服务中引入社会工作方法，社会工作以其成效得到社会和政府认可，并从其他工作中分离出来，完成社会工作专业化和职业化。在社会工作专业化职业化过程中，更多的是由政府自上而下推动的，政府发挥着主导作用。政府首先推动社会工作专业教育的恢复发展。1987 年，社会工作教育得到政府认可开始重建，在高等院校设置社会工作专业；1999 年，教育行政部门决定扩展大学教育，社会工作成为多个高等院校的新建专业；2009 年，社会工作硕士专业学位得到有关部门批准开始招生。其次，政府建构社会工作者职业化制度。2004 年，社会工作者被劳动和社会保障部列入国家职业目录；2006 年，人事部、民政部发文确立了社会工作者职业水平评价办法，奠定了社会工作职业化的基础。社会工作服务的组织管理也由政府主导。而社会工作涉及多个部门和行业，分散在社会服务的诸多方面。政府建构起社会工作组织，整合社会工作专家学者，联系社会服务实际工作者，并组织协调社会各个方面力量，解决制约社会工作发展的瓶颈问题，推进社会工作的发展。

2. 社会工作以专业化、职业化为发展导向

职业化社会工作以专业化为基础，这要求从业者必须具有专业价值伦理、相关理论知识和专业方法技巧。因此，对社会学专业学生、从业人员进行教育培训，使其具备社会工作职业化所需要的专业知识和技能，在实际工作中发挥专业服务的作用，用工作成效赢得服务对象和社会的肯定。为此，中国从1987年恢复社会工作专业以来，社会工作专科、本科及研究生教育不断拓展，使得高等院校的社会工作专业已经成为培养社会工作人才的主要渠道。而对于社工从业人员来说，发展不同层次的成人教育、职业教育，对其进行专业培训，使其掌握专业知识技能，达到社会工作职业的要求则成为必然。现在专业化的社会工作、职业化的服务已经介入儿童、青少年、老年、残疾人、妇女、戒毒、学校、医务、矫治、工会、社区发展等服务领域，不仅发挥了社会工作的治疗功能，也拓展了社会工作的发展和预防功能，创造出新的工作经验和工作模式，为社工服务领域深入拓展创造了条件。中国社会工作以专业化、职业化为发展方向，符合社会工作服务发展的趋势。社会服务在一定意义上就是社会管理，而在社会服务中引入社会工作、提升服务品质就是提升社会管理能力。社会工作注重协调社会成员和群体利益，帮助困难群体满足其需求、解决其问题；为有需求的群体提供个性化服务，调整社会关系；缓解社会紧张和矛盾冲突，促进社会的和谐与发展。

3. 社会工作发展中注重多元化与协作推动

社会工作的发展必须依托社会服务机构。伴随经济社会转型，一方面，困难群体的类型、性质、需求发生变化，原有政府服务机构难以满足这些新需求；另一方面，社会发展过程中人们需求呈现多样化、个性化，不同个体出现不同需求，而原有政府服务机构没有满足这些需求的制度设计。因此，各种政府服务机构、事业单位需要引进专业社会工作，利用社会工作理念方法改进服务方式，为困难群体提供专业化社会服务。政府有关部门支持民间兴办社会福利机构，鼓励其引进社会工作专业人员提供专业社会服务。政府转变公共服务方式，不再直接设立服务机构来提供公共服务，而是向社会组织购买服务，或者提供资金给服务对象由其直接购买专业服务。原有政府组织转型发展与各种民办社会组织发育发展，它们分工合作共同承担社会服务的各项职能，推进社会工作向专业服务发展。

三　中国社会工作发展中的问题

经过 20 多年的努力，中国社会工作取得了初步发展。但是，随着改革开放的深入及和谐社会建设，人们对社会工作发展提出更多需求，而社会工作持续发展及其所遇到的问题和挑战也越来越多。

1. 社会工作认知度偏低，缺乏广泛的社会认同

社会工作的恢复重建、社工实务的推进已有一定时日。党的十六届六中全会提出建设宏大的社会工作队伍，极大地提升了社会工作地位，使得专业社会工作开始为社会所知晓。但是，除上海、深圳以及一些社会工作试点地区和机构外，在全国绝大多数地区和领域，社会工作的认知度还很低，将社会工作视为志愿工作、民政工作的认知还普遍存在。在计划经济体制下，人们在本职工作之外所从事的不求报酬的工作，包括在工会、共青团、妇联和政党内从事的各种非专职工作等被统称为"社会工作"，即前文所说的普通社会工作。在社会工作恢复重建过程中，人们对社会工作专业属性认知不清，便难于理解专业化、职业化社会工作。另外，社会工作也不等同于民政工作。民政工作在服务对象、工作领域等方面与现代社会工作具有相通之处，但在，在价值理念、助人目标、理论知识以及工作方法技能方面存在重大差别。

作为一种助人自助的专业和职业化服务活动，社会工作本应是国家社会福利制度安排的重要组成部分，是协助困难群体或有需求的群体解

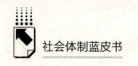

决各种问题、提升个人潜能、调适社会关系、恢复正常社会生活的职业活动。只有明确社会工作的性质和地位，才能促进社会大众对社会工作的认可，促进社会工作的发展。

2. 社会工作制度基础不坚实，缺乏职业法制保障

职业化社会工作离不开国家法律法规的规范，国家法律法规规范社会工作者资格及其职业行为，以确保服务对象及公众利益。在社会工作较为发达的国家和地区，社会工作相关法律法规及行业管理比较健全，中国认可社会工作专业，并制订相关制度措施推进社会工作的职业化。但是，总体上看全国性的社会工作法律法规尚不健全，社会工作定位不够清晰，保障不够健全，尤其是对社会工作者资格不具硬性约束，社会工作者岗位不足，薪酬待遇较低。目前，社会工作者职业资格要求仅是倡导性的，对于从业人员不具强制性，不能禁止非专业、或无证照人员从事社工服务，就难以确保服务品质。而且社工岗位开发尚处于起步阶段，在众多社会服务领域，如何引入以及界定专业社会工作岗位及其相应的权利义务还缺乏明确的规范。另外，社会工作专业教育和职业发展不匹配，受过社工专业教育的人员不经过职业水平考试不能取得职业水平证书，而拥有职业水平证书却不能标识社工实务能力。

3. 社会工作地区行业发展不平衡，职业结构不合理

中国专业社会工作自恢复和重建以来就存在着发展不平衡、结构不合理问题。首先，从地域上看，专业社会工作的城乡发展很不均衡。社会工作自恢复重建以来，其工作重心都集中在城市，大多为城市的弱势群体提供救助性服务，偏重于社会工作治疗功能的发挥。但是，在广大农村地区，数量更为庞大的弱势群体对专业服务的需求还没有进入社会工作专业服务的视野。地域发展的不平衡还表现在沿海和内地的差距上，即便是沿海发达地区，不同地区之间也存在差距。其次，从专业领域来看，不同领域行业间发展不平衡。目前，社工专业教育发展集中在高等院校，而社工实务大多集中在民政部门，即便高等院校的学校社会工作实务也极不发达。2006 年党的十六届六中全会后，中央组织部开始规划社会工作人才队伍建设，人事部与民政部共同制定社会工作人才培养规范，社会工作跨行业、跨部门的特点才开始得以显现，但是要真正突破领域、行业之间的局限，推行普遍的社工专业服务还有待时日。

社会工作职业结构、职称结构也不合理。在社会工作职业结构中，中国目前仅制定了社会工作职业人才评价办法，集中在社会工作实务服务人员方面，而对社会工作督导、社会工作研究等具有同等重要的职业类别则没有涉及。在社工职称结构方面，《社会工作者职业水平评价暂行规定》仅规范了助理社会工作师、社会工作师的职业评价，对是否设立"社工员"，如何规范高级社会工作师的评价则未涉及。社会工作职业结构体系、职称结构体系的构建尚未完成，结构也不合理，成为制约社会工作进一步推进的障碍。

4. 社会工作者专业人员不足，专业素质有待提升

中国对专业社会工作人员存在巨大的需求。以民政系统为例，中国现有 1.85 亿老年人、8000 万残疾人、1.2 亿农村贫困人口。这些群体都需要社会工作者提供专业化服务，而目前民政系统直接、间接从事社会服务的人仅有 40 多万。在整个社会服务领域，中国社会工作人才存在更大缺口。从其他国家地区社会工作服务人员配置经验来看，德国每650 人有 1 位社会工作者，香港每 900 人有 1 位社会工作者，美国每470 人就有 1 位社会工作者。以此推算，中国需要 250 万左右的社会工作者才能满足社会工作专业服务的需求。

另外，当前中国社会工作人员的状况不尽如人意。从社会工作教育来看，各高校普遍实施学历教育，重视通才培养，以理论知识传输为主，而且大多照抄照搬西方社会工作教科书，社会工作教育本土化严重不足。而在西方社工教育中极为重视的督导实习却因为种种因素制约，在中国社工教育中明显缺乏，或者根本缺失，缺少社会工作实务技能锻

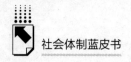

炼。社会工作是实践性很强的专业，社会工作理论和实践脱节使得社会工作毕业生实际服务能力不足，难以在专业服务领域形成示范效应。在社会工作实务领域，社会工作专业人士或者缺乏，或者能力不足，尽管部分从业人员已拥有社会工作者资格证书，实务操作技能依然低下，社会工作者的专业技能急需得到提升。

B.12
中国社会矛盾调处机制

孔 军 孙宽平*

摘 要：

本文在合理界定社会矛盾调处机制内涵的基础上，回顾了中国社会矛盾调处机制的演进过程，总结了中国社会矛盾调处机制的特点，介绍了大调解模式、群众工作模式、联合接访模式、司法调解模式等地方经验，也剖析了社会矛盾调处机制中存在的突出问题。

关键词：

社会矛盾 调处机制 演进 创新

一 社会矛盾调处机制的内涵

社会矛盾，是指不同社会主体之间因情感、思想、宗教、物质利益分配等差异所产生的摩擦、冲突或对抗。单纯的差异，是哲学意义上的矛盾，而只有这种差异导致了社会主体之间某种形式的冲突，引起社会关系某种程度上的不舒适、紧张，才是具有调处价值的社会矛盾。作为"调处"对象的社会矛盾，只能是符合法律和政府调控范围内的人民内部矛盾，不包括危害国家和挑战法律的敌我对抗性矛盾。

社会矛盾调处，从字面意义上讲，指的是对社会矛盾的调停、劝解和处理。这个意义非常广泛，既可以指亲戚、朋友的说和，也包括最为

---

* 孔军，法学博士，国家信访局副处长；孙宽平，法学博士，国家信访局副司长。

正式的诉讼。但作为机制的社会矛盾调处，不包括由社会主体因情感、道德因素自发进行的劝导、斡旋，而是保障社会健康存在与发展的制度化运作的一部分。其作为机制的特性在于，由固定的一群人，依据某些明确的原则、规则或程序、方法，其运作的出发点并非出于个体的内心自觉，而是一种规则性①的强制要求。能建立这种机制的，是执政党、政府以及承担某些社会管理职责的国有企业、社会团体、自治组织等。因此，所谓社会矛盾调处机制，是指承担社会管理职能的组织构建的机制，以教育、疏导、协商、协调等为主要工作方法，以消解社会矛盾，或者降到最低限度，以确保将社会矛盾控制、弱化在基层和初始状态。

特别需要注意的是矛盾调处与司法诉讼的关系。从词义上讲，"调处"当然包括诉讼的方式。在"调处"被改为"化解"之后，这种意义就更为明显。当中央文件提出要形成社会矛盾调处机制时，如果不包括诉讼制度，显然是不合适的。但是，从该词在中国使用的一般语境来看，"调处"暗示着一种柔性的、规则宽松的、随意性较大的处理方式，诉讼、仲裁、行政复议等高度程序化、法律化的机制，往往都是被排除在外的，或者即便没有被排除，也不是"调处"一词的基本含义和重心所在。② 这是因为，提倡社会矛盾调处的核心目的，仍然没有摆脱中国儒家的法律传统，即"无讼"。只不过古代的"讼"，在当代扩张到了诉讼以及相当于诉讼的行政复议、仲裁，有时候还包括越级上访。因而，我们所说的社会矛盾调处，是社会矛盾形成诉讼之前的处理，这种处理既包括第三方进行的调解、斡旋、教育，

---

① 这种规则可以是国家法律，也可以是团体规章、约定。

② 如，在周永康同志部署全国政法机关三项重点工作的一篇讲话中指出，"要清积案。对涉法涉诉信访案件、执行积案，各级政法机关要因案施策，多措并举。对大量尚未形成上访的矛盾问题，也要尽快化解，避免积累激化"。在这里，对涉法涉诉积案的"多措并举"虽然可以理解为包括诉讼，但又有不妥。因为涉法涉诉积案都是终审之后的案件，由司法机关再行主动启动司法程序予以"化解"，显然有悖程序法。

也包括当事方直接进行的协商、谈判、和解等等。还需要特别注意的是，社会矛盾调处在行政层级上的特点，即更为强调基层通常是县、乡、村和社区的工作，至多到市一级，对省级基本不作"调处"的要求。

二 社会矛盾调处机制的演进

有效解决社会矛盾，防止各种冲突积累导致社会大规模失序，是任何一个社会的基本任务。但构建独立有效的社会矛盾调处机制，并不是任何社会的必备要件。改革开放之前，中国实行的是一种全能体制，全部社会成员都被束缚并成为该体制的一个部分，即单位，或机关，或企事业单位，或农村，或学校，或军队。在这种体制下，绝大部分社会成员之间的矛盾纠纷都在单位的行政化运作下，要么被压制，要么以组织安排的方式解决。20世纪60年代被充分肯定的"枫桥经验"，可谓一个缩影——发动和依靠群众，坚持矛盾不上交，就地解决，实现捕人少、治安好。显然，这种体制不需要强调社会矛盾调处，因为所谓矛盾调处不过是全能体制运行的一个组成部分，被自然而然地吸收掉了。

构建有效社会矛盾调处机制的需要，产生于改革开放所造成的全能型体制的逐步解体。始于1978年的改革，以放权为起点和基本特征。所谓放权，既包括中央对地方的放权，也包括国家对社会的放权，其典型是农村公社的取消、国有企业改制和现在正在进行的事业单位分类改革。伴随改革的深入，多数社会成员从单位走向社会，由此，独立于国家的社会空间开始形成，其中的各类矛盾纠纷，亦由于失去了行政强制的压制，得以大规模形成、凸显并释放出来。这些矛盾纠纷一部分属于私的范畴，例如，拖欠农民工工资，另一部分则属于公共范畴，例如国企职工的下岗失业，无论如何，在积累到一定规模时，就会

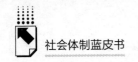
形成对社会包括政权的滋扰。这时候，原来的单位体制已经解体，吸附和解决矛盾的功能，只能另起炉灶。构建社会矛盾调处机制成为必要和必需的选择。

改革开放以来中国三次"信访高潮"表明了上述演进过程。一般认为，新中国成立后至今，信访问题出现了三次大的高潮：一是1953年，新中国成立初期国民经济亟待恢复发展，城镇就业需要安置，加之抗美援朝军费激增导致财政失衡，出现了信访高潮；二是1979年，1978年中央平反冤假错案工作开始后，群众来信来访急剧增加，到1979年，当时的中央办公厅信访局和国务院办公厅信访局仅收到群众来信就达108万件，创下新中国成立以来的最高纪录；三是2004年，由于中国改革向纵深推进，工业化、城镇化进程明显加快，矛盾和问题集中凸显，到2004年，全国信访总量达到一个前所未有的"高峰"。① 从时间点看，第一次信访高潮时，全能主义体制还没有成形，第二次信访高潮发生在全能主义体制开始转型之际，而第三次信访高潮则是全能主义体制的主体部分——国有企业改制的结果。

正是在这一阶段，建立社会矛盾调处机制被执政党提上了重要议事日程。中国共产党十六届四中全会《决定》明确提出，要"建立健全社会利益协调机制，引导群众以理性合法的形式表达利益要求、解决利益矛盾，自觉维护安定团结"。十六届五中全会通过的《建议》也强调，要"正确处理新形势下的人民内部矛盾，畅通诉求渠道，完善社会利益协调和社会纠纷调处机制"。十六届六中全会通过的《中共中央关于构建社会主义和谐社会若干重大问题的决定》进一步强调，要形成科学有效的利益协调机制、诉求表达机制、矛盾调处机制和权益保障机制。与此同时，全国各地尤其是基层对矛盾调处机制的探索也如火如荼开展起来。

---

① 每次信访高潮其实都是社会矛盾的集中爆发，只不过现有体制对群众信访更为敏感。

三　中国社会矛盾调处机制的特点

（一）党政主导

这种状况，一方面出于执政党的主观要求，如中共十七大报告提出，要健全党和政府主导的维护群众权益机制。另一方面，也是一种客观必然，因为在当下的后全能体制或者权威体制时代，代表国家形象的执政党和政府的控制力仍然十分强大，绝大多数社会资源仍受其支配，且多数社会矛盾，如土地征用、房屋拆迁等，均与政府行为紧密相连。党政主导主要表现在：一是由党委政府安排部署矛盾调处工作。如，2007 年是中央提出的"矛盾纠纷排查化解年"，专门印发《关于全面深入开展矛盾纠纷排查化解工作的意见》，中央处理信访突出问题及群体性事件联席会议办公室召开电视电话会议进行动员部署。[①] 地方普遍成立领导机构，制订实施方案。如，浙江把矛盾纠纷排查化解工作与"作风建设年"、省市县三级领导下访、信访工作"基层基础建设提高年"三项活动结合起来，共同推进。[②] 二是党委政府组建矛盾调处网络。各地各部门都建立起了横向到边、纵向到底，全覆盖、无疏漏的调处网络，且其工作人员一般是干部，或者是受雇于党政部门的社会人员。如，湖北武汉市为村居配备了负责信访和稳定的专门干部，重庆、甘肃、青海三省市开展"万名干部大下访"活动，逐村组、逐社区、逐单位进行摸排梳理。[③] 三是党政部门亲自参与矛盾调处。如，在 2007

---

① 《"矛盾纠纷排查化解年"启动，各地部署落实》，《领导决策信息》2007 年 4 月 4 日。
② 《构建社会主义和谐社会的基础性工作：全国矛盾纠纷排查化解工作综述》，新华网，2008 年 4 月 20 日。
③ 《构建社会主义和谐社会的基础性工作：全国矛盾纠纷排查化解工作综述》，新华网，2008 年 4 月 20 日。

年"矛盾纠纷排查化解年"活动中，公安部、最高检、最高法等部门以解决"结案不息访"问题为重点，国资委以解决企业协议解除劳动关系人员不稳定问题为重点，发改委、水利部以落实库区移民后期扶持政策为重点，集中力量深入排查，坚持分类化解矛盾。同时，各级党政领导还亲自包案处理矛盾纠纷。大多数地方党委、政府"一把手"亲自抓重大矛盾纠纷的解决和化解，对"疑难案""骨头案"逐一包案，挂牌督办。据统计，2007 年全国县以上领导干部共包案 39.3 万件，80% 以上得到了有效化解。①

（二）社会参与

现有社会矛盾调处机制要求党政居主导地位，但社会矛盾量大面广，党政并不能包揽一切，因而同时强调要调动一切积极因素，团结一切可以团结的力量，形成强大的工作合力，以构筑群防群治的矛盾调处体系。因而，很多地方将相当一部分空间让位于社会力量。一方面，注意利用熟人社会中的传统权威资源和智识资源，如，山东、广西一些地方选聘老干部、老党员、老模范担任信息员，充实城乡基层排查预警工作力量；② 天津、湖南长沙、江苏连云港等地组织由退休老干部、村（居）老干部、老党员、老退伍军人、老教师构成的"五老"调解员队伍。③ 这类人员在乡土社会中有一定地位、见识和知识，具有较强的公信力。另一方面，各种新生社会力量，尤其是专业化律师群体受到青睐。司法部长吴爱英在 2008 年 1 月 8 日召开的全国司法厅局长会议上提出，要"发挥律师的专业优势，鼓励律师通过担任人民调解组织法

---

① 《构建社会主义和谐社会的基础性工作：全国矛盾纠纷排查化解工作综述》，新华网，2008 年 4 月 20 日。

② 《构建社会主义和谐社会的基础性工作：全国矛盾纠纷排查化解工作综述》，新华网，2008 年 4 月 20 日。

③ 不同地方的"五老"人员略有不同，如连云港灌南县是农村老干部、老专家、老模范、老战士、老教师。

律顾问，驻调委会接访，在律师事务所设立调解接待日等方式，参与物业管理、劳动争议等疑难复杂纠纷调解"①。很多地方也已经对律师参与矛盾调处作了认真实践。近年来，上海市引进律师作为第三方力量介入社会矛盾纠纷调处，取得了很好效果。

（三）源头防范

多年来的经验证明，预防矛盾产生远比等矛盾产生之后再行解决来得更加经济、更有效率。因此，各级党委政府均把源头预防视作社会矛盾调处的关键和基础，加以反复强调，并致力于构建各项制度。一是注意建设有力的基层调处组织。中央一直强调"基础不牢，地动山摇""关口前移、重心下移"等理念，并建立责任追究制，② 鞭策、推动各级地方履行好守土之责。各地纷纷整合信访、维稳、司法、公安、纪检、综治等方面力量，加大人力、物力、财力等方面投入力度，基本解决了基层"有人办事、有钱办事"的问题。如，北京完善并推广"怀柔模式"，采取条块结合、上下联动的方式，形成了市县乡村四级排查化解网络；安徽建立"村排查、乡化解、县终结"的三级调处工作制度，就地预防和吸附了大量矛盾纠纷；等等。③ 二是把矛盾纠纷的排查与调处结合起来。所谓矛盾纠纷排查，一般是指对一定区域、一定范围内的各项工作状况逐一检查，以发现矛盾、了解矛盾。矛盾纠纷排查的目的是在矛盾隐而未发之时即提前掌握，或者随时跟踪矛盾发展状况，以便及早控制、及时化解。2007 年，全国范围的矛盾纠纷排查调处第一次部署开展，并由中央领导将"排查调处"改为了"排查化

---

① 《中国鼓励律师参与人民调解》，新华网，2008 年 1 月 8 日。
② 2008 年，中纪委颁布《关于违反信访工作纪律适用〈中国共产党纪律处分条例〉若干问题的解释》，监察部、人力资源和社会保障部、国家信访局联合颁布《关于违反信访工作纪律处分暂行规定》。
③ 《构建社会主义和谐社会的基础性工作：全国矛盾纠纷排查化解工作综述》，新华网，2008 年 4 月 20 日。

解"；2009 年，中央办公厅、国务院办公厅转发《关于把矛盾纠纷排查化解制度化的意见》，[①] 至此，矛盾纠纷排查化解成为各地各级一项常态性工作。很多地方探索建立了"两查一访"（督查、评查、回访）、"三调联动"（人民调解、行政调解、司法调解）、"五排查"（自查、专查、联查、复查、督查）等一系列制度措施。[②] 三是强调政策的完善和落实。各个地方对属于共性或因政策不完善、执行不到位可能引发问题的苗头隐患，及时优化政策，特别是在解决城镇就业、扩大最低社会保障覆盖面、完善社会救助体系等民生方面，不断加大投入。如，宁夏针对破产和困难企业职工社保问题突出的实际，筹资 2.2 亿元，将全自治区国有破产企业和困难企业退休人员 3.1 万人全部纳入城镇基本医疗保险。[③] 在中央层面，陆续出台了有关优抚对象和部分军队退役人员的"五个政策性文件"、大中型水库移民后期扶持政策等，有效地缓解了这些领域矛盾突出的状况。

（四）多措并举

社会矛盾多种多样，化解矛盾的手段也必然是多样化的。《中共中央国务院关于进一步加强新时期信访工作的意见》（中发〔2007〕5号）强调，要综合运用政策、法律、经济、行政等手段和教育、协商、调解、疏导、听证等办法，及时妥善处理信访问题。同时，这也是对社会矛盾调处的共同要求。"多措并举"的要求在工作实践中具有非常丰富的实现形式。如，帮助长期上访的老户解决低保、医保，解决住房、就业及子女入学等问题，或者发动亲戚朋友做思想工作，或者组织以乡

---

① 《中央出台重要措施要求进一步加强信访工作把矛盾纠纷排查化解工作制度化》，《长安》2009 年第 5 期。
② 《构建社会主义和谐社会的基础性工作：全国矛盾纠纷排查化解工作综述》，新华网，2008 年 4 月 20 日。
③ 《构建社会主义和谐社会的基础性工作：全国矛盾纠纷排查化解工作综述》，新华网，2008 年 4 月 20 日。

规民约为评判依据的社会法庭，等等。但在各种调处措施中，更多强调的是经济手段和调解的办法。由于绝大多数社会矛盾都是物质利益矛盾，无论政策、法律还是行政手段，都必须以经济手段为后盾，即必须有物质利益上的赔偿、补偿或救助。近年来的一个创新是建立了专项资金制度，由中央财政拨付一定资金，地方政府按照比例层层配套，专门用以解决特殊疑难复杂信访问题。对调解措施的使用，继续做好人民调解工作，并明确要求司法机关树立"调解也是执法"的观念，从政策机制上把调解优先原则贯穿于执法办案中。[①] 总之，这些探索和实践有利于定纷止争、息诉罢访，能够实现"小事不出村（居），大事不出乡（镇），矛盾不上交"的目标。

四 地方社会矛盾调处机制的创新

近些年来，各地为应对社会矛盾多发的状况，不断探索创新更为有效的社会矛盾调处的工作体制、方式方法，取得了比较显著的成效。总的来看，这些创新都强调"整合"，即把原隶属不同部门的工作力量、工作职能、工作手段组合起来，予以重新设定，试图形成一个覆盖面广、权限较大、手段多样，能够妥善调处各类矛盾纠纷的综合性机构，比较典型的有以下几种。

1. 大调解模式

2003 年，江苏省南通市成立了大调解指导委员会，实现了"统一受理、集中梳理、归口管理、依法办理、限期处理"。"整合资源、整体联动"是其最明显的特征。"整合资源"就是在党委、政府的统一领导下，将司法、公安、城建、工商、税务等 20 多个部门各自分散的调

---

① 周永康：《深入推进社会矛盾化解、社会管理创新、公正廉洁执法，为经济社会又好又快发展提供更加有力的法治保障》，《求是》，2010 年 2 月 16 日。

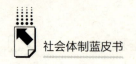

解资源重新配置、重新组合。"整体联动"，就是实行党委政府统一领导，市建立大调解指导委员会和市区联动办公室，县、乡两级设立社会矛盾纠纷调处中心，党委分管副书记任调处中心主任，党委、政府相关部门均为调处中心成员单位。县、乡两级社会矛盾纠纷调处中心有四项权力：一是矛盾纠纷受理分流指派权。调处中心将受理的矛盾纠纷分流指派给相关单位和职能部门，相关单位和部门不得推诿、不得扯皮。二是矛盾纠纷调处调度权。对于重大疑难矛盾纠纷，相关单位和职能部门必须服从调处中心的调度和安排，及时组织调处。三是矛盾纠纷调处督办权。对于调处中心分流指派的案件，接受单位和部门应在规定时间内调结并书面报告处理结果；必要时调处中心可视情况发出督办通知书，对于有重大影响的矛盾纠纷，调处中心有权派员督办。四是综合治理"一票否决"建议权。对矛盾纠纷排查调处工作不力而造成矛盾激化和重大社会影响的单位、部门，由调处中心建议，经综治、组织、纪检、监察等部门检查核实后，实施社会治安综合治理一票否决。

2. 群众工作模式

2007年7月，在总结河南省义马市首创群众工作部经验的基础上，河南省委、省政府出台意见，要求各地在市、县（市、区）信访局的基础上设立群众工作部，作为同级党委工作部门，同时保留信访局，为同级政府工作机构，"一个机构，两块牌子"；乡镇（街道、办事处）统一整合纪检、综治、信访、司法等工作力量，成立群众工作站；行政村（社区、居委会）成立群众工作室，配备群众工作信息员。各级党政机关特别是与群众生产生活密切相关的部门和单位，设立专门群众工作机构。由此，形成了以群众工作部为龙头、以群众工作站为纽带、以群众工作室为基础、以村组信息员为前哨的四级群众工作网络。党委群众工作部具有综合协调职责，具体承担指导推动群众工作、受理交办信访诉求、督察解决信访问题、排查化解矛盾纠纷、督促落实责任追究、帮扶救助信访群众、督导开展信访评估、组织开展领导干部接访和机关干部下访工作、参与监督事关社会和谐稳定的重要事项、对市县党委政府实施信访工作责任制年度考核奖惩等 10 项职责。

3. 联合接访模式

2008 年 4 月，在总结沈阳市沈河区信访工作经验基础上，辽宁省沈阳市委、市政府决定建立以"一站式接待、一条龙办理、一揽子解决"为基本模式的市、区县（市）两级信访大厅。21 个受理信访量较大的部门进驻大厅，并分类设置了 21 个窗口。其中，市法院特别设置了法庭，专门受理涉法涉诉信访事项；司法局选派律师轮流进驻大厅，义务开展法律咨询，从而使信访大厅具备了登记分流、直接调处、协调调解、诉讼指导、行政复议、司法援助、帮扶救助以及依法处置等职能。在人员的管理上，所有派驻大厅干部的人事关系要调进大厅，由信访局统一管理考核，确保"人员在大厅、关系在大厅、责任在大厅、工作评价在大厅"，大厅如不推荐，驻厅干部就不能提拔。在职责分工上，设计了"四级调处"工作流程。一是驻厅部门分头调处。二是多个部门联合调处。涉及多个部门、驻厅主任协调不了的，由大厅分管主任牵头组织相关部门联合调处。三是大厅主任协调调处。对联合调处仍不能解决的，直接进入第三级调处。由大厅主任召集大厅相关负责同志对疑难复杂信访事项，特别是"三跨三分离"事项，进行研究分析、协商调处。四是信访联席会议确责调处。对一些大厅难以协调解决的重大疑难信访事项，启动第四级调处，提交市信访联席会议研究解决，通过形成会议纪要，督促有关方面落实责任，推动实现"一揽子解决"到位，确保群众诉求有着落。

4. 司法调解模式

北京市第二中级人民法院成立以院党组书记、院长为组长的涉诉信访工作领导小组和应急处置工作小组，设立以立案庭庭长为主任的涉诉信访工作办公室。院主要领导亲自阅批重要来信、接待重要来访，完善院长、庭长预约接待制度；明确立案庭对全院涉诉信访工作进行统一管理和组织协调。涉诉信访案件，先由立案庭进行登记、接待，再按照归责原则移送相关审判庭办理；各审判庭对立案庭移送的涉诉信访案件专门登记后，由庭长或副庭长指定原承办人以外的专人对该涉诉信访案件做出处理。在工作方式方法上，力求"穷尽"一切办法解决问题。一是集体会诊，预案在先，件件案情清，步步方法明。二是精心调解，实行全程、全方位调解，促使信访人主动履行法律义务、达成和解、息诉息访。三是深访详查，"拉网式"查找当事人，"蹲点式"调查取证，千方百计打开突破口。四是协调联动，与信访人所在街道办事处、居委会、派出所"三见面"，动员社会力量共同做好信访人的工作。五是专家参与。对有严重心理障碍或精神偏执症状的信访人，邀请心理医生一起接待，诊断鉴别，并有针对性地做好稳控工作。六是宽严相济。对经过反复工作仍不息访甚至无理取闹的极个别缠访、闹访者，坚持原则，依法处置，坚决维护司法权威和法院及信访工作秩序。

五　存在的问题

中国现行社会矛盾调处机制，尤其是县乡一级，尽管表面看起来机构健全、职责明确，从领导、组织到督办、考核，各项工作都十分到位，但在实际运行中，仍然存在一些很突出的问题。

一是机构、力量不适应。无论是社会矛盾纠纷调处中心、群众工作部或者联合接访大厅，往往都只是一个名义。顶着这些名义的新机构，基本只是一个协调机构，在此之下的仍然是原来的各个职能部门，这些职能部门的职责没有、也不可能真正重组、调整。在乡镇一级，无论名义是什么，则一概是综治办、维稳办、司法所、信访办等，而从事这些工作的往往都是兼职人员，甚至是同一个人。至于设在农村、社区的信息员、调解员，更缺少组织性和业务能力。

二是社会力量参与不足。现有矛盾调处机制过于依赖党政部门自身，所动员参与的社会力量严重不足，基本仅限于社会成员个体，如所谓的"五老"。这类人员对化解邻里纠纷、婚姻家庭纠纷有其特殊作用，但对解决劳动关系、环境污染等具有一定专业性甚至群体性的社会矛盾，通常无能为力。对有组织的社会力量，如各种形式的 NGO 参与矛盾调处，各级各地都存在很强的疑虑。即便对于律师，往往也不愿见到他们代理当事人。这或许是因为，现有矛盾调处机制具有极强的"维稳导向"，主导构建矛盾调处机制的各级党政部门，只愿意将社会力量视为自己的助手，帮助大事化小、小事化了，而不想看到因为社会组织的参与，使当事人一方的专业技能、谈判力量得到增强，从而加大矛盾调处的难度。

三是法治化程度有待加强。中国的矛盾调处更倾向于诉讼外手段，这类手段以"息诉罢访"为目标，而对矛盾调处程序的规范性、严密性要求不高。例如，领导要求和批示的影响过大，社会舆论也会形成一定干扰，调处程序不够完善，调处结果的终局性不强，以致造成很多缠访闹访现象等。

B.13
中国虚拟社会发展及其管理

李宇*

摘　要：

　　本文介绍了中国虚拟社会的发展态势及其对现实社会的影响，介绍了国家现行对虚拟社会管理的政策和监管方式，分析了虚拟社会对政府管理的挑战，提出了虚拟社会管理发展趋势。

关键词：

　　虚拟社会　管理政策　监管方式　管理趋势

一　发展中的虚拟社会

1. 网民数量呈上升趋势

网民是虚拟社会得以存在的基本元素，随着中国互联网的发展，网民数量也以惊人速度持续增长。中国互联网络发展状况统计报告显示，截至 2012 年 6 月底，中国网民数量达到 5.38 亿，较 2011 年底 5.13 亿的网民数量增加了 2450 万人，互联网普及率为 39.9%。如图 1 所示。

随着 3G 技术的发展、手机功能的不断完善，人们可以通过手机随时随地完成互联网上的各种操作。据权威统计资料显示，截至 2012 年 6 月底，中国手机网民规模达到 3.88 亿，较 2011 年底增加了约 3270 万人，网民中用手机接入互联网的用户占比由上年底的 69.3% 提升至

＊ 李宇，国家行政学院社会和文化教研部副教授。

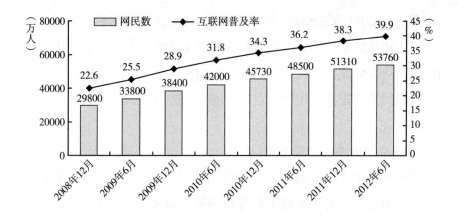

图1 中国网民规模和互联网普及率

资料来源：《第30次中国互联网络发展状况统计报告》，2012年7月。

72.2%。目前通过手机上网的网民数量已超过了其他终端上网的网民数量。如图2所示。

图2 使用各类终端上网的网民规模

资料来源：《互联网发展信息与动态》第79期。

从网民的构成来看，有两种人群占比较高，一是学生，占比为28.6%，远远高于其他群体；二是个体户/自由职业者，占比为17.2%；20~39岁的人群为网民数量的主体，占总量的55.7%。而且，农村网民的数量呈上升趋势。截至2012年6月底，农村网民规模为

1.46亿，比2011年底增加1464万，占整体网民比例达到27.1%。

以上统计数据展示了网民数量逐年增加及网民主体的基本状况，说明虚拟社会群体成员正在逐渐扩大，特别是农村网民数量的增加，意味着中国网民结构正在发生变化，以往虚拟社会以城镇居民为主体的格局被逐步打破。

2. 虚拟社会中的沟通方式

现实社会中人们通过语言、文字等方式进行沟通，而在虚拟社会中，人们通常采用各种互动平台进行沟通。以QQ、微信为代表的即时通信平台，为人们在虚拟社会中的交流提供了方便。2011年12月至2012年6月，即时通信用户规模达4.45亿，半年增长了82.8%。人们通过网络进行互动的依赖度日益增强。

网络的产生和发展在很大程度上改变了人们的生产、生活方式。从整体来看，即时通信行业发展已历经多年，运营商凭借在市场中长期积累的经验，越来越了解用户的需求，通过不断对产品功能进行更新，开发特色应用技术，增强了在网民中的渗透。用户对产品形成固定的使用习惯后，就不易流失，进而提高了用户的黏性。从手机端来看，即时通信的移动化、碎片化和随时在线的特点，更好地满足了用户的需求，使手机即时通信用户规模大幅增长。在手机即时通信工具中，专为智能机设计的新型手机，即时通信工具中视频和语音通话的引入，必将为产品带来更大的竞争优势，并吸引越来越多的用户。

此外，新型手机即时通信逐渐从单纯的聊天工具发展为一个开放平台。第三方开发者可将应用接入平台，利用用户的社交关系，得以快速传播。未来，随着开放力度的加大，将会有越来越多的第三方应用整合其中。根据经济学供求关系理论，虚拟社会中不同群体在互动过程中，也会创造出更多的需求，从而进一步促进技术的不断发展。技术的发展又为人们提供各种更加便捷的交互工具。二者是一个相互促进的过程。

3. 虚拟社会发展对现实社会的影响

依托于互联网而存在的虚拟社会，虽然在不同程度上改变了现实社会中人们的交往方式，但它也绝不是超脱于现实社会而独立存在的。近几年，网上事件对网下社会环境的影响及网上与网下的互动，影响力之大呈几何状态膨胀。

随着虚拟社会的出现和网民数量的不断递增，网上出现的群体性事件越来越频繁，越来越激烈，涉及面越来越广，直接影响网下的现实社会，对社会及政府都提出了巨大的挑战。网络监督近几年也呈活跃的态势，如2012年8月26日凌晨，中国陕西省延安境内发生36人死、2人重伤的重大交通事故。陕西省安监局原局长杨达才，因在事故现场露出不合时宜的"微笑"，被网民围观，继而被扒出佩戴多款价值不菲的名表，又因回应言辞欠妥陷入诚信危机，再因眼镜、皮带等昂贵饰物被接连曝光催生腐败疑云，直至因涉嫌严重违纪被撤职，仅仅27天。又比如，一家名为"人民监督网"的网站，2012年11月20日发表文章、图片及视频链接，称"重庆北碚区委书记包养情妇并与之淫乱"。经微博认证用户"纪许光"转发后，迅速成为微博热点话题。之后，此事件持续发酵，公众希望重庆官方尽快查清事件真相。23日，重庆市人民政府新闻办公室官方微博回应了雷政富不雅事件。"经重庆市纪委调查核实，近日互联网流传有关不雅视频中的男性为北碚区区委书记雷政富。11月23日，重庆市委研究决定，免去雷政富北碚区区委书记职务，并对其立案调查。"

二 现行的管理政策和监管方式

1. 政策法规

为促进互联网在中国的普及和健康发展，国家有关部门出台了一系

列相关政策法规，从内容、服务和网络安全等角度，对互联网的经营行为、运作方式等加以规范。

2000 年 9 月 25 日，国务院公布《互联网信息服务管理办法》，界定了互联网信息服务的范围、性质以及管理的基本形式。

2002 年 11 月 15 日，信息产业部为了加强上网服务经营场所的管理，规范经营者的经营行为，颁布了《互联网管理条例》，对互联网行业的管理流程进行了细化。

2005 年 11 月，公安部对外发布了《互联网安全保护技术措施规定》，为保护著作权人、表演者、录音录像制作者的信息网络传播权法规。

2006 年 7 月 1 日，国务院公布《信息网络传播权保护条例》，包括合理使用、法定许可、避风港原则、版权管理等内容，明确了著作权人、网络传播使用者和读者等各方的基本权益。

2007 年 1 月 17 日，国务院第 165 次常务会议通过、公布《中华人民共和国政府信息公开条例》，使政府信息公开有了法律依据。

2009 年，文化部、商务部联合颁发了《关于加强网络游戏虚拟货币管理工作的通知》，规定了虚拟货币和虚拟货币发行企业的内涵，申请从事虚拟货币发行业的程序。其中专门明确规定"不得为未成年人提供虚拟货币服务"。

2010 年 2 月 5 日，文化部指导下的网络游戏未成年人家长监护工程启动首批试点。3 月 17 日，文化部部务会议审议通过了《网络游戏管理暂行办法》。该暂行办法包括六个部分：总则、经营单位、内容准则、经营活动、法律责任、附则，分别从经营组织界定、游戏内容管控、市场运行规则及法律责任承担等方面，比较全面地对网络游戏产业的各个环节做出具体规定。

2011 年 12 月 7 日，工业和信息化部第 22 次部务会议审议通过《规范互联网信息服务市场秩序若干规定》。该规定要求为规范互联网信息服务市场秩序，"互联网信息服务提供者应当遵循平等、自愿、公平、诚信的原则提供服务"。对那些互联网信息服务提供者侵犯其他互联网信息服务提供者合法权益的行为的处罚办法及用户利益所负的责任都进行了明确的规定。

2012年6月,《国务院关于大力推进信息化发展和切实保障信息安全的若干意见》颁布,提出"坚持积极利用、科学发展、依法管理、确保安全,加强统筹协调和顶层设计,健全信息安全保障体系,切实增强信息安全保障能力,维护国家信息安全,促进经济平稳较快发展和社会和谐稳定"的战略思想,制定了"加快社会领域信息化,推进先进网络文化建设;提高社会管理和城市运行信息化水平及加快推进民生领域信息化"等措施,要求在发展的同时要健全安全防护和管理,保障重点领域信息安全等。

上述政策和法规的颁布实施,初步构建了互联网和信息管理的基本架构,对推动中国互联网的发展,规范互联网从业者行为,保护经营者和使用者的合法权益,以及维护网络安全、信息安全等方面,起到了积极作用。

2. 监管机构

(1)综合管理部门。2011年5月,经国务院设立国家互联网信息办公室。国家互联网信息办公室不另设新的机构,在国务院新闻办公室加挂国家互联网信息办公室牌子。其主要职责包括:落实互联网信息传播方针政策和推动互联网信息传播法制建设,指导、协调、督促有关部门加强互联网信息内容管理,负责网络新闻业务及其他相关业务的审批和日常监管,指导有关部门做好网络游戏、网络视听、网络出版等网络文化领域业务布局规划,协调有关部门做好网络文化阵地建设的规划和实施工作,负责重点新闻网站的规划建设,组织、协调网上宣传工作,依法查处违法违规网站,指导有关部门督促电信运营企业、接入服务企业、域名注册管理和服务机构等做好域名注册、互联网地址(IP地址)分配、网站登记备案、接入等互联网基础管理工作,在职责范围内指导

各地互联网有关部门开展工作。①

（2）接入监管部门。工信部与工商部门是中国网络新媒体的接入和管理部门。其颁布的法规也更具有针对性，主要集中在网络接入、域名和 IP 地址管理、电子邮件、电子公告服务、整治互联网不良信息等领域，从而规范了网络新媒体的管理。其主要职责是：负责网络与信息安全技术平台的建设与管理；负责网站经营许可证的管理与监督；负责对有害信息进行封堵，对未经批准擅自从事网上业务的网站采取技术手段予以制止。工信部执法的主要形式是审批和备案，对经营性的网站审批，对非经营性的网站备案。同时，根据《互联网电子公告服务管理规定》，工信部还对开展电子公告服务进行许可证批准。工商部门的主要职责是负责互联网上网营业场所的营业执照管理，对无证经营、超越范围经营等行为进行查处。

（3）安全管制部门。公安部门与国家安全部门是网络新媒体的安全管制部门。公安部的主要职责是：负责对网上反动、淫秽等有害信息的监控；负责对互联网的经营、服务单位的安全监督，网吧等上网服务营业场所的安全审核、安全管理软件的安装和安全监督管理；负责处罚和依法打击网上违法犯罪行为。安全部的主要职责在于对境外有害信息提出封堵网站名单并通知有关部门封堵，按照有关规定履行互联网信息安全管理的职责。

（4）内容管制部门。国家和地方新闻办公室与对外宣传办公室是中国网络新媒体最直接的内容管制部门。国家新闻办公室的监管领域主要集中在对网络媒体刊载新闻业务资格的审批、对经营性互联网信息服务实行许可制度、对非经营性互联网信息服务实行备案制度、对刊载内容实行审查制度等方面，明确规定禁止反动、迷信、暴力、淫秽内容的传播。地方新闻办公室主要职责在于负责互联网登载新闻。对外宣传办

---

① http：//www.scio.gov.cn/xwbjs/xwbjs/200905/t306817.htm.

公室主要负责对网络媒体的日常管理。

（5）其他有关部门（主要指文化部门、新闻出版部门、广电部门）。文化部门对利用互联网经营艺术品、音像制品、网络游戏、演出活动及网吧等上网服务营业场所进行日常监督，并实行经营许可证管理。新闻出版部门负责互联网出版活动及版权的监督管理，并审批"新闻出版业务许可证"。广电部门负责境内网站通过互联网传播电影和广播电视节目的审批与监督管理，管制范围涉及在互联网等信息网站中开办各种视听节目，播放影视作品和视音频新闻，转播、直播广播电视节目及以视听节目形式直播、转播体育比赛与文艺演出等各类活动。管理形式主要是审批"网上传播视听节目许可证"。

根据国务院做出的相关决定，分别在中国计算机网络国际联网、域名管理、互联网新闻信息服务、保护信息网络传播权等领域制定了相关政策，为网络新媒体的发展提供政策保障。网络管理和服务机构即中国互联网络信息中心（CNNIC），负责管理维护中国互联网地址系统，引领中国互联网地址行业发展，权威发布中国互联网统计信息，代表中国参与国际互联网社群。在网络新媒体行业倡导行业自律，制定自律公约。目前主要有两个公约：《互联网地址资源服务行业自律公约》和《博客服务自律公约》。

三 虚拟社会对政府管理的挑战

1. 虚拟社会发展对传统管理理念、方法的挑战

对现实社会的管理，政府已经有了丰富的经验，但是在网络虚拟空间里面，研究深度和管理手段等各方面都还处于探索阶段。政府在虚拟世界里的执政能力，远低于现实社会的执政能力。比如，对一些网络信息一味采用堵、封、删的方法；信息流转不通畅；网民的声音得不到政

府及时回应；加之各种谣言和危害国家安全等的言论混淆视听，而政府未能或者无力进行正确有效的引导，致使网络舆论不断发酵。目前一个普遍的趋势是，很多公众情绪先是在网络上集聚，最后在现实生活中爆发。一些敌对势力利用互联网，在网上制造网络"细菌"、舆论泡沫，试图使政府与老百姓的矛盾不断激化，导致网上舆论事件演变成网下群体性事件。甚至一些网络公关和商业利益公司，也有意培植制造"网络打手""网络水军"等，制造虚假网络舆论，混淆视听。对此，政府监管措施的跟进是滞后的。许多官员长期习惯于现实社会管理，对虚拟社会不了解，缺乏研究，以为虚拟的互联网不但有边界，还有大门，只要关起门来，把自己辖区内的互联网或网民理顺，一切都万事大吉了。

2. 管理模式的挑战

在全球化的今天，国际社会日益相互依赖，相互影响，政府内部组织也应从纵向的权力结构向横向的网络结构转化。扁平式的管理模式将打破传统的等级管理模式，使得各种政策、信息等以一种更加快捷的方式进行传播，从而提高了政府的办事效率。

传统社会中的主流管理方式一直是"金字塔"式结构。而在网络社会中，没有任何人居于最高或中心的地位，进入网络空间的每一位成员都是平等的。用当前最流行的话来说，没有人知道电脑背后和你交流的是什么人。中国互联网络信息中心《第 29 次中国互联网络发展状况调查统计报告》中显示，截至 2011 年 12 月 31 日，中国 5.13 亿的网民，并非都是草根，包含很多知识分子、国家干部、企业高管等社会精英人士。可见，信息网络技术的发展对传统社会管理模式的影响之大是人们始料不及的。因此，现实社会中以权力结构为中心构建的逐级管控模式，在虚拟社会的管理中所发挥的作用是有限，或者说是低效率的。如何针对虚拟社会的特点重塑一系列与之相适应的管理模式，将是各级管理者面对的重要课题。

3. 安全的挑战

虚拟社会是人类社会发展到信息化时代的一种社会形式，是现实社会一种新的存在形式，是现实社会在互联网上的映射和延伸。随着互联网的进一步普及和在各个领域的广泛应用，个人用户、政府用户、企事业单位用户对互联网的依赖程度越来越高，这样，对如何有效保障网络安全、加强信息管理，都提出了很高的要求，也是对虚拟社会管理者的一个新的挑战。由于网络的开放性和匿名性等特点，在网络上遭受攻击要比现实中更容易，如"黑客"以及"恶意破坏者"出于不同的目的，对系统中的数据进行篡改、删除、破坏或者盗取重要信息，给许多企业、政府部门以及个人造成重大损失。所以，网络安全对于国民经济的正常运转，对于每一个使用它的人都具有重大的作用，它直接决定了社会生活和经济生活的质量。

现实社会中的违法犯罪以及其他治安问题已经开始向虚拟社会蔓延。现实社会中的许多违法犯罪及其他治安问题，都可以在虚拟社会中找到，给政府的社会管理提出一系列难题，如利用网络盗窃、欺诈、出卖国家机密、制造计算机病毒等。互联网安全所构成的严重威胁，影响着虚拟社会的正常秩序，对网民造成难以弥补的物质、精神上的损失，也直接影响现实社会的稳定。

虚拟社会具有开放性等特点，对网上信息进行全面的监控难度较大。一些别有用心的人和组织利用这种特点，传播淫秽色情、赌博、暴力、邪教等不良信息，甚至通过互联网在思想和文化方面对中国进行渗透，宣扬其价值观念和意识形态，进行文化侵略，不仅给中国国家安全和社会稳定带来威胁，也对中国的思想、观念、政治、伦理道德等产生冲击。

侵犯知识产权的犯罪行为也在利用互联网加以实施，比如专利侵权在信息网络技术领域也有了新的表现形式。

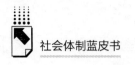
四 虚拟社会管理发展趋势

1. 进一步加强制度建设，完善虚拟社会法制

随着互联网的更加普及，新技术、新应用的不断涌现，网络信息传播的速度、范围、内容、方式等发生了很大变化，特别是互联网站的逐步开放，个人用户的日益膨胀，信息服务几乎渗透到各行各业、所有社区和每个用户，关系人们生产、生活的各个方面，使互联网管理出现诸多新的、亟待规范的问题。现行的一些政策法规已然不适应新形势下的管理要求。因此，为进一步促进中国信息服务健康有序发展，需要进行新的管理政策的探讨。

2012年6月，国家互联网信息办公室、工业和信息化部对外发布了《互联网信息服务管理办法（修订草案征求意见稿)》，广泛听取社会公众的意见。"征求意见稿"从维护国家安全和公共利益、保护公众和互联网信息服务提供者的合法权益的角度，对2000年公布的《互联网信息服务管理办法》进行了修订，细化了管理内容、流程，进一步规范了互联网信息服务活动。

另外，中国规范虚拟社会的法律体系尚不健全，与虚拟社会的高速发展相比，立法脚步尤显缓慢，政法机关在执法中遇到新情况，面临着无法可依的尴尬。目前针对虚拟社会违法犯罪的处罚条款，主要有《刑法》《治安管理处罚法》《中华人民共和国计算机信息系统安全保护条例》和全国人民代表大会常务委员会《关于维护互联网安全的决定》等法律法规。这些法律法规对网络违法犯罪的认定过于原则、笼统，覆盖面窄，可操作性不强。网络违法犯罪的罪名定义、损失评估、网络犯罪案件管辖权等新问题，在处理过程中法律依据不足；信息安全、个人隐私、网上知识产权和网络虚拟财产保护不足。确定案件管辖权的传统原则并不适用跨域性广的网络犯罪案件，容易导致管辖纠纷，影响司法效率。因此，尽快制定规范互联网的相关法律法规势在必行。

2. 虚拟社会管理方式的转型

互联网时代改变了人们获取信息的渠道，人们不再单纯依赖传统媒体获取信息。新媒体的出现拓宽了信息获取通道，公民参与社会管理，监督政府行为的意识也得到了提高。政府的决策方式与领导方式应适应虚拟社会的发展而转型。据预测，2012 年中国的智能手机出货量将超过美国，成为世界最大智能手机市场。智能手机的迅猛发展，将对社会造成巨大影响。"下一代网络"驻华编辑乔希·王指出："中国消费者越来越有可能放弃台式电脑，甚至便携式电脑，只把手机作为主要设备。学生、打工族甚至农村居民都将大大受益于便宜智能手机的普及。"随着更多人群通过智能手机上网（和微博），公众参政议政的热情会越来越高涨，同时伴随着对政府政策的质疑、腐败现象的揭露，以及各种反对和抗议之声越来越大，政府控制网络的压力会更大。政府网站和政务微博是政府与公众交流、拉近与百姓沟通距离的一个窗口，起着正能量作用，开辟了民众与政府互动的新渠道，有其无法替代的重要性。政府在对不良信息监管的同时，还可以主动引导舆论，信息公开。目前很多地方政府已意识到这个问题，如北京市在全国首创政务微博发布厅，它体现的不仅仅是单个部门的声音，而且代表了政府部门的整体形象，实现了从单一化到集群化的转变。

虚拟社会的管理方式应遵循以人为本的原则，在更加人性化的管理体系中，强调情感管理、民主管理、自主管理、人才管理以及组织文化管理，这将成为政府一种全新的管理模式。

3. 虚拟社会管理人员的转型

管理者要认识到互联网只是一个工具，虚拟社会不可能脱离现实社会的诸多问题而独立存在，虚拟与现实社会是一个互动的循环体。因此，首先要在思维方式等方面进行变革，树立正确的网络意识。在虚拟社会中由于不可控制的因素很多，网上发生的一些事件不同于现实中

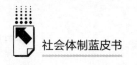

事件结果的单一性，有时很难掌握其中的因果联系。因此只根据传统的管理经验和理念是不够的，必须使用科学化的管理方式。因此政府管理人员的信息网络素质以及应用能力的高低，是政府网络管理能否落实的关键。高素质的政府管理人员，会使先进技术和信息资源有效融汇在政府的各项工作中，并彰显其优势。否则将会削弱政府的权威性与公信力。

在舆论场多元化的今天，互联网正成为普通百姓的"自媒体"。因此，要把官员上网、"触网"做一种制度安排，熟悉网情，积极投身于网络舆论的引导和参与队伍中。在响应民意、官民沟通中争取政府的话语权，树立党的良好形象。要在网络世界与网民的平等交流交锋中引领舆论，而不是站在网络舆论场外无效引导。

当今社会瞬息万变，技术演进速度日益加快，云计算、物联网等信息技术已被广泛应用于不同的社会管理领域，政府在虚拟社会中将以一种数据方式为公众服务。作为政府管理的主体政府官员，需端正对互联网的认知态度，力戒"现代文盲"意识和形式主义做法，跟上时代的步伐。对于那些无论是内部环境还是外部环境，变化和不确定的因素，通过掌握和运用信息技术的能力，进行研判和决策，从而提高在虚拟社会中的执政能力。

虚拟社会管理是全社会的一项复杂的系统工程，政府职能部门应当从国家信息安全保障工作全局的高度加以统筹规划和积极谋划建设，参与虚拟社会活动的全体成员都应努力为维护虚拟社会稳定、构建信息网络安全的社会防控体系积极贡献力量。

实践篇

Local Cases

B.14
中国特色社团管理体制的实践创新

——北京市加快构建社会组织"枢纽型"工作体系

中共北京市委社会工作委员会研究室

引 言

近年来,在加强和创新社会管理、全面推进社会建设的实践中,北京市把社会组织管理体制改革作为社会体制改革的重要突破口,按照"推进政社分开、管办分离,把各类社会组织纳入党和政府主导的社会组织工作体系"的总体思路,以构建社会组织"枢纽型"工作体系为抓手,着力创新社会组织管理体制,不断加强社会组织党的建设工作,加快培育和发展社会组织,充分发挥各类社会组织作用,取得了阶段性明显成效,初步形成了中国特色社团管理新体制。

　　构建社会组织"枢纽型"工作体系，是北京市在创新社会组织管理体制方面进行的重大探索，主要做法是通过认定一批大型联合型组织并授权其对本领域社会组织进行联系、服务和管理，逐步做到对各级各类社会组织服务管理的全覆盖。北京市委、市政府在 2008 年出台的《北京市社会建设实施纲要》《关于加快推进社会组织改革与发展的意见》等社会建设"1＋4"文件，明确提出了这一改革思路，即除少部分由特殊职能部门继续作为有关社会组织业务主管单位外，其他行政部门原则上不再作为社会组织的业务主管单位，逐步构建以人民团体为骨干的"枢纽型"社会组织工作体系，将社会组织按照其性质、业务类别纳入新的管理和服务体制，由"枢纽型"社会组织进行日常管理和服务，形成分类管理、分级负责的社会组织服务管理模式。

一　问题缘起和主要做法

　　目前，北京依法登记的市、区（县）两级社会组织有 7900 余家，加上备案制等数量众多的社区社会组织、"草根"社会组织以及高校社团组织，总量 3 万家左右。这些数量众多、形态各异的社会组织，分布在首都经济社会生活的各个领域，成为促进首都经济社会发展的一支重要力量。但是，原来的管理体制和运行机制暴露出一些亟待解决的问题。一是政社不分、管办不分的现象比较普遍，许多社会组织都是由政府相关部门设立，在人、财、物上严重依赖行政部门，成为行政机关的附属物，自主发展、自我管理、提供服务的能力不强。二是管理分散、管理松散、服务管理缺位的问题比较突出，仅市级社会组织的业务主管单位就多达 134 个，绝大多数是党政机关部委办局，实际工作中这些部门大多很难投入精力来提供专门的服务和管理。三是社会组织因找不到业务主管单位而无法登记的问题也比较突出，很多社会组织只能以其他形式存在，以至于大量"草根"组织游离于法律和政策边缘，实践中对这类组织工作办法不多、掌握信息不全、管理服务滞后。四是部门之间缺乏联动，业务主管单位、登记管理机关及相关职能部门之间没有建立起科学合理的联动机制，各方面信息分割、缺乏沟通联系，没有形成合力。五是由于渠道不畅，社会组织党建工作滞后，党组织和党的工作覆盖不到，社会组织从业党员成为"口袋"党员，长期不能过正常组织生活。

为解决上述问题，北京市按照政社分开、管办分离的原则，探索社会组织"枢纽型"服务管理模式，逐步实现政府退出社会组织日常事务管理，而转移到政策制定、依法监管的角色上来。本着稳妥推进、分步实施的原则，北京市提出"先挂钩、后脱钩"的思路，即：先把"枢纽型"社会组织体系建立起来，让"枢纽型"社会组织与同性质、同类别、同领域的社会组织"挂钩"，然后再根据条件成熟程度，逐步使社会组织与原行政主管部门彻底"脱钩"。所谓"枢纽型"社会组织，是指对同类别、同性质、同领域社会组织进行联系、服务和管理的联合型组织，由市社会建设工作领导小组认定并承担以下三个方面的职能：①政治上发挥桥梁纽带作用，负责在本领域社会组织中贯彻执行党的路线方针政策，开展党的工作。②业务上发挥引领聚合作用，动员协调联合本领域社会组织共同参与首都经济社会建设。③日常服务管理上发挥平台作用，负责承担相关社会组织的业务主管单位职责，提供日常服务管理，促进本领域社会组织健康有序发展。

这样的制度设计使社会组织"枢纽型"工作体系具有以下主要特点：一方面，由"枢纽型"社会组织代替行政部门履行社会组织业务主管单位职责，有利于促进社会组织与行政部门在人、财、物上的彻底脱钩，符合社会组织自主发展、自我管理、政社分开、管办分离的改革方向，且不违背国家规定的"双重"管理体制。另一方面，"枢纽型"社会组织不是政府部门，实行以"社"管"社"，符合社会组织社会化、专业化的发展趋势，符合社会组织的发展规律又具有鲜明的中国特

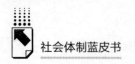

色，且有利于加强党的领导、加强分类服务管理、促进共同发展。

　　确保社会组织坚持正确的政治方向，是社会组织体制改革必须遵循的基本原则。中国国情决定了社会组织不能像西方国家那样放任自流，为此，北京市以人民团体为骨干，认定"枢纽型"社会组织，把各类社会组织纳入"枢纽型"社会组织工作体系。这是因为，首先，人民团体是党领导下的群众组织，多年来一直是党和政府联系各界群众的桥梁纽带，是党和政府的助手，具有比较健全的组织体系、工作队伍和工作机制。让人民团体来联系、服务和管理社会组织，有利于坚持正确的政治方向。2007年底，时任市委书记刘淇同志明确要求"探索建立中国特色的社团管理体制"。为此，提出了构建"枢纽型"社会组织工作体系的思路，并决定先从人民团体做起，不"另起炉灶"。其次，人民团体具有良好的工作基础和优良传统，社会组织管理与人民团体管理不仅不能搞"两张皮"，而且必须有机融合。长期以来，很多人民团体一直从事着相关社会组织的管理职责，有比较好的工作基础。比如北京市科协管理着170多家科技类学会、研究会和有关组织，其他人民团体也都管理着一定数量的社会组织，而且积累了许多工作经验，取得了明显成效。因此，在考虑由"谁"来做"枢纽型"社会组织时，首先应该充分发挥人民团体的功能作用和资源优势，通过改革创新把人民团体做大做强，成为本领域、本系统的"枢纽型"社会组织。再次，社会组织服务管理创新应当推动人民团体工作创新。在新形势下，人民团体也面临许多新挑战新考验。社会转型过程中，社会结构、社会动员方式、社会利益格局都发生了深刻变化，客观上讲，人民团体也在很大程度上面临着如何转变工作方式、拓宽工作视野等问题。在被认定为"枢纽型"社会组织后，联系、服务和管理本领域众多的社会组织，有助于人民团体的工作平台"加宽加长"，从而更好地发挥党和政府赋予的桥梁纽带、发展龙头、服务管理平台作用。因此，从这一意义上讲，社会建设需要人民团体大力参与，人民团体同样需要借助社会建设这一广阔舞台在新时期实现更大发展、发挥更大作用。最后，社会组织"枢纽型"工作体系是开放竞争的体制。一方面，"枢纽型"社会组织扩大了覆盖面，另一方面，也增加了工作交汇点，各类社会组织选择业务主管单位——"枢纽型"社会组织的自由度更大了。在"枢纽型"社会组织大框架内，可自由选择业务指导单位，谁有吸引力谁就可以团结更多的社会组织，使"枢纽型"社会组织间的竞争力增强。此外，由于民间社会组织大量加入，也会推动"枢纽型"社会组织不断改进服务管理理念、方式，同时兼顾党和政府要求及社会公共利益，切实发挥桥梁纽带、引领聚合等作用。

二　取得的成绩和效果

目前，北京市已先后三批认定 27 家市级"枢纽型"社会组织，在服务管理上可覆盖全市 85% 的社会组织。同时，16 个区县认定了近200 家"枢纽型"社会组织，并通过成立街道社会组织联合会等形式，培育发展街道层面的"枢纽型"社会组织，市、区、街三级"枢纽型"社会组织工作体系框架初步形成，并发挥了重要作用。

表 1　已经认定的市级"枢纽型"社会组织

批次	组织名称
第一批 （10 家）	北京市总工会、中国共产主义青年团北京市委员会、北京市妇女联合会、北京市科学技术协会、北京市残疾人联合会、北京市归国华侨联合会、北京市文学艺术界联合会、北京市社会科学界联合会、北京市红十字会、北京市法学会
第二批 （12 家）	北京市工商业联合会、中国国际贸易促进委员会北京市分会（北京市贸促会）、北京市志愿者联合会、北京市私营个体经济协会、北京市体育总会、首都慈善公益组织联合会、北京注册会计师协会、北京市律师协会、北京工业经济联合会、北京市商业联合会、北京市建筑业联合会、北京民办教育协会
第三批 （5 家）	北京市人民对外友好协会、北京市民间组织国际交流协会、首都民间组织发展促进会、北京市民族联谊会、北京企业联合会

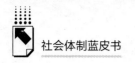

三年多来，北京市按照边实践探索、边创新发展、边发挥作用的思路，充分运用和拓展特有优势，积极发挥"枢纽型"社会组织作用。各"枢纽型"社会组织坚持打基础、建体系、抓服务、求实效，不断完善工作运行机制，切实推动服务管理创新。2010~2012年，市社会建设专项资金投入1亿多元，向"枢纽型"社会组织购买了五大类、1000多个社会组织服务项目。这些项目以整合打包形式，由"枢纽型"社会组织联合本领域相关社会组织共同实施。东城、西城、朝阳、顺义等多个区县也设立了购买社会组织服务专项资金，额度数百万元到1000多万元不等，累计落实了数百个购买服务项目。通过这一系列举措，"枢纽型"社会组织发挥了重要作用。

一是工作覆盖不断扩大。各单位不断拓宽工作渠道，扩大工作覆盖面，成效明显。市总工会建立了19个职工服务中心、532个工会服务站，覆盖近400万工会会员；团市委通过举办"青少年社团文化节"、建立"社区青年汇"和"乡村青年社"等方式，实现了与全市8000多家青少年社会组织的互联互动；市妇联在全市建立了6590个"妇女之家"，实现了对16个区县的2646个社区和3944个村的全覆盖，并通过"姐妹驿站""巧娘工作室"等社会组织广泛联系服务各类妇女群体；市残联、市法学会、市红十字会、北京工经联等单位通过业务合作以及联谊活动等多种形式，与本领域社会组织建立起了广泛的工作联系。

二是工作品牌不断增多。各单位发挥自身优势，创新服务管理，形成了许多有代表性的工作品牌。市总工会牵头建立劳动争议调解联动机制，探索形成了新形势下化解社会矛盾的新模式；团市委实施了"100365首善行动""3510绿色行动"等公益活动品牌，社会效果显著；市妇联、市总工会、团市委联合打造"婚恋鹊桥"公益品牌，满足单身群体的交友联谊需求；市科协、市社科联持续举办"科普进社区""科技套餐配送工程""周末社区大讲堂"等品牌活动，市文联举办北京国际青年戏剧节，市侨联开展"爱国侨胞看北京""侨心向党"

活动，市红十字会推出了"999"社区综合服务站"红立方"品牌，市对外友协、市民交协联合举办"北京国际民间友好论坛"、在京国际组织联谊活动，市贸促会成功举办"文博会""商帮节"，市志愿者联合会打造"蓝立方"城市志愿服务平台，市工商联、市私个协、北京民办教育协会开展诚信教育和行业自律活动，都产生了良好效果。可以说，27家市级"枢纽型"社会组织都做到了"有创新、有亮点、有品牌"。

三是制度建设不断规范。各单位针对本领域社会组织的实际特点，建立健全了有关规章制度。团市委制定了《关于加强新形势下全市青少年社会组织工作的意见》；市妇联制定了《北京市妇联培育管理和服务社会组织的工作办法》；市科协编制了《科技类社团服务管理手册》；市残联制定了《残障服务类社会组织登记审查与管理暂行办法》；市贸促会制定了《关于做好对外经贸领域"枢纽型"社会组织工作的意见》；首都慈善公益组织联合会制定了《慈善公益组织管理流程指引》；市私个协发布了《首都企业履行社会责任行动指南》。这些政策的制定，提高了"枢纽型"社会组织服务和管理的制度化与规范化水平。

四是服务质量不断提高。各单位积极整合资源，注重培训交流，不断提高服务能力。团市委设立了青少年社团发展促进中心，举办"北京青年社团领导力训练营"，注重对青少年社团领袖的培养；市妇联设立了妇女儿童社会服务中心，并在网上开辟妇女类社会组织专栏，建立了社会组织数据库；市侨联成立了华侨服务中心，为侨界社团及群众提供权益维护、法律咨询、学习培训等综合服务；市体育总会设立了"体育社团楼"，为体育类社会组织提供统一的办公场所和专业化、集约化服务。

三　主要经验和存在问题

坚持以人民团体为骨干，立足实际构建社会组织"枢纽型"工作

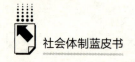

体系，是北京市在社会组织管理体制上进行的一项重大改革举措。围绕探索创新中国特色社团管理服务模式，主要经验体会可概括为以下几个方面。

（一）构建社会组织"枢纽型"工作体系是中国特色社会组织管理体制的实践创新

目前中国社会组织管理实行的是业务主管单位管理与登记管理"双重"负责的管理体制。而从国际惯例来说，通常是直接登记；中国社会组织改革的方向是政社分开、管办分离。如何既不违反目前的"双重"管理体制，又符合发展方向，北京市探索了"枢纽型"社会组织管理新模式。这种模式有以下几个特点：第一，符合改革方向又不违背现行规定。由"枢纽型"社会组织代替行政部门履行社会组织业务主管单位职责，有利于促进社会组织与行政部门在人、财、物上的彻底脱钩，符合社会组织自主发展、自我管理的方向，且不违背国家规定的"双重"管理体制。第二，符合社会组织发展规律又有中国特色。"枢纽型"社会组织不是政府部门，实行以"社"管"社"的工作模式，从长远看，符合社会组织社会化、专业化的发展趋势，同时有中国特色，不是放任自流，均纳入"枢纽型"社会组织工作体系。第三，为社会组织党建工作开辟了有效渠道，有利于加强党的领导。

（二）构建社会组织"枢纽型"工作体系是党领导下群众工作的积极探索创新

做好当前的社会组织工作，离不开发挥人民团体的作用。以人民团体为骨干构建"枢纽型"社会组织工作体系，符合中央关于"支持人民团体参与社会管理和公共服务"的要求。从事社会建设和群众工作，对人民团体并不陌生。但在新形势下要更好地实现这些目标，必须在原有工作模式和方法渠道的基础上创新体制机制，开创一种新的工作局面，其中的一个重要抓手就是通过"枢纽型"组织这个平台，广泛联系相应领域的社会组织和社会力量，更加充分地发挥人民团体的桥梁纽带作用。因此，在新的形势下，人民团体通过承担"枢纽型"社会组织工作职责，可以"加宽加长"工作平台，进一步拓宽工作视野，发挥更大作用，这是一个双向互动的工作促进关系。

（三）构建社会组织"枢纽型"工作体系为社会组织搭建资源对接和互动交流平台

个体组织为了积累资源、获取信息、实施影响或获得合法性和被认同感，都有加入联盟或走向联合的需要。联合性的"枢纽型"社会组织，为社会组织提供了一种崭新的资源整合机制。从内部看，社会组织在独立、平等的基础上，开展多种形式的交流、互动和合作，可以弥补自身的缺陷和不足，扩大自身的社会影响力；从外部看，"枢纽型"社会组织以"联合体"的身份同政府部门进行沟通、对话和互动，可以更好地代表同类社会组织发出声音，表达利益诉求、协调工作关系、整合社会资源，以争取政府在资金、项目、政策等方面的更大支持。通过"枢纽型"社会组织购买社会组织服务项目、购买管理服务、购买管理岗位，就是要逐步把"枢纽型"社会组织建设成为资源对接平台、互动交流平台和社会组织之家。

（四）构建社会组织"枢纽型"工作体系适应社会服务管理发展需要

现代公共治理理念认为，公共治理的主体是多元的，良性的治理结构需要政府、企业和社会组织等多元主体的共同参与和分工合作。在社会组织工作中，政府的主要任务是研究政策、制订规划并依法监管，而不是包办一切事务。当前，社会组织的组织类型、存在形式、活动领域以及活动方式都发生了深刻变化，面对社会组织特别是"草

根组织"的爆发式增长，传统的行政化管理模式已很难完全覆盖，改革势在必行。而"枢纽型"社会组织工作体系的核心思路便是通过改变治理主体来改进治理方式。在这一新的治理体系中，各级各类社会组织，无论是登记的或未登记的、地方的或国家的、国内的或国外的，只要有共同点，都可以整合起来一起开展工作，实现优势互补，促进共同发展。

当前，"枢纽型"社会组织还没有明确的法律地位，缺乏相应法律法规的支撑和保障；推进各类社会组织与原主管部门脱钩、与"枢纽型"社会组织挂钩，离不开全国的统一政策和政府职能转变；"枢纽型"社会组织作为本系统、本领域社会组织的业务指导（主管）部门，需要修订现行社团管理条例和政府赋予其相应职能，等等。这些问题，都是今后我们推进这一体系建设发展、完善这一体制机制必须认真加以研究和解决的重要现实问题。

四 完善社会组织"枢纽型"工作体系的思考与对策

社会组织是社会的主要载体。积极培育和大力发展社会组织，是今后中国社会建设与服务管理创新的重大而紧迫任务。但在中国，社会组织的生长、发育和壮大应该置于党和政府主导的社会组织管理与服务体系之中，只有这样才能确保各级各类社会组织沿着健康轨道发展，为健全社会服务、创新社会管理、动员社会参与、创建社会文明、构建社会和谐做出应有的贡献。党的十八大提出"加快形成政社分开、权责明确、依法自治的现代社会组织体制"，这进一步表明加快构建社会组织"枢纽型"工作体系的重要性和紧迫性。但是，构建社会组织"枢纽型"工作体系不是一朝一夕之功，不可能一蹴而就，需要紧密结合实际，进行长期的探索实践和不断创新发展。

第一，构建社会组织"枢纽型"工作体系需要积极稳妥推进管办分离。实现新旧体制的"切换"还有很多工作要做，并需要采取行之有效的办法。

第二，以实现全覆盖为目标进一步完善社会组织"枢纽型"工作体系。进一步完善工作运行机制，以"六有"（有领导责任制、有职能部门、有工作制度、有管理和服务体系的广覆盖、有党组织和党的工作的广覆盖、有业务和服务品牌项目）为主要内容，研究制定进一步发挥"枢纽型"社会组织职能作用、加强"枢纽型"社会组织规范化建设等政策文件。按照这些要求，积极采取措施，规范"枢纽型"社会组织建设，支持"枢纽型"社会组织发挥更大作用。加快推进市级"枢纽型"社会组织服务管理全覆盖，在已认定27家市级"枢纽型"社会组织的基础上，今后再认定一批，最终明确30家左右市级"枢纽型"社会组织，基本实现对市级社会组织的全覆盖。积极推动区县、街道层面的"枢纽型"社会组织建设，探索区县、街道"枢纽型"社会组织的多种实现形式，逐步形成市、区、街三级"枢纽型"社会组织工作网络。

第三，继续加大对"枢纽型"社会组织和各类社会组织的支持力度。进一步加大政府购买社会组织服务工作力度，继续以"枢纽型"社会组织为载体，按照"政府购买社会组织服务项目指南"，围绕社会基本公共服务、社会公益服务、社区便民服务、社会管理服务、社会建设决策研究信息咨询服务五个方面、40个类别购买更多的社会组织服务项目。探索通过购买管理服务等方式，为"枢纽型"社会组织提供日常工作支持。继续支持"枢纽型"社会组织联合同系统社会组织开展公益活动，发挥示范引领作用，共同打造有特色的社会公益服务品牌。在北京市社会组织孵化中心的基础上，探索全市建立"一中心、多基地"的社会组织服务网络，为社会组织开展工作搭建服务平台，提供"集约式"服务。

表2 政府购买社会组织服务项目指南（试行）

服务类型(5类)	服务项目(40项)
社会基本公共服务	社区基本公共服务推进项目、扶老助残服务项目、支教助学服务项目、扶贫助困服务项目、公众卫生健康知识普及服务项目、就业创业帮扶服务项目、公共安全教育训练推广项目
社会公益服务	社会志愿公益服务项目、高校社团公益服务项目、"人文北京、科技北京、绿色北京"行动计划推广项目、绿色生活方式引导项目、"做文明有礼北京人"宣传教育推进项目、法律咨询与援助服务项目、人文关怀与社会心理服务项目、特殊人群服务项目、网络组织文明自律引导服务项目、应急救援综合服务项目
社区便民服务	"一刻钟社区服务圈"便民服务拓展项目、家政服务提升推广项目、社区居民出行便民服务项目、社区"一老一少"照护服务项目、社区智能化便利服务项目
社会管理服务	社会组织"枢纽型"管理服务项目、社会组织孵化项目、社会组织服务品牌提升推广项目、与在京国际组织和国家行业组织交流项目、社区管理及村庄社区化管理服务试点项目、国际化社区服务管理试点项目、社会矛盾调解服务项目、社区矫正帮教服务项目、新居民互助服务管理项目、专业社工管理岗位项目、专业社工人才培养评价使用激励试点项目
社会建设决策研究和信息咨询服务	网格化社会管理标准体系研究项目、社会建设指标体系研究项目、社会舆情监测与分析研究项目、虚拟社会信息交流及引导机制研究项目、社会心理服务研究项目、社会动员机制研究项目、社会稳定风险评估研究项目

第四，扎实推进"枢纽型"社会组织党建工作。按照业务工作与党的建设一起抓的要求，以市级"枢纽型"社会组织为重点，在"枢纽型"社会组织建立党建工作委员会、成立社会组织联合党组织、设立或明确相关工作部门，建立健全社会组织党建工作例会制度，形成"枢纽型"社会组织党建"3＋1"工作机制，由"枢纽型"社会组织联合党组织负责，把党的组织和党的工作覆盖到同类别、同性质、同领域的社会组织。2011年以来，继首家"枢纽型"社会组织党建工作委员会暨党总支在市科协成立以来，市残联、市红十字会等"枢纽型"社会组织党建工作委员会相继成立，2012年底前在全市27家"枢纽型"社会组织全部落实党建"3＋1"工作机制。通过推行"枢纽型"

社会组织党建"3+1"模式,建立健全社会组织"枢纽型"党建工作体系,不断扩大社会组织党组织和党的工作覆盖面,创新社会组织党建工作方式,加快实现全市各级各类社会组织党组织和党的工作全覆盖,以党的建设推动社会组织自身建设与健康发展,确保社会组织的正确发展方向。

B.15
网格化社会服务管理的"北京模式"

陈 鹏*

引　　言

网格化社会服务管理模式是北京市加强社会建设和社会管理工作的重要创新，是北京市建设社会主义和谐社会首善之区的重要抓手。"精细化管理、人性化服务、多元化参与、信息化支撑"是网格化社会服务管理模式的精髓。这种管理模式的设计雏形来源于北京市东城区城管部门的"万米单元网格管理法"，随后拓展和延伸到社会服务管理工作之中，并在东城区、朝阳区、顺义区进行了综合试点，在西城、海淀、密云等部分区县进行了特色探索，最后在全市范围推广。几年来，北京市从总体上创新了网格化社会服务管理体制框架，搭建了精细化社会服务管理工作平台，构建了"条块"有机统筹的工作机制，形成了多元参与的社会服务管理工作格局，巩固了社会和谐稳定的大好局面，网格化社会服务管理工作取得了明显成效，积累了宝贵经验。

一　基本背景

党的十八大报告指出，提高社会管理科学化水平，必须加强社会管

---

*　陈鹏，北京师范大学中国社会管理研究院博士后。感谢北京市委社会工作委员会研究室提供资料。

理信息化建设。作为社会管理信息化建设的典型代表，网格化社会服务管理已在全国各地广泛实行。网格化社会服务管理，是在借鉴城市网格管理理念的基础上，充分运用电子地图和现代信息技术，通过在一定行政服务管理区域科学划分网格，把区域内人、地、物、事、组织等社会服务管理内容全部纳入网格，统筹整合各种社会服务管理资源和力量，及时有效发现和解决各类社会服务管理问题，实现社会服务管理信息化、智能化、集约化和精细化的一种创新模式。

所谓网格，就是将一定的行政地域区分出一个个边沿相互连接的网状格，使这些网格成为方便政府服务管理基层社会的工作单元。通过创建"万米单元网格管理法"和"城市部件网格管理法"，北京市东城区于2004年率先推出了"网格化城市管理新模式"。次年，北京市和国家建设部分别发文开始大范围推广。以此为设计雏形，2010年7月，北京市从创新社会服务管理的新高度，进一步丰富了网格化体系的内涵，确定在东城、朝阳、顺义三个区开展综合试点，并于2012年印发了《关于推进网格化社会服务管理体系建设的意见》及实施方案，计划用一年左右的时间，在全市初步构建网格化社会服务管理体系。网格化社会服务管理模式的框架体系主要由六大系统组成：以民生保障为基础的建设服务系统、以现代科技为依托的信息网络系统、以高效顺畅为要求的组织指挥系统、以预警防范为先手的维稳防控系统、以快速反应为特征的应急处置系统、以真实客观为标准的考核评价系统。网格化社会服务管理的组织层级可以概括为"三级平台"，即区社会服务管理综合指挥中心、街道社会服务管理综合指挥分中心、社区社会服务管理综合工作站；"四个层级"，即区、街道、社区、网格。社会管理网格的划分以城市管理网格为借鉴，遵循完整性（四级范围明确）、便利性（有利于管理）、均衡性（每个网格内管理工作量大致均衡）、差异性（特殊情况区别对待）等原则，在重点对一个社区的人员数量、人群类型、人群特点和"地、物、事、组织"等诸多因素综合分析的基础上，进行科学划分。

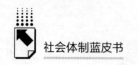
网格化社会服务管理模式的提出适应了新时期基层社会服务管理的规律，体现了五个基本特征：①服务管理过程精细化。使网格区域内的人、地、物、事、组织等组成元素更加细化、各类问题更加具体、公众需求更加凸显、政府责任更加明确。②服务管理方式系统化。通过网格化综合工作平台的建立，将条条块块现有的资源和力量一并整合到网格当中，提升了社会服务管理的效能。③服务管理手段信息化。充分运用现代信息技术构建社会服务管理数字化信息平台，有效解决传统社会服务管理信息不对称问题，实现信息、资源的连通共享，实现社会服务管理闭环运行与量化评价。④服务管理机制规范化。科学封闭的服务管理机制，完善的网格工作流程，确保了对不同事件和问题，能够最快速、最有效地找到解决问题的方法和人员，使"突击式管理""运动式管理"逐步走向常态化、规范化。⑤服务管理参与广泛化。充分吸收各单位、社会组织、企业和公众参与社会服务管理，并通过诚信评价机制发挥其主动性和积极性，有效推动社会服务管理由行政治理走向人性化服务和疏导型管理。

二 实践探索与主要做法

北京市通过开展网格化社会服务管理综合试点，鼓励基层实践创新，推出了一批有特色、有影响的工作模式。一方面丰富了网格化体系的内涵，使各区县得以探索不同的实践路径。另一方面也抓住、抓准了一些共性问题，为在全市范围内整体推进创造了条件。

（一）综合试点

1. 东城区

在保证城市网格正常运行的基础上，在建国门、东直门和东花市三个街道开展社会服务管理网格试点工作。一是在区、街、社区挂牌成立社会服务管理综合指挥机构。二是以社区为基本单元，每个社区划分为

2～5个网格。三是实行网格管理员、网格助理员、网格警员、网格督导员、网格党支部书记、网格司法力量和网格消防员"七种力量"进网格。四是实现"人进户、户进房、房进网格、网格进图",通过动态编码定义网格运行状态,实现动态化管理。五是建立健全社区居民、驻区单位广泛参与的"一委三会一站、多元参与共建"的社区治理结构。

2. 朝阳区

朝阳区在城市网格的基础上搭载新的内容,建立了"全模式"社会服务管理系统。一是全区建立了统一的系统,实现资源整合、业务集成、互联互通。二是在系统中设置了可单独运行的应急管理、城市管理、综治维稳、安全生产、社会服务、社会事业、社会保障、经济动态、法律司法、党建工作等10个模块,共有98个二级目录、583个三级目录和2840个细类,涵盖了人、地、物、事、组织、社情民意等各方面内容。三是实行"一级监督、两级指挥"的管理格局。区级建立独立、垂直的社会服务管理监督中心,1400多人的监督员队伍分布到各社区、村,加强对社会服务管理全过程监督、评价和考核。四是除设立监督员、实行楼门院长责任制外,还设立了"96105"电话呼叫热线、信息网站和视频探头等信息系统,整合了各部门的信息系统。

3. 顺义区

顺义区本着"城乡发展一体化、经济发展多元化、社会管理精细化、党的建设科学化"要求开展网格化建设。一是成立了区城乡网格化管理工作领导小组及其办事机构。二是城区以社区居委会管辖范围为一个基础网格,农村地区以一个行政村为一个基础网格。三是启动城区市政市容网格化平台建设。确定了主体工作内容,建立了网格化地理信息系统,建立了信息员队伍。

（二）区县特色实践

北京市除实行综合试点外,部分区县结合各自实际推出了具有地域

特色的网格化实践模式。

1. 西城区德胜街道

建立了以"全面感知、快速传达、积极响应"为核心的"全响应"工作格局，通过夯实数据中心、传输渠道、指挥中枢三个基础环节，集成民生服务、城市管理、应急处置、绩效考核等六项职能，搭载 N 个服务项目，提升了网格化社会服务管理体系的整体效能。

2. 海淀区学院路街道

积极推行"网格化管理，组团式服务"理念，按照"遵从民意，立足服务，关口前移，共同治理"原则，以网格区域为平台，充分整合各方力量，建立综合运行机制，实现"无缝隙衔接，全覆盖服务管理"。通过制作以红黄蓝三色为主，以"手手相连"为图案的网格化管理统一标识，方便了日常管理。通过建立社会服务管理智能预警体系，对监控摄像头的实时图像进行智能分析，便于及时发现异常情况，提高服务管理的主动性。

3. 密云县不老屯镇

积极构建"立体分类式"网格化服务管理体系，按照"细化管理单元、整合管理力量、创新管理机制、明确管理职责"的要求，建立"统一领导、层级负责、各方联动、任务到格、责任到人、一岗多责"的农村立体分类式网格化社会管理新格局，通过充分了解社情民意，及时化解矛盾纠纷，有效延伸公共服务，实现了网络民情、网聚民力、网惠民生的作用。

三　工作成效与价值意义

北京市通过创新和推行网格化社会服务管理模式，总体上取得了五方面效果。①促进了社会服务管理的精细化。通过建立、完善、运用各种数据库和电子图层，运用物联网、云计算等现代先进科技手段,对各类情况的细节进行详细分析,并将涉及的所有管理和服务的主体、客体逐一落实到网格中,进行实时末梢管理。②促进了部门之间的协同联动。突出"块"的统筹作用,明确各个层级在社会服务管理中的权力和责任;强调"条"的专业功能,做到责任清晰、有人管事、有人做事,提高了解决和处置问题的能力。比如朝阳区将各部门协作的职责及其具体标准都录入计算机数据库,为区、街乡和部门间的资源整合、业务集成搭建信息平台,增进了工作协同。③促进了基础信息的共建共享。有效解决了"情况不明"和"信息孤岛"的问题。比如东城区建立了7大类、32小类、170项信息、2043项指标的基础信息数据库,确保了底数清、情况明。④促进了社会力量的广泛参与。为各类社会主体特别是广大居民融入基层服务管理搭建了平台。西城区在月坛街道试点楼门(院)长信息系统,已发展2314名楼门(院)长信息员,成为支撑网格化运行的骨干力量。⑤促进了社会和谐稳定。将问题解决在基层,把矛盾化解在萌芽状态,夯实了社会和谐稳定的基础。通过推行网格化社会服务管理体系,试点区县受理群众投诉满意率、矛盾纠纷化解率以及信访总量都得到了明显改善。

北京市网格化社会服务管理实践创新的背后集中反映了新形势下基层社会服务管理在理念、原则、运行机制上的变革需求,需要以全面的视角来审视和展望。总体上看,它促进了五个转变。①基层工作方式从粗放向精细转变。网格化社会服务管理做到走街入户全到位、联系方式全公开、反映渠道全畅通、服务管理全覆盖,同时建立专门的信息管理系统,使管理服务的触角延伸到社会的最末端,极大地提升了管理的有效性和服务的针对性。②基层工作重点从管理向服务转变。实行网格化社会服务管理,要求党员干部下移工作重心,寓管理于服务之中,以到位的服务推动管理的加强。使基层工作逐步形成了民有所想、我有所谋,民有所呼、我有所应,民有所求、我有所为的工作格局，党的全心全意为人民服务的宗旨在基层工作中得到了更充分的体现。③工作资源从条条为主向条块结合转变。长期以来，基层执政的工作资源处于条块分割、条强块弱的状况，条上的资源没有很好在块上集聚和整合。实行网格化体系，通过管理服务团队将各方面资源整合，使基层的问题从依靠基层力量、基层资源解决，变成了依靠各级力量、各级资源统筹解决，有效调动了社会参与，激发了社会活力。④工作决策从注重经验向民主科学转变。实行网格化社会服务管理，经常面对面听取意见，并引进信息管理技术，使工作决策建立在广泛的民意民智基础上，促进了决策的民主化、科学化。同时，网格团队和党小组又是贯彻落实决策的基础和骨干力量，通过他们深入细致的工作，更有效地推进了决策的贯彻落实。⑤工作格局从相对封闭向更为开放转变。通过建立信息化工作平台，把问题的受理、责任单位、处理过程和结果都公开，提高了基层工作的透明度。同时，基层党建工作突破了内循环模式，在参与主体上从党员扩大到各类骨干，在实施对象上从组织内部转向基层群众，在成效标尺上从加强组织建设拓展到提高社会服务管理水平上来。

四 存在问题与下一步展望

网格化社会服务管理模式有效推动了北京市社会建设和社会管理工作的开展，并取得了较为显著的实际成效。不过，该模式在试点中也暴露出一些需要进一步健全完善的问题，需要通过不断的理论创新、体制创新、技术创新和实践创新来进一步完善、调整和提高。

从总体上讲，进一步推进网格化社会服务管理体系建设需要坚持五个原则：①全面覆盖，无缝衔接。空间上实现全地域覆盖，时间上实现全天候服务，工作上实现无缝隙衔接，运行中实现动态化管理。

②重心下沉，触角延伸。职能部门把工作力量下沉到网格，把工作触角延伸到网格。③整合力量，协调联动。通过网格实现党委政府部门、社会单位、社区（村庄）组织职能整合、力量整合、信息整合、工作整合，在基本不打破原有工作格局和工作体系、尽可能不增加机构和编制的情况下，使网格成为各部门社会服务管理的综合工作平台。④落实责任，强化监督。把社会服务管理的单位、人员、任务、责任落实到网格，并在网格内实行任务完成核查反馈机制。⑤因地制宜，注重实效。坚持从各单位实际出发，在遵循基本原则的同时，鼓励探索创新。

构建网格化城乡社会服务管理体系，应在不打破原有体制基础上，在区（县）、街道（乡镇）、社区（村庄）三个层面分别建立网格化社会服务管理工作平台。充分利用已有信息系统，整合各类信息资源，建立全面覆盖、动态跟踪、连通共享、功能齐全的社会服务管理综合信息系统。从网格内涵上看，应当充分体现社会服务、社会管理、社会动员、社会文明建设、社会和谐创建等各个方面的服务管理内容。将掌握基础数据、反映群众需求、提供社会服务、管理实有人口、保障城市运行、排查化解矛盾、维护治安秩序、落实矫正帮教、指导安全生产、动员社会参与等社会服务管理项目搭载上去。为此，有五个方面值得进一步关注。

（一）信息采集维护机制有待进一步加强

以网格为单元，搜集掌握人、地、物、事、组织的基础信息，逐步规范信息采集维护机制，统筹建立社会服务管理综合数据库。基本情况的掌握应全面、准确、及时。各部门网格工作人员负责本部门相关基础信息的搜集、核查和填报，社区服务站指定专人负责汇总、整理和综合。基础信息应随时掌握、及时更新，每月末进行全面核查。

（二）问题源头发现机制有待进一步增强

实行网格巡查制度。各职能部门根据各自工作特点对本部门网格工作人员巡查网格的周期、内容、要求做出具体规定，每次巡查结果要通报网格负责人并在综合信息系统备案。在巡查中发现的问题、隐患要及时处置解决。每个网格应明确适当数量的综合巡查员，及时发现并报告各类问题、隐患。要广泛应用热线电话、短信平台、手持终端、互联网站、视频探头等多种手段，拓展发现问题的渠道。

（三）任务协调处置机制有待进一步完善

每个网格应设立一名网格负责人，网格负责人是本网格社会服务管理工作的指挥者、组织者。通过各种渠道了解的诉求、发现的问题隐患，汇总到网格负责人，再由网格负责人派遣相关网格工作人员，或组织协调相关网格工作人员集体处理解决。网格负责人还应负责本网格事务的对外协调、联络工作。

（四）综合管理执法机制有待进一步健全

对于整体性、综合性的社会服务管理工作，应完善综合管理执法机制。在网格内要充分发挥网格负责人的组织协调作用，发挥网格工作人员的整体合力；在街道（乡镇）和区（县）层面，可在社会服务管理综合指挥（分）中心下设立综合管理执法组，采取常驻与临时集中相结合的方式，通过集中办理、联合执法、综合整治等，处理各种复杂问题，满足各种服务需求。

（五）体系运行监督机制有待进一步优化

按照指挥、落实与监督相结合的原则，进一步建立健全网格化社会服务管理的监督、评价、考核体系。实行技术监督评价，依托信息系统，对网格化社会服务管理体系运行过程中问题的发现、报送、分析、派遣、处置和反馈等情况进行实时监控，根据信息系统自动记录的数据资料，实时生成评价结果；完善社会监督，依托网站、热线电话、新闻媒体，广泛听取社会各方面意见建议。监督考评结果应达到量化、动态、公开、可视的要求。

B.16
广州市构建流动人口服务管理
二维一体新模式

广州市政府研究室

引　言

　　流动人口是中国改革开放和现代化建设的强大推动力量。不断扩大的流动人口，成为支撑城市产业快速发展的重要因素，大量流动人口到城市定居和就业，也加快了中国城市化进程。广州处于改革开放前沿，随着地区经济的高速发展，广州流动人口数量呈快速增长之势。流动人口在为广州快速发展做出了重要贡献的同时，也给社会管理和公共服务带来了较大压力。为此，广州积极探索流动人口服务管理二维一体的新模式，通过建立人口管理体系、就业管理体系、居住管理体系和社区服务体系，管理与服务并重、寓服务于管理，收到了较好的效果。

一　基本背景和主要做法

　　广州是一座具有 2200 多年历史的文化名城，总面积 7434 平方公里，2010 年人口普查时广州常住人口 1270 万，加上流动人口，广州实际人口超过 1600 万。长期以来，由于广州流动人口数量大、分布广、来源复杂，流动人口居住的出租屋成为违法犯罪的高发地区，极大影响社会和谐安全稳定。为此，广州探索了流动人口服务管理二维一体的新模式，主要做法包括以下三个方面。

（一）全员纳管，摸清流动人口的真实底数

根据"十二五"规划、《珠三角发展规划纲要》及城市功能定位，广州市各有关部门及各区（县级市）把流动人口纳入当地经济社会发展总体规划，纳入当地社会服务管理体制范围。从统筹产业结构布局、城乡发展规划、公共资源配套出发，确立中长期人力资源发展、人才储备战略目标，研究制定与区域经济社会持续发展相适应的人口规模、结构、分布等规划，确定合理的流动人口规模总量，控制增长速度，按实有人口建设公共服务项目、配置公共服务资源，使流动人口规模与环境、资源承载力相适应，实现经济社会可持续发展。按照在穗居住流动人口和外国人100%登记管理的要求，以"底数清、情况明、管到位、服务好"为目标，健全市、区（县级市）、街（镇）、居（村）四级工作网络，健全流动人口信息登记采集制度。分别在2004、2008、2010和2012年，在全市范围内开展了大规模流动人口信息专项普查。数据显示，全市登记流动人口总数从2004年的315万人增至2012年7月的666万人。通过普查，分类建立了4937万多人次的流动人口电子档案和纸质档案，建成了社区档案库，强化了社区服务功能，实现信息服务、政策咨询、招工就业、录用备案社区化，基本掌握了全市流动人口底数。

（二）全程跟踪，掌握流动人口的实时动向

广州建立健全了日常巡查制度，按照"人来登记，人走注销，定期更新"的信息登记要求，将流动人口和出租屋巡查工作制度化、常态化，日常巡查掌握的数据全部录入信息系统，及时掌握在穗流动人口动态情况。通过流动人口信息数据库及监测点，建立流动人口监测体系，定期对流动人口数量、结构、就业等情况进行实时统计分析，及时

掌握流动人口变动情况，定期向社会公布就业需求信息，引导流动人口合理流动。

（三）全方位服务，提升流动人口的保障质量

广州把外来务工人员的服务管理作为一项事关改革发展稳定的政治任务，全方位强化服务意识，积极推动其融入广州、扎根社区。2010年始，开展"四实"（实有人口管理、实时登记办证、提供实惠服务、实行到位考核）活动，把对流动人口的服务进一步推至末端。制定实施"积分制入户"政策，使符合条件的农民工可以申请入户广州；积极解决流动人口子女入学问题；建立来穗务工就业农民工子女接受义务教育的经费保障机制；为外来务工人员提供医疗帮扶服务，将外来务工人员以及在广州市就读的外地户籍大中专学生纳入救助范围；开通"网上远程见工"视像系统联网点，与广东梅州、广西百色、湖南、四川等地开展劳务协作；提供免费房屋租赁中介、就业推荐、出租屋"黑名单"公示等惠民服务；推行流动人口就业备案制度，就业备案人数逐年稳步增长，2011年比上年增长近10倍；开展打击非法劳务中介组织、清理非法使用童工、清理建筑行业拖欠工资和补签劳动合同等专项监察行动，初步建立起流动人口维权、劳动保障监察、劳动工资监控3个网络平台，开辟流动人口法律援助"绿色通道"；选拔优秀农民工进入广州公务员系统和事业单位，努力帮助600多万外来务工人员更好地融入城市发展，共建共享幸福广州。同时，为流动人口减负，2004年，广州"使用流动人口调配费"征收标准从10元/人月降至9元/人月，2009年，在原有9元/人月的基础上减半征收，2012年全面停征；2006年，停征房屋租赁登记备案费（80元/宗）；2007年率先在全国停征IC卡暂住证工本费（10元/张）；2011年停征流动人口治安联防费（2.5元/人月）。目前，广州市流动人口管理已实现零收费。

二　取得的成效和主要经验

通过持续不懈的努力，目前广州流动人口的工作和生活状况得到明显改善，流动人口的幸福感和对广州的认同感、归属感明显增强，对经济社会发展的推动作用明显增加，涉及外来流动人口的事故、案件和群体性事件数目逐年下降。

流动人口管理主要经验在于以下几个方面。

（一）观念改变是做好新时期流动人口管理工作的前提

流动人口具有双重效应，既可为流入地增加人气、创造财富、助推发展，又可导致公共资源供应紧张、社会矛盾纠纷增多、城市管理难度加大等问题。广州市及时转变了高度僵化的人口控制思维，充分认清做好流动人口服务管理工作，对推进城乡建设、促进经济发展、繁荣区域文化、构建和谐社会、促进民生改善均具有重要意义，牢固树立"最好的服务就是最好的管理"的理念，坚持以人为本，由管控向服务转变，疏导与整治相结合，刚性制度的落实与柔性关爱的推动相结合，整合现有资源与发掘各方社会资源相结合，重在公共服务的均等化、有效化和常态化上下功夫。通过采取管理与服务并重、寓服务于管理的做法，流动人口服务管理的理念由过去的"是包袱，要限制、要管理"转变为"是财富，要尊重、要服务"。

（二）法规完善是做好新时期流动人口管理工作的基础

流动人口服务管理是城市管理、社会管理的新生事物，相关的法律法规体系不够完善，工作上无章可循情况时有发生。广州结合实际，深入调查研究，在现行法律法规框架内创新推出了一系列操作性强的政策规章制度，为规范化、制度化服务管理奠定了基础。一是出台宏观指导性意见。2010 年，市综治委出台了《关于加强流动人口管理工作的意见》和《关于加强外国人管理服务工作的意见》。二是出台地方政府规章。2005～2008 年，以市政府令的形式出台了《广州流动人口管理规定》，将流动人口纳入地方政府规章，为依法服务管理提供了政策法律依据。三是出台日常管理办法。2005 年，市流动人口出租屋管理办出台了《广州市流动人口和出租屋管理领导小组成员单位工作职责》《广州市流动人口出租屋管理员工作服装管理规范》《广州市流动人口出租屋对区、县级市及成员单位考核办法》等。四是出台部门实施意见。2002 年，市人口计生局出台了《广州市流动人口计划生育管理工作改革方案》；2009 年，市人力资源和社会保障局出台了《关于非广州市城镇户籍从业人口参加基本医疗保险有关问题的通知》；2010 年，市政府办公厅出台了《广州市农民工及非本市十城区居民户口的城镇户籍人口积分制入户办法》，市发展改革委、市教育局、市人社局、市公安局联合出台了《关于进一步做好优秀外来工入户和农民工子女义务教育工作意见》等，为工作开展提供了政策法律依据。

（三）齐抓共管是做好新时期流动人口管理工作的核心

早在 2003 年，广州就确立了"党委领导、政府牵头、各家参与、统一管理"的流动人口服务管理工作机制。一是党委领导。市、区（县级市）由上至下成立了流动人口管理工作领导小组及其办公室，由市长（区长）、党委副书记、政法委书记任小组正、副组长，街（镇）相应成立了服务管理中心；市委常委会议将流动人口的服务管理工作提上重要议事日程，定期研究解决重大问题。二是政府牵头。市、区（县级市）政府一把手亲自挂帅担任组长，政府领导直接分管，由市综治办主任兼任办公室主任；市、区（县级市）政府常务会议多次研究部署流动人口和出租屋服务管理工作，组织开展各项清查整治工作。三是各级各部门参与。广州市流动人口管理工作领导小组包括 31 个成员单位，明确职责，各单位按分工开展服务管理工作；各区（县级市）各部门建立了流动人口隐患问题"发现→告知→查处→反馈"的工作机制，对流动人口服务管理的突出问题或问题突出的地区定期组织开展联合整治。四是统一管理。

（四）保障落实是做好新时期流动人口管理工作的支撑

一是人员保障。2005 年，广州市成立流动人口管理工作领导小组，各区、县级市也成立相应机构，全市将出租屋管理服务中心改为流动人口出租屋管理服务中心，建立 1127 个流动人口和出租屋管理服务站；并根据实际情况，充实扩大管理员队伍。二是经费保障。2001 年，市委、市政府建立了流动人口管理专项经费保障机制，流动人口调配费、治安联防费由管理服务中心征收，实行"收支两条线"管理，作为流动人口服务管理专项经费。这一制度建立，在不增加财政负担的情况下，为工作持续开展提供了经费支撑。三是信息平台保障。2001 年，在全国率先实行 IC 卡暂住证制度，首开信息化管理先河。2005 年，按照"统一开发，统一标准，联合共建，数据共享"的要求，在整合 IC 卡暂住证信息系统和出租屋调查摸底信息系统的基础上，搭建了综合管理信息平台，开发了流动人口信息系统。目前，这套系统已形成覆盖全市、四级连通（市、区县、街镇、村社）、部门共享的信息化管理网络。

近年来，广州通过探索流动人口服务管理新模式，各项工作取得成效，但距离广州率先转型升级、建设幸福广州的目标还有较大差距。一是人口素质参差不齐。广州正处于产业结构调整的关键阶段，流动人口大量聚集、良莠不齐、人员素质结构不尽合理。低学历偏多、从事低端产业较多、无固定职业流动人口和流浪乞讨人员多。二是公共服务供给不足。广州的公共资源是按照户籍人口规模配置的，流动人口大量涌入，造成公共资源配置捉襟见肘，也给城市管理带来很大困难。三是社

会管理难度增加。在穗流动人口中有 15487 名治安管理重点人员，有 22.3 万名无固定职业流动人口。在城乡接合部、"城中村"、农村地区往往出现本地人与外地人严重倒挂现象，受文化差异与城乡隔阂，流动人口真正融入广州比较困难，流动人口对广州缺乏归宿感。

三　几点思考

从广州这些年流动人口服务管理的实践经验看，协调处理好流动人口与城市融合问题是关键。为此，必须把流动人口服务管理问题放到整个城市化进程中来考虑。一要科学规划。产业布局要与人口布局结合起来，科学确定产业与人口的比例关系。要拉开城市空间结构，把城市人口与外来流动人口居住区有机融合，尽可能避免流动人口在一个区域过度聚集，以促进本地人与外来流动人口的社区交流与融合发展，促进社区和谐稳定。二要注重服务。切实解决好流动人口住房、子女教育、维权、社会保障等实际问题，把流动人口当成城市发展的重要财富，切实增强城市的凝聚力和向心力。

B.17
海门社会管理创新的10年实践

毛炜峰*

引　言

改革开放以来，特别是进入新世纪以来，各地统筹协调利益关系，不断探索化解矛盾纠纷的途径和方法，涌现出了各具特色的成功做法。"海门模式"走出了一条符合实际的社会矛盾钝化、解决之路，取得了十分明显的成效，受到了广泛关注和高度肯定。海门，以10年的不懈探索、实践，不断丰富和发展了大调解这一"东方经验"的内涵和外延，生动诠释了当今社会环境下大调解机制的强大威力及其法治化发展的必然趋势。

一　问题缘起

调解，就是在充分尊重当事人意愿的基础上，依法、依理、依情，进行平等交流、协商，推动双方相互谅解、达成共识，体现了中国特色民主法治建设的基本要求。

江苏省海门市的社会矛盾大调解始于2003年，其诞生有着深刻的社会背景和现实原因。

一方面，由于日积月累的大量人民内部矛盾纠纷没有得到及时有效疏导化解，加之群众的法治意识薄弱，民间矛盾纠纷越来越多。以

---

* 毛炜峰，中共海门市委常委、政法委书记，市大调解中心主任。

2002 年为例，整个海门市当年发生纠纷近 7000 起，比 2001 年上升 60% 以上；经济体制的深刻变革、社会结构的深刻变动和利益结构的深刻调整，也带来了各类社会矛盾纠纷，矛盾纠纷已经从传统的婚姻家庭、邻里、赡养等一般民间纠纷，演变为征地拆迁、企业改制、劳动保障、贫富悬殊等多种类型的民生矛盾纠纷，而且由单一的个体、局部矛盾向群体性矛盾汇集，其交叉性、复合性、相关性、对抗性不断增大，处理难度也越来越大。这些高发、多发、难解的矛盾，影响了社会稳定与和谐，影响了干群、党群关系，削弱了党和政府的公信力。

把矛盾纠纷化解在基层，减少矛盾纠纷激化升级，从而为社会、经济发展和人民的安居乐业提供一个和谐稳定的环境，需要政府确立"发展是第一要务，稳定是第一责任""抓经济促发展是政绩，抓稳定保平安也是政绩"的发展观，需要政府切实提升新时期的执政水平。

进入新世纪以来，面对新形势，海门不断完善矛盾纠纷调解工作，构建了社会矛盾纠纷大调解机制。

社会矛盾纠纷大调解是在"社会管理和为民服务"方面的一项重要创新举措，它引入行政调解、司法调解等矛盾纠纷解决机制，着力打造人民调解、行政调解、司法调解相互衔接、融于一体的新格局。这一格局构筑了有效的社会矛盾缓冲带，打通了政府与百姓沟通的渠道，提供了政府为人民群众服务的平台。

二　主要做法

海门大调解机制的确立和发展已历时 10 年，形成和完善了综合性、专业化、源头化的矛盾纠纷预防化解体系，已经进入规范化、常态化运行阶段。

1. 整合资源，整体联动，构建大纵深、广覆盖的工作网络

在工作格局上，大调解建立了党委政府统一领导、政法综治牵头协调、调处中心具体负责、司法部门业务指导、职能部门共同参与、社会各方整体联动的工作体系，全面构筑起矛盾纠纷的"隔离墙"。

在纵向组织结构上，按照"强化县级龙头，完善乡镇主体，夯实村级基础"的思路，着力建立市、镇、村、组、户五级大调解网络。市、乡、村三级调解组织是大调解的实体运作机构。作为全市的龙头，市大调解中心成为市政府直属机构，实体运作，侧重对重大疑难复杂矛盾纠纷的组织协调和直接调处，牵头、策划、部署全市工作，指导和考核乡镇、部门做好矛盾纠纷的排查、调解，实现综合、统筹的功能。乡镇作为调解网络的核心主体，负责受理和解决市级指派或村居不能解决的疑难复杂矛盾纠纷，统筹辖区各类矛盾纠纷的预防、排查、调处。村调处站与村综治办、警务室合署，负责村一般民间纠纷的排查、调解，凸显了调处工作的基础职能。

在横向组织结构上，遵循"综治牵头、中心指导、依托部门、整合力量"的原则，全面启动专业调处机制。目前，在与民生关系密切的医患、劳资、拆迁、环保、消费、交通事故、物价、婚姻、校园、土地管理等领域建立了专业调处工作站。同时向下延伸，在 60 多个部门和单位以及下属单位建立了 169 个相应的调处机构。

各类专业调处站的组建，使一大批利益性很强的区域和行业矛盾得到及时有效调处。专业调处站自建立以来，受理纠纷矛盾近 19000 件，成功调解 97% 以上，挽回经济损失 1.7 亿元。

横向到边、纵向到底、高效整合的大调解网络，真正实现了"哪里有矛盾，哪里就有调解组织；哪里发生纠纷，哪里就有调解工作"，也为实现"小纠纷不出村、大纠纷不出镇、重大矛盾纠纷不出县"目标奠定了基础。

2. 转变职能，有效对接，拓展大调解工作的内涵和外延

立足于"调解优先、以调为主、贯穿全程、案结事了"的执法办案理念，海门市从 2005 年开始，实施"公调对接""检调对接""诉调

对接""律调对接""交调对接""网调对接""评调对接"等多种对接机制的探索和实践,将大调解全面引入多种社会矛盾纠纷的解决机制,增强了大调解工作的专业化、规范化水平,大大扩大了大调解工作范围,深化了大调解的内涵。

公调对接。建立三级对接平台,即市大调解中心与公安局对接,由公安局派员进驻大调解中心;乡镇调处中心与派出所对接,各派出所设立工作站;村居调处站与社区警务室对接,实行一体化运作。2006年以来,全市公安机关通过公调对接成功调处纠纷16000多件,调处成功率达到96%。

检调对接。市检察院设立"检调对接"案件办理中心,采取刑事和解的方式,对轻微刑事案件运用司法手段化解社会矛盾、修复受损社会关系,并对违法调解进行监督。两年来,共受理207起209人的案件,调解167起,成功率达80.7%。

诉调对接。在市人民法院设立诉前调解中心,对案情简单、事实清楚、法律关系明确的民商事案件,在征得当事人同意的前提下进行调解。不能达成协议的,进入司法程序,由速裁庭进行诉讼调解,调解不成的及时判决。诉调对接机制建立以来,全市法院民商事案件的调撤率逐年提升,目前已经达到83.8%。

律调对接。全市7家律师事务所30多名律师,参与市乡两级大调解中心,定期开展法律咨询和调解服务。

交调对接。在交通巡警大队设立交通事故损害赔偿调解中心,公检法司以及保险公司、市大调解中心派员进驻。一站式受理,一条龙调处,及时有效化解交通事故赔偿纠纷。仅2012年上半年就调处3400多件,调解成功3300余起。

网调对接。成立市级虚拟社区矛盾纠纷调解中心,及时收集分析网络舆情,对通过互联网反映出来的矛盾进行调解。2012年上半年,已经受理调处了47件相关纠纷。

行政、司法等多种资源与大调解工作的对接，行政调解、司法调解与人民调解有机衔接，有效拓展了发现矛盾纠纷苗头的时间和空间，有效实现了早发现、早介入、早化解的大调解工作目标，也凝聚起矛盾纠纷处置的专门力量，取得了法律效果与社会效果的完美统一，形成了多方共赢的局面。

3. 创新模式，提升效率，建立完善高效、规范的工作机制

真正化解矛盾需要一整套完整、规范、高效的推进和落实机制，尽量减少矛盾纠纷的发生，更好地强化调处工作的责任和效能。

畅通民意表达机制。推行党务、政务、村务、厂务、院务等的公开，让权力在阳光下运行。在全省首创建立了村监会制度等基层民主自治制度，完善基层民主监督，维护群众利益。全市重大事项，群众参与、专家咨询、行政决策相结合，确保依法、科学、民主，确保群众权益。各级调解组织经常开展民主恳谈会，倾听群众呼声，做好政府与民众间的沟通。海门镇在城市南进建设中，通过听证、恳谈，让群众了解城市发展的规划前景，了解政府优惠的安置政策，大大减少了对拆迁的抵触情绪，全镇 200 多拆迁户未出现一起因拆迁而引起的矛盾激化。

创新源头防范机制。建立领导接访制、听证对话制、稳定风险评估制等多项制度，将源头防范作为社会矛盾纠纷大调解的重中之重来抓，实现矛盾纠纷由末端处置向源头治理转变。凡是直接关系人民群众切身利益且涉及面广、容易引发社会稳定的重大决策事项，都要进行社会稳定风险评估，以防止"政府政策一出台，矛盾纠纷跟着来"的现象。

强化工作责任机制。向社会做出"有案必接、有受必理、有理必果、有果必公"的承诺，确立了以"首办负责、限时办结、服务承诺"为主的优质服务制，并接受群众监督，提升群众满意度。对排查出的矛盾纠纷，市镇两级调处中心落实好"三定一包"（定调处责任领导、定调处责任人、定调处时限、包调处成功）措施。建立了市、乡、村三级大调解绩效指标体系，把矛盾纠纷的调处率和调处成功率、民转刑案

件的下降率、越级上访和群体性事件的管控率、人民群众的满意率等八项指标作为各级干部和调解员的考核重点。全面实施效能督察、专项检查、类案监督，严格落实责任追究制度，实行市、镇、村三级责任倒查。建立激励机制，开展了首席调解员评定，评出了市级首席13人，乡镇级首席29人。

三　十年实践成果

海门大调解作为全市经济发展的"助推器"、社会稳定的"润滑剂"，在经济社会快速发展、人民安居乐业中，发挥着不可替代的重要作用，促进了社会的持续协调发展。

一是矛盾纠纷大幅减少。十年来，海门全市大调解组织共受理各类矛盾纠纷44341件，成功调解42968件；矛盾纠纷调处成功率逐年上升，从2003年的82%上升为2011年的98%以上；全市矛盾纠纷发生数逐年下降，从2002年的7237起，2003年的6986起，一直下降到2011年的3563起。

二是社会治安日益稳定。有效防止民转刑案件423起、越级上访641起、群体性事件236起。国家统计局抽样调查显示，近5年来海门公众安全感和满意度始终保持在97%以上，连续多年走在全国、全省县级市前列，近两年更是超过了99%。

三是干群关系更为改善。实行一窗口受理、一条龙服务的大调解，让以往有纠纷找人难、无人管的现象得到了彻底改变。群众对调解中心及镇、村干部的满意率均超过95%。

海门市大调解中心被省、南通市授予"十佳调处中心"之一、社会管理创新先进单位等荣誉，受到社会各界的高度认可。海门市先后获得首批"全国综治县（市、区）创建活动先进单位"、全省"社会治安安全县市"七连冠、"全国平安畅通县区"等荣誉称号。

四　主要经验和体会

海门大调解模式的成功，很好地解决了公正和效率这一社会管理的首要目标，有很多经验可以借鉴。

1. 依法依理，公平正义，是大调解活动的生存、发展根本

大调解的核心要义就是借助社会大众对公权力的信任，充分发挥公权力的社会主导作用，通过居中调停方式，为社会矛盾的化解提供一种高效、和谐的途径。这种信任是建立在有底线、有原则基础上的。这个底线和原则，就是法治，就是公平正义。因此，多元矛盾的调解解决，必须依赖法治，遵循公共道德，必须依法依理，坚持公平正义。这是大调解工作赖以生存和发展的基础。调解组织必须树立调解就是办案、就是执法的理念，坚决避免花钱买稳定、舍法求和谐的倾向。实际上，每一项经得起历史检验的调解、群众信服的调解，无不依靠的是法律、政策和制度的支持的结果。

2. 资源整合，整体联动，是大调解机制的效能、活力所在

海门大调解之所以取得如此成功、具有如此活力，关键在于一个"大"字。通过整合资源、整体联动，通过"一综多专、专业调处"，将各种调处力量、调处手段、调处机制综合起来，真正把人民调解、司法调解、行政调解融为一体，形成"大一统"的、强大的调解合力。这既是对传统人民调解狭隘范畴的重大突破，也是大调解充分发挥功能、获取实效的根本所在。大调解是个系统化的社会大工程，需要全社会、各部门齐头并进、齐抓共管，需要贯穿社会各种矛盾解决机制的整个过程。在实践中，海门坚持用整合的理念凝聚力量、用统筹的方法提升水平、用综合的手段解决问题。从领导工作、组织部署、网络建设到工作推进、奖惩考核，都充分体现了这一导向，有效实施区域内公共资源、调处力量、调处手段的大整合、大联动，不断形成不同阶段、不同

领域、不同行业矛盾纠纷调处的新合力，持续保持大调解旺盛的生命力，提升了权威度、公信力和工作绩效。

3. 以人为本，源头防范，是大调解体系的基础和关键

社会管理，说到底是对人的管理和服务。大调解，就是政府为社会、为群众提供的一项公共服务。因此，做好大调解工作，必须坚持以人为本，坚持"大调解是管理，更是服务"的理念。海门大调解的低门槛、高效率，低成本、高收益，低强制、高自主的"三低三高"特征，以及免费服务、"有案必接、有受必理、有理必果、有果必公"的原则，凸显了大调解的公益性、便民性和服务性。当事人在大调解机制下，以最小的纠纷解决成本，获得了最大的收益和人格尊严。

最大限度降低矛盾纠纷的社会成本，就要在矛盾产生的源头做好防范，尽量减少矛盾的发生，降低矛盾的激烈程度；即使发生了矛盾也要及早发现、及早处置化解、及时弥补修复。不然，调解工作做得再好，矛盾纠纷产生的土壤不铲除，矛盾纠纷依然层出不穷，社会的稳定、社会管理的有效性就是空话，这也违背了大调解工作的初衷。海门市畅通的民意表达机制、重大国计民生事项决策的科学论证、重大项目执行的风险评估机制以及大调解工作中的定期排查等等，都是从源头减少矛盾、快速解决矛盾的重要措施，为大调解提供了良好的基础和环境，也是海门大调解成功的关键。

五　启示与思考

1. 大调解完善发展的方向是法治化、科学化

大调解是化解新形势社会矛盾纠纷的有效方法。调解先行，可把住第一道关口；司法做后盾，可守住最后一道防线。但是，如果一味强调调解却忽视百姓对法律法规的认识，则有可能使大调解机制蜕变为一个只求利益而淡忘法治、社会正义的空壳。如何在化解矛盾纠纷的过程中，既坚持法律原则，又合情合理？那就要坚持法治化方向，以公平正义为取向，在尊重当事人意愿基础上依法调解，更多地依靠法律、政策和制度的支撑。另外，大调解也迫切需要将这一基层创造的行之有效的做法和经验上升到法律法规的高度，特别是要在调解主体的法律地位认定、调解程序规范、调解结果效力及运用等方面规范化和制度化。

同时，要坚持大调解的科学化发展。既要依靠党政主导，又要推动大调解工作向更广泛的社会自治转型，拓展大调解机制的社会服务功能。既要进一步加强基层调解组织实体化建设，使其真正成为人民调解、行政调解、司法调解相互衔接配合的中枢，又要进一步加强大调解机制的能力建设。要健全对话听证、社会稳定风险评估、矛盾纠纷排查和反馈纠错机制，提高对新时期社会矛盾纠纷发生、发展、演变规律性的认识，创新调解方法，特别是强化对突发性、群体性矛盾纠纷的应急反应和管控处置，使大调解更有效、更快捷。

2. 大调解对政府社会管理创新具有先行示范意义

经济开放性、人口流动性的加速，在政府管理体制面前展示了矛盾纠纷的多样性与复杂性。对于基层政府来说，亟须加快重建相应运转的社会管理系统的全部复杂机能。海门大调解，可以看作政府社会管理转型的一次成功实践。

海门大调解机制的确立，使化解社会矛盾的途径从诉讼为主转而变为调解为主，这一深刻变化，推动了诸多社会管理理念和方法的重大变革，促进了社会管理从刚性向柔性、从一元向多元的转变。

化解矛盾纠纷，是全社会的共同责任，但首先是政府的责任。大调解是新形势下政府加强社会管理的一种"责任实践"。在海门市，这种政府的"守土"意识被不断强化。在大调解平台上，各职能部门、乡镇村主动按照职能分工找准位置，积极配合，有序协作。资源上的不断

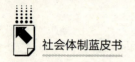
整合、机制上的不断创新，给基层组织和党员、干部的"责任""作为"带来更多、更具体的内容，也为社会管理创新指出了更为明确的方向。

在当今的发展转型期和矛盾凸显期，类似大调解之类的变革、创新还有很多。而海门大调解的实践，为当今众多社会管理活动提供了示范和启迪。

ᗷ.18

和谐，从社区建设开始

——以河北省廊坊市、山东省淄博市为例

赵秋雁　陈　鹏*

引　言

随着社会管理创新的不断推进，社区日益成为各项创新工作的立足点和着眼点。为推进社区工作，河北省廊坊市着眼于出精品、显特色，整合了社区卫生服务中心、律师事务所、社区超市等辖区资源，构成了一个全方位、多角度、高标准的志愿服务平台。山东省淄博市将社区建设作为社会管理创新的重要抓手，将社区建设作为政府的"一把手"工程，从制度创新入手，建立完善了社区组织体系、管理体系和服务体系，有效解决了社区"无人办事、无地方办事、无钱办事和无章理事"问题，使社区整体面貌发生了巨大变化。

一　研究背景

随着中国社区建设的蓬勃开展和日益深入，"社区"逐渐成为社会生活的支撑点和各种利益矛盾的交汇点。"社区"成为社会管理创新的前沿阵地，加强社区建设也成为全面推进社会管理创新的重要基础性工作。

* 赵秋雁，北京师范大学中国社会管理研究院副教授，副院长；陈鹏，北京师范大学中国社会管理研究院博士后。感谢河北廊坊市和山东省淄博市提供材料。

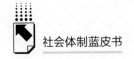

在新的历史条件下，深化社区建设和创新社区管理的一个基本要求，就是大力发展和完善现代社区服务体系。党的十八大报告也强调，要加强基层社会管理单位和服务体系建设，增强城乡社区服务功能。社区服务体系建设成为当前和今后一个时期中国社会管理创新的一个重大课题。本文以河北省廊坊市和山东省淄博市为例，对其社区建设的经验做法进行归纳和探讨，分析存在的问题，思考和谐社区建设的下一步工作方向。

（一）河北省廊坊市

近年来，廊坊市凭着对和谐社区建设的不懈追求，从打造精品特色文化社区起步，以多元服务为抓手，不断探索社会管理理念，创新社会管理模式，完善社会管理机制，逐步实现"服务为本、特色引领、文体带动、共享和谐"的社区建设目标，为实现有中国特色的社会管理创新提供了经验和示范。

1. 夯实社区党组织建设，以主动服务打牢根基

社区管理创新离不开组织管理的创新，而党组织建设是做好社区工作的关键。为了充分发挥社区党支部和共产党员的作用，廊坊市不断加强社区党组织建设，完善落实党建联席会制度，从环境、安全、服务等方面努力打造"党建型、服务型、平安型、帮扶型、学习型、团结型"的"六型社区"。通过依托街道、区级党政机关将辖区内各类法人组织整合起来，探索出社区党支部、小区物业、辖区企业和单位互动共赢的管理模式；通过"五个一"活动"打造一流队伍""争、创、推""学、帮、带"等一系列载体活动，增强社区党建的凝聚力；通过开展"亮牌示岗""设岗履责""党员义工""主题实践日""党员奉献周"等活动，打造党员服务群众的平台；通过佩戴党徽、党员照片、岗位在单元楼门公示等形式亮明党员身份，使党员的先进性看得见、摸得着，进而增强党员意识，激发创先争优的内生动力。

2. 丰富社区文化生活，提升社区文化软实力

满足社区居民文化生活需要，提高居民生活水平，以文化建设实现居民生活方式的转变，是衡量社区发展的重要指标。近年来，廊坊市在不断完善社区硬件设施的基础上，着力打造社区文化软实力，通过开展各色社区文化活动，凝聚人心，营造人文大社区的和谐社会氛围。如，以主题文化提炼社区精神，每年确定一个文化主题，每月按照主题开展活动，从 2007 年开始，"和谐邻里情""残健携手情""博爱共融情"等主题通过一次次精彩的活动深入人心；以节日文化营造和谐氛围，如元旦的"馨声戏韵合家欢"戏曲联欢会等；以亲情文化增进家园感情，如开展"爱撒缤纷六月，情暖和谐社区"居民联谊会等；以庆典文化展现赤子情怀，如开展"你我同享"红色经典收藏展活动等；以特色助残文化培育互助互爱精神，如在"全国助残日"举办"同一片蓝天共同的家园"主题活动，促进社区形成良好的助残风尚。

3. 创新载体激发活力，让志愿服务传递爱心

廊坊市把志愿服务作为群众性精神文明建设的抓手和满足社区居民物质文化需求的手段，不断拓宽志愿服务领域，增加志愿服务渠道，广泛动员社会资源参与志愿服务。一方面，以规范管理为重点，建立完善的社区志愿者服务制度，包括招募制度、注册制度、考核培训制度和激励机制，有效保障志愿人员的稳定性和工作的连续性；同时，实施岗位培训，结合社区建设需要，推出志愿者设岗定责活动，明确岗位职责。另一方面，以示范推广为手段，全面推进社区志愿服务工作。

4. 打造社区服务品牌，推出亮点树立旗帜

近年来，廊坊市着力打造各种社区服务品牌，让这些品牌为居民提供全方位的服务。比如，馨境界社区在全省率先打造"温馨3＋6＋1 社区服务"品牌（目前已申请国家商标总局服务品牌注册）。"温馨 3＋6＋1"理念是：用我精细服务，开启您幸福每一天；"3"是社区、志

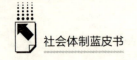

愿者、居民三位一体；"6"是爱心成员；"1"是一个多元化服务平台，也是一张笑脸。它整合了社区卫生服务中心、律师事务所、社区超市等辖区资源，是一个全方位、多角度、高标准的志愿服务平台。同时，将"温馨3+6+1社区服务"品牌进一步延伸，开展了"3+1幸福笑脸行"活动，让社区每个角落都能沐浴到爱心阳光。

（二）山东省淄博市

近年来，淄博市将和谐社区建设作为政府"一把手"工程，以社区党组织建设为核心，社区建设重点项目为抓手，建立完善社区组织体系、管理体系和服务体系为重点，大胆创新、勇于探索，社区建设各项工作顺利推进，取得了较为显著的成绩。

1. 编制社区建设规划，夯实制度保障体系

为加强城乡社区建设，先后制定了《淄博市社区建设三年规划（2004～2006年）、（2007～2009年）、（2010～2012年）》《关于建设和谐社区的实施意见》等一系列政策文件，形成了比较完备的社区制度体系。通过组织实施三个《淄博市社区建设三年规划》，重点解决了社区"无人办事、无地方办事、无钱办事和无章理事"的问题，使社区整体面貌发生了巨大变化。同时，按照统筹城乡共同发展的要求，将社区建设纳入全市"十二五"国民经济和社会发展规划。

2. 拓展社区服务内容，强化社区公共服务

按照便民、利民、惠民原则，整合社会救助、劳动保障、计划生育、社区治安、社区卫生、城市建设、环境保护、文教体育、证照代理、税费代收等各种服务职能，努力打造"15分钟社区服务圈"。通过开展"就业援助月"活动，走访就业困难和零就业家庭，组织各类专场招聘会，帮助就业困难人员实现就业；开发各类公益性岗位；通过开展"情暖万家、朝阳助学、夕阳扶老、康复助医、爱心助残"救助服务活动，让困难人群感受到党和政府的温暖；通过大力完善城乡低保和各项社会救助制度，实现困难群众的"应保尽保"，为全市城市低保对象发放低保金；通过大力实施"共享阳光万人培训工程"，免费对有就业创业愿望和能力的残疾人进行就业技能培训，创出了一条"培训、就业、扶贫、托养"的残疾人就业新路子。

3. 打造社区文化品牌，促进社区文化繁荣

连续举办八届"社区邻居节"，使其成为居民沟通、融洽关系的重要载体，成为社区文化建设的新平台。同时，淄博市注重加强家长学校建设和未成年人教育工作，不断整合社区教育资源，开展文化辅导和技能培训，提升社区教育的水平和质量。此外，加强社区文化阵地和文体骨干队伍建设，大大增强和促进社区文化建设力量的发展。

4. 构建志愿者组织网络，推动志愿服务常态化

淄博市在全省成立了第一家市级社区志愿者组织，即"淄博市社区志愿者联合会"。目前，该组织已招募社区志愿者9万多人，注册社区民间组织400多家，积极开展专业性强、有针对性的社区志愿服务活动。一方面，抓活动，创品牌，通过开展夕阳助老与社区空巢老人"结对帮扶"活动，通过开展助餐、助浴、助洁、助购、助医、助修、助学、助行、助乐和助急等"十助"活动，改善空巢老人的生活质量；通过开展以"文化进社区、卫生进社区、服务进社区和为贫困老人送温暖"为主要内容的"三进一送"志愿服务活动和"为您培训"活动，培训社区人员200多人次。另一方面，抓机制，重激励，积极倡导为每一位社区志愿者特别是离退休老年社区志愿者开办"爱心储蓄、时间银行"，对他们做出的爱心奉献进行认真计算和登记，而当他们需要帮助时，也能得到其他社区志愿者的服务和回报；同时，各级社区志愿者组织每年评定1~4星级社区志愿者，颁发星级社区志愿者证书。

二 存在的问题与下一步工作方向

尽管两市在和谐社区建设方面取得了许多成绩，累积了一些经验，但也存在一些亟须解决的深层次问题。

（一）社区财力投入不足的问题仍较为突出

中国流动人口管理需要大量财力。但是由于历史欠账太多，社区建设一直深受"小财政支撑大民生"的困扰，财力投入不足成为制约社区建设深入发展和社区管理创新的重要因素。具体来看，主要有四个方面：其一，社区办公经费很难满足社区开展工作的需要；其二，社区活动经费未列入财政预算项目，致使社区活动开展后劲不足；其三，社区人员经费标准不高；其四，社区基础设施建设投入不足。

（二）社区工作力量还需进一步加强

社区工作目前普遍人才短缺，主要表现在两个方面：其一，社区工作者数量不足。按照山东省的规定，每300户居民应配备1名社区工作者。淄博市城市社区居民共58.3万户，需要配备社区工作者1946人，但实际配备社区工作者仅为877人，缺额1069人。其二，社区志愿者数量不足。按照全国文明城市标准，志愿者人数要达到居民总数的10%。目前，淄博市城市居民278万人，社区志愿者应达到27.8万人，而实际只有9万多人，缺口甚大。此外，社区工作者素质偏低、结构不合理的现象仍普遍存在。

（三）社区服务水平与居民需要之间还有较大差距

其一，社区便民利民服务设施设置不合理，服务项目不全，不能全面满足居民的生产、生活需求；其二，服务资源整合不够，社区服务业缺少系统、规范的管理；其三，服务意识不强，服务手段单一，主动服务、热情服务的意识在社区服务单位和社区工作人员中还没有形成；其四，当前居民群众关心的金融保险、劳动就业、医疗卫生、社会教育等服务项目不够普及，居民群众就近就地得到帮助还比较困难。

（四）推动社区共建的合力有待增强

目前，推动社区共建的合力仍有待增强。一些地方政府管了很多不该管、管不好、管不了的事务，限制了社会组织参与社会管理的空间；不少社会组织职能界定不清，经费来源单一，自治能力差，吸纳社会成员的能力明显不足；许多驻区单位人才济济，各种教育、体育等资源充足，但对社区建设不关心、不支持、不配合的问题还较为普遍，导致这些优势未能在社区建设工作中得到充分发挥；各类社会资本、企事业组织参与社区服务也缺乏国家的有效政策支持与鼓励；志愿服务缺乏制度保障，影响了社区志愿服务的有效提供。

三　思考与启示

1. 社区建设是推进基层社会管理创新的突破口和总抓手

当前，中国社会管理创新的重点难点在基层，活力源泉也在基层。社区是基层社会的基本单元，是保障和改善民生的重要依托，是加强社会管理和公共服务的重要平台，是巩固党在基层执政地位的重要基石。可以说，社区在社会管理实践中占有不可或缺的重要地位。从基本理念上看，社区建设首先是"建设社区"。要建设，就要有投入。尽管各级政府每年都向社区划拨一些经费，但相比城乡社区建设的实际需要，缺口依然很大。仅仅依靠政府财政显然是不够的，亟待建立和完善社区建设资金的多元分担机制。从战略布局上看，要坚持"两手抓、两手

硬"，一手抓城市社区建设和管理，一手抓农村社区建设和管理，统筹推进城乡社区建设。

2. 建设现代社区服务体系是加强和创新社会管理的基础性工程

随着工业化、信息化、城镇化、市场化、国际化的进程逐步加快，中国城乡基层社会正在发生深刻变化，对社区服务体系建设提出了新的要求。适应城镇化和老龄化加快发展，有效满足社区居民个性化、多元化的服务需求，需要加快社区服务体系建设；适应社会转型、企业转制和政府职能转变，有效承接大量社会管理和公共服务职能，需要加快社区服务体系建设；适应改革不断深化和经济快速发展，有效回应居民的利益诉求，化解基层社会矛盾，需要加快社区服务体系建设。可以说，加强社区服务体系建设是保障和改善民生、提高居民生活水平和生活质量的民心工程，是拉动内需、扩大就业、促进经济发展方式转变的配套工程，是加强和创新社会管理、维护社会和谐稳定的基础工程。

B.19
顾村镇星星村试行村宅社区化管理模式

何海兵*

引　言

近年来，随着城市化进程的加快推进，城乡接合部地区的人口密度呈现越来越集中的态势，尤其是大量外来人口的涌入，超出了城乡接合部的实际承载能力，加重了城乡接合部的治理难度。在一些城乡接合部地区，外来人口总量远远超过本地户籍人口的总量，一些村庄房屋大量出租，带来了大量低收入群体聚集，环境脏、乱、差，治安情况复杂，同时居民公共服务的需求不断上升。在这种情况下，仅靠传统的行政管理模式已经很难适应，进一步加强社会管理创新工作，不断完善基层社区管理和服务体系，需要探索一条新的社区管理模式。

一　问题缘起和主要做法

顾村镇位于上海宝山区中西部、外郊环线结合部，镇域面积41.66平方公里。随着近年来城市化的快速推进，加上便利交通条件，顾村镇吸引了大量来沪人员进入。目前，顾村镇总人口约30万人，其中沪籍人口约7.6万，办证来沪人口约13.5万，人户分离人员9万，

* 何海兵，上海行政学院社会学教研部。感谢上海市宝山区行政学院提供的支持。

是典型的人口倒挂地区。顾村镇星星村地处三镇交接处而且周边有三个工业园区，来沪人员近年来大量进入，给社会服务和社会管理工作带来了很大压力，主要表现为三个方面：一是来沪人员无序流动，人员基础信息登记比较难。一些犯罪嫌疑人窝藏在村宅内，从事扒窃拎包、盗窃等违法犯罪活动。二是治安管理的压力比较大，刑事和治安案件较多。自 2008 年以来，星星村共接处"110"报警 2393 起，其中偷盗、"黄赌毒"、侵犯人身权利等报警类案件 1233 起，且呈逐年上升趋势，群众安全感受到严重影响。三是村容村貌环境受到影响，脏、乱、差点比较多，管理难度比较大。村宅内秩序较乱，村民违章搭建现象普遍，据不完全统计，该村违章搭建 1900 余间，占全部出租房的近半。大量违章搭建和违规出租衍生出诸多小菜场、小商店、小发廊、小浴室等 41 家，黑诊所、黑网吧、黑游戏机房等非法场所 15 家。不仅给居住人员生命财产安全带来隐忧，交通、消防等各类公共安全隐患也十分突出。

为更好地管理社区，顾村镇在星星村对来沪人员最集中居住的四个宅进行了村宅社区化管理试点，将其命名为沈行社区。该社区近两年刑事、治安案件平均上百起，环境脏乱差，无证经营现象严重，群众反响强烈。试点的主要做法如下。

（一）在封闭性上，注重信息化建设和智能化功能

为便于加强管理、保障社区安全，顾村镇在沈行社区主要的 4 条道路口设置了 4 个治安岗亭，每个岗亭配备值班安保人员，加强对流动人员和进出车辆的有序管理。开发配置 ETC 出入门禁系统，并为社区内居民和来沪人员统一配备电子身份卡，让持卡人"无障碍"通行，对非持卡人则加强盘查，做到出入登记。对于没有身份证出入社区的人员和车辆，由值岗人员进行登记。

（二）在管理上，注重自治，促进社区成员的自我管理和自我约束

首先，全面发挥自治管理作用，成立了沈行社区管理工作委员会。以实现沈行社区居民自我管理为目标，组织召开了第一届沈行社区居民代表大会。拟订了社区工作委员会章程及社区管理自治公约，在第一次社区管委会第一次全体会议上通过。通过赋予本地村民与来沪人员共同参与社区日常管理和重大事项决策等职能，促进了社区成员对社区的自我管理、自我发展。其次，加强指导工作。在村委会的引导和指导下，社区工作委员会工作正常化、制度化。充分发挥工委会成员在社区管理中的监督作用和自治作用。针对社区中存在的主要问题，一是加强社区场所管理，实行经营场所登记备案制度，制定相关管理办法，对社区内经营场所统一梳理、规范经营，确保社区居民生活便利。二是加强出入车辆管理，规范社区内车辆停放。三是加强房屋租赁管理，进一步加强宣传，动员居民将待租房屋信息报至社区管理服务中心进行统一登记，规范社区房屋租赁行动。上述的各项管理制度和方法，都由社区工作委员会专题讨论、决定，在村委会指导下，做到既符合政策、法律法规规定，也适应当地情况，符合民意。

（三）在服务上，注重实用性、便利性和联动性

顾村镇专门建设了沈行社区管理服务中心，以此为平台，集合基层党建、物业、治安、人口信息登记录入、矛盾调解、就业指导、医疗卫生、来沪人员工会和社会组织管理等各项社区管理功能，加强对社区成员的综合服务和联动管理，推进社区服务和管理一体化。在社区平台上，建立了"五个一"服务体系，即一个综合治理平台、一个社区警务站、一个医疗计生卫生室、一个室外电影院、一个政策咨询服务平台，有针对性地设置相关服务功能，把政府的部分职能延伸到最基层，受到来沪人员的欢迎。

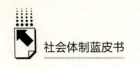

二 取得的成绩和效果

通过试点运行，顾村镇星星村沈行社区管理效果比较明显。

第一个效果：治安秩序好。表现在两个方面，一是试点以来，沈行社区没有一起刑事案件和治安案件发生，这在该地区的历史上从未有过；二是来沪人员数量减少，主要是高危人群和无证无照经营人群退出了社区，比原来登记数减少了 500 人左右。

第二个效果：群众得实惠。主要有三个方面，一是群众安全感满意度明显提高，老百姓都说现在太平多了；二是所在社区房租明显上涨，由原来平均每间每月 200 元左右上涨到 300 元左右；三是社区卫生环境有了明显改善。

第三个效果：来沪人员满意了。表现在三个方面，一是自己得到尊重，来沪人员与本地户籍人员一样，可以平等参与社区管理；二是安全感得到提升，能够与本地人打成一片，和谐融入；三是对环境满意了，以往在其他来沪人员集聚区，环境普遍不好，在这里，通过社区居民自主管理，来沪人员普遍感觉到这里环境比其他地方好多了。

第四个效果：基层党组织威信提高了。通过试点，基层党组织办实事，求实效，让群众得实惠，在群众中的威信明显提高。村民说，村委是真心为群众好，为社区好，我们理应真心支持。

三 主要经验和存在问题

（一）主要经验

顾村镇星星村在试点社区化管理的过程中坚持"四个一"。一是一个核心，即以基层党的建设带动社区建设，把执政基础的巩固与行政管理效能提高有机结合起来，把依法行政与村民自治管理有机结合起来。二是一个平台，即综合管理平台，把制度建设与智能化科技建设结合起来，在制度上建立村民公约、村民章程、房屋租赁制度、场所管理制度、电子身份证申领制度；在智能化科技建设上，建立门禁系统，通过图像信息传送，及时掌握有关信息。三是一个机制，即建立一整套自治管理机制，社区内的事务由社区居民自我管理、自我约束、自我发展，充分尊重居民的自治权。四是一套服务措施，即政府管理服务措施，政府把社区医疗、文化、就业、救助、政策咨询、调解等一门式服务，送到群众的家门口。

顾村镇星星村在试点社区化管理的过程中，还坚持"三个理"，即法理、道理、情理上的有机统一。讲法理，就是社区化管理的所有工作，都以法律法规为依据，坚持依法行政、依法管理。讲道理，就是让群众感受到社区化管理工作确实合乎群众切身利益，从而获得群众的拥护和认同。讲情理，就是怀着对人民群众的深厚感情做事，为群众解决最盼、最怨、最愁、最忧的事情，一件一件落实。

（二）存在问题

1. 管理成本较高，需要政府的财力支撑

小区的封闭式管理、"一站式"管理服务中心的运作，均需要大量建设资金。试点工作中所需资金可以依靠政府加大投入予以解决，但要全面推广并保持长期良好的运作，会对政府管理部门，特别是一些经济效益一般的行政村带来一定的压力。

2. 在出入口相对较多的来沪人员聚居地推进难度加大

围院封闭式管理确实能够起到很大作用，但星星村沈行社区有其一定的特殊性，周边环河、出入口较少给封闭式管理带来了天然优势。但对一些出入口多、开放式的行政村，如要通过增建围墙、减少出入口、设置虚拟门岗等方法硬性实行封闭式管理，难度很大。

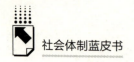
3. 对外来人口还需要进一步加强服务

社区自治管理这种全新模式，给了来沪人员一种认同感。但是，使来沪人员更好地融入社会还要辅以配套的一揽子工程，需要各政府管理部门的协作和全社会的支持。一是进一步发挥来沪人员中党员、治安积极分子和具有较高文化水平人员的作用，主动吸纳其中的优秀代表加入群防群治队伍、兼职法制宣传员队伍和调解队伍，借助其相同的乡土和文化背景，充分发挥法治和安全防范宣传的作用。二是坚持"服务优先"原则。从利益引导机制入手，通过"居住证"与利益挂钩，在就业、入学、入托、医疗等各个社会生活的基础环节提供优惠措施，保障来沪人员的合法权益，鼓励来沪人员主动登记、办证并遵纪守法。

B.20
农村社会管理新路径

——肃宁"四个覆盖"的探索和启示

王可一*

引　言

农村社会管理是我国现代化进程中一个值得关注的课题，探寻与当前农村社会特点相适应的社会管理创新路径是实现农村和谐稳定与农村转型的题中应有之义。当前，基层党组织功能弱化、村民自治乏力、农业与市场脱节、农村社会矛盾日趋复杂是我国农村社会管理面临的突出问题。河北省肃宁县推行农村社会管理基层党组织、基层民主组织、经合组织、维稳组织的"四个覆盖"模式，打造了一个完整的覆盖农村和广大农民的农村社会管理系统网络。在这个网络中，各个组织相互联系、相互支撑，充分调动各方积极性，共同管理农村各项事务，为农民实现民主权利、化解社会矛盾、实现共同富裕探索出一条新路径。

一　"四个覆盖"的缘起

河北省肃宁县是冀中平原上的一个传统农业县，全县 35 万人口，29 万在农村。在工业化、城镇化、市场化深入发展的现阶段，农村社会管理却处于相对松散的状态，深层次矛盾和问题不断显现。

---

* 王可一，国家行政学院社会和文化教研部讲师。

（一）基层党组织作用弱化，理念陈旧，缺乏作为

当前，农村基层党组织的组织设置和工作方式已严重滞后，由于找不到发挥作用的平台和载体，其地位和职能在不断弱化。单纯以行政村为单位的基层组织设置早已不适应经济社会结构的复杂变化和党员流动的需求，很多行业、领域和地带存在党建空白点，农民群众自发成立的各类民间组织游离于党的工作视野之外。农村一批有本事、有威信、会管理的能人也不在党员队伍中，难以发挥带头作用。在工作方式上，有些村级党组织观念陈旧，依然沿用包揽代办的老路，结果是好心办坏事，致使党群关系冷漠。农村基层党组织存在的这些问题，在一定程度上影响了党组织作用的发挥。

（二）村民自治制度缺位，基层民主难以实现

近年来，肃宁县大力推进农村民主政治建设，以村民自治为重点，农民群众当家作主的意识明显增强。但事实上，由于村民自治组织建设及运行机制还没有健全和完善，村民的民主决策、管理和监督并未真正实现，村民的民主权利得不到有效保障，村民自治异化成了村官自治。一些村干部依然采用过时的领导方式，搞"家长制""一言堂"，个别村干部在处理征地补偿等焦点问题上不公开、不透明，少数人说了算，无法将自治贯彻到底。另外，村民自治目前还只停留在选举村干部上，选举结束后权力往往就终止了，村民在处理村内重大事务上的知情权、决策权和监督权无法得到保障，出现了群众想参与没机会、想决策没权力、想表达没渠道、想监督没办法等问题，严重影响农民群众政治参与的积极性。

（三）农民致富失去引导，市场对接难度加大

随着市场经济的快速发展，农村一家一户分散独立的经营模式暴露出了成本高、收益低等问题。首先，农民群众既不了解市场信息，更不

懂得技术和管理，单打独斗的农民很难在激烈的市场竞争中站稳脚跟。其次，农民的独立创业能力较差，没有强制行政命令之后，农民也失去了组织引导。最后，农民群众不能很好地适应现代农业发展趋势。农民、农业和市场之间无法实现有效对接。

（四）农村矛盾日趋复杂，社会稳定面临考验

随着农民权益意识的增强和各种利益诉求的增加，农村矛盾纠纷日趋复杂多样且难以化解。一方面，在贫富差距逐步拉大和农村集体经济消亡的现状之下，农民纠纷日益增多。另一方面，农民处理各类矛盾问题游离于组织之外。因此，农村的治安稳定问题已经成为群众最为关注的"老大难"问题。此外，肃宁地处沧州、保定、衡水三地交界处，区位特殊，陆路交通四通八达，出入便捷，且肃宁作为"中国裘皮之都"，买全国、卖全国，流动人员多，农村盗、抢案件多发，治安形势异常复杂严峻。面对繁重的治安稳定任务，有限的警力力不从心。

为了从根本上解决农村社会管理问题，肃宁结合本地实际，从农民"求安、求富、求乐、求做主"的迫切要求出发，探索推行了农村社会管理"四个覆盖"做法，在不断丰富总结并取得一些经验的基础上，以 2010 年 5 月 18 日全县农村社会管理推进会为标志，"四个覆盖"正式在全县全面推广。

二 "四个覆盖"的主要做法

（一）基层民主组织全覆盖，搭建村民自治平台

1. 探索建立负责决策村级重大事务的"村民代表会议"和监督村务执行的"村民监督委员会"

各村每 5～15 户推选出一名村民代表，村民代表和村委会成员组成

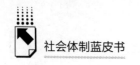

村民代表会议，选举产生村代会主席，同时由村民代表从村民中选举产生村民监督委员会成员，组成村民监督委员会。

2. 建立村党支部书记担任村代会主席的竞选制度

村级组织换届一般按照先选举村民代表和村代会主席，再进行村党支部选举，然后进行村委会选举，最后进行村民监督委员会选举的顺序展开。村民代表选举产生后，组织召开村民代表第一次会议，选举产生村代会主席。现任村党支部书记要积极竞任村代会主席，未能当选的，一般不推荐为新一届村党支部书记候选人；新当选村代会主席是党员并符合条件的，依照相关程序提名为新一届村党组织书记候选人。

3. 落实"三议一行一监督"制度

"三议"指村党组织提议、村"两委"商议和村代会决议；"一行"指村委会负责执行村代会决议的事项；"一监督"指村监会监督。这项制度的具体实施，形成了村级治理的新架构，即党组织领导—村代会决策—村委会执行—村监会监督。

（二）基层经济合作组织全覆盖，建立多元农村经济合作服务体系

1. 培育发展各类经合组织

以"民办、民管、民受益"的原则为基础，按照农民的合作要求，因地制宜，重点培育五类经合组织：①"加工型"，由龙头企业牵头成立，重点对农产品进行深加工，促进农业结构调整，带动农民致富；②"服务型"，由乡镇党委牵头，为农民提供综合服务；③"销售型"，由龙头企业、种养大户、运销能手、经纪人牵头成立，采用订单式购销方式，保障产品购销渠道畅通，解决会员后顾之忧；④"劳务型"，由没有从事特色产业的农户自由组合，成立剩余劳动力服务队，为菜农、果农和养殖专业户提供集中采摘、运输等多项服务，补充专业户的劳力需求；⑤"科技型"，围绕特色产业提供科技服务，提升产业科技水平。

2. 建立健全相关服务组织

建立各类协会、专业化服务组织和农村产业化组织，充分发挥其为农民服务的作用，逐步实现产前、产中、产后一条龙服务，把和农产品相关的各个环节的利益捆绑在一起，形成有机产业化链条，与市场有效对接，逐步取得市场的主动权和话语权。

（三）基层维稳组织全覆盖，构建农村维稳新格局

1. 遵循"让农民自己帮自己、自己管自己"的理念，实行"3 + 1"维稳模式

"3"指在村一级建综治工作站、综治小区、综治小组三层组织网络。综治工作站设"一干两员"，包括综治专干、治安隐患信息员和矛盾纠纷调解员，专门负责农村社会安全和稳定工作；在现居住片区或过去生产队的基础上，建立综治小区。"1"指在各村设立专职治安巡防队，巡防队与每家每户轮流值守相结合，在全村范围内开展治安巡逻防范。

2. 建立"奖两头、补中间"的激励机制

为充分调动组织内工作人员的积极性，建立了"奖两头、补中间"的激励机制，县财政每年安排专项奖金，对综治区长给予工作补贴；对"一干两员"和"民调员""保安员""治安巡防队员"实行年度集中考评，对其中实绩突出的予以表彰并于年终给予物质奖励。

（四）基层党组织全覆盖，形成联结各方的组织网络

1. 构建基层党组织网络

创新党组织设置方式，依照"群众走到哪里，党的工作就开展到哪里，党组织就建到哪里"的原则，在基层民主组织、各类经合组织和综治维稳组织中建立党支部和党小组，把党组织拓展延伸到农村各个领域、行业，将党建工作有机融入具体工作中去，把党的政治优势和组织优势转化为管理优势和服务优势，围绕产业发展，与群众一起

研究致富方法、做强产业，搞好社会化服务，形成了覆盖各方的基层党组织网络。

2. 重点培养乡村"能人"

提出了党员发展"关口前移"措施，通过实施"关口前移"，大批有能力、有威望、懂经营的乡村能人成为发展党员和村干部的重点培养对象，这些乡村能人被充分调动起来。同时，使发展党员有了可靠的群众基础，切实解决了朋党化、家族化问题。

3. 把党员纳入各类组织体系，发挥先锋模范作用

随着民主组织、经合组织、维稳组织的建立，党员都在其中担任带头人，找到了发挥他们作用的平台，其中，村官之下的"无职党员"和"党小组组长"更是成为党组织在各类组织体系中的助手。许多党员通过带领村民搞养殖、跑销售，不仅促进村民增收致富，也赢得了群众的尊重和认同。

三 "四个覆盖"的实施成效

（一）基层民主组织全覆盖，让农民真正成为"当家人"

1. 密切了党群干群关系

广大党员干部在工作中主动问政于民、问策于民、问计于民，实现了党组织意图和群众意愿的统一，得到了群众的认可和支持，实现了从"为民做主"到"由民做主"的转变。2010年以来，全县涉及干群矛盾的农村信访案件大幅度减少，因廉政问题受处分的村干部同比下降70%。

2. 维护了农民的合法权益

村里的重大事务交由农民群众自己议、自己定，农民群众通过自我管理、自我服务，意志得到了充分反映，建设新农村的主动性、积极性明显增强。

3. 提升了基层党组织的执行力

通过实施"三议一行一监督"运行机制,有效防止村支书"一言堂"等不良现象的发生,减少了决策失误及农村干部腐败现象的发生,基层党组织执行力明显增强。

4. 加快了城乡一体化进程

全覆盖的工作机制使村务运作从封闭操作转向公开运行,保证了新型农村合作医疗等党的惠农政策不折不扣落到实处,农民群众正在向社会主义新农村迈进。

(二)经济合作组织全覆盖,为农民架起"致富桥"

1. 实现了土地由分散经营到适度规模经营的新跨越

通过发展农民合作经济组织,将农民一家一户零散的地块合零为整,成方连片,实行集约化生产,既规范了土地流转方式,又加快了土地的流转进程,为实现农业的现代化打下基础。目前,全县有146家合作社通过土地流转承包共流转土地2.9万亩。

2. 实现了经合组织发展由以行政村为主到以行业为主的新跨越

合作经济组织以特色优势产业为依托跨村、跨乡、跨县发展,减少了行政干预,促进了规模化、标准化、品牌化、市场化的发展,提高了农产品市场竞争力,促进了特色养殖、蔬菜等优势产业的发展壮大,加快了农业产业化发展步伐。

3. 实现了农民由温饱向共同富裕的新跨越

通过引导农民合作经济组织实行"统一原料供应、统一生产管理、统一技术服务、统一产品包装、统一产品销售",节本增效,促进了农民增收。经合组织的效益和服务,极大地提高了农民入社的积极性,经合组织的数量、规模和带动能力强势提升。2011年,全县农民人均纯收入达6585元,同比增长15%;入社社员人均纯收入达8050元,比不入社农民增收1465元,高出22%。

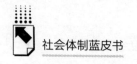

（三）综治维稳组织全覆盖，为农民编织"保护网"

1. 农村社会稳定得到有效维护

通过实施"3＋1"工作机制，真正构建起横向到边、纵向到底的村级平安网络，融预防打击犯罪、排查治安隐患、调解矛盾纠纷等工作于一体，形成群防群治的工作局面。

2. 矛盾纠纷排查调处工作得到加强

综治工作站充分发挥维稳人员贴近基层、面向群众、熟悉情况的优势，对邻里纠纷、婆媳矛盾了如指掌，处理上既便利又快捷，避免和减少了矛盾纠纷的激化，将大量矛盾纠纷解决在萌芽状态。形成了群众广泛参与、村民自主管理、信息及时掌握、排调及时到位的工作格局。

3. 重点人员服务管理难题得到解决

重点人员一般包括刑满释放人员、精神病人等，对他们的服务管理一向是薄弱环节。通过"3＋1"工作机制，收到了立竿见影的效果，据统计，目前全县共有189名刑释解教人员加入经合组织，既解决了这些重点人员的就业安置问题，也极大地消除了社会不稳定因素。

（四）基层党组织全覆盖，让农民找到了"主心骨"

1. 党在农村的执政地位进一步巩固

在"四个覆盖"推行过程中，村党组织始终处于领导核心地位，村党支部组织引导、搭建平台，党员表率示范，群众广泛参与，村级党组织的凝聚力和向心力进一步增强。

2. 农村干部队伍后备力量进一步壮大

发展党员"关口前移"，为农村致富能手、优秀人才入党畅通了渠道、提供了条件，进一步巩固了党在农村的群众基础。通过多方面选拔、多渠道培训、多层次管理，对优秀党员能人，重点培养，优先使用，建设了一支适应新形势发展要求、富有战斗力的农村后备干部队伍，有效解决了村干部"后继乏人"问题。

3. 党领导农村工作方式进一步改善

通过建立"四个覆盖"组织对接机制，促进了各类组织融合发展，使党组织在融合中实现对农村经济、民主政治、社会稳定的有效领导，实现党组织与农民生产生活的有效对接，激活了以党组织为核心各类组织的功能和活力。

四 "四个覆盖"的启示

肃宁县农村社会管理还处在探索阶段，"四个覆盖"的模式还需要进一步丰富和完善。但是从总体上看，肃宁抓住农村社会发展过程中面临的难点问题进行系统突破，并吸引农村社会的方方面面都参与其中，成效显著，显示了强劲的动力和活力。肃宁的实践有三个方面的启示。

（一）农村社会管理必须整体布局、全面兼顾、系统推进，建立互通共融的社会管理新体系

当前是农村改革和发展的关键期，复杂问题不断凸显，只有把加强社会管理与农村政治、经济、文化建设有机结合，统筹兼顾、整体推行，配套建立科学、高效的体制和机制，才能从根本上解决影响和制约农村发展稳定的突出矛盾和问题。肃宁县抓住农村普遍存在的一系列矛盾，建立"四个覆盖"工作平台，坚定不移地走共同富裕道路，加强和改进农村党的基层组织建设，完善适应农村实际的基层治理方式，进一步促进农村的和谐稳定，符合农村利益格局深刻变化的新趋势。在这种模式下，各项工作相互融合、协调发展，打造出一套组织覆盖面广、运行有实效的农村社会管理新体系，探索出一条农村社会管理的新路径。

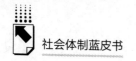

（二）把广大农民重新组织起来，发挥其在农村社会管理中的主体地位，不断提升农民组织化水平

肃宁突出村代会在决策中的作用，形成村代会、村委会、监委会的有效分权制衡；通过村民自治，使党组织在农村重大问题管理和决策过程中成为领导核心的同时，也实现党的领导和村民当家作主的有机融合。这一切的关键在于沿着发展民主的路径解决民主发展中的问题。通过引导农民提高民主法治意识、学会行使民主权利，逐步奠定广大农民在农村社会管理中的主体地位。

（三）搭建覆盖农村的工作机构与制度网络，保障农村社会管理平稳推进

包括建立领导机构体系、明确职责对口帮扶、强化培训树立典型、实施督促检查等方面。（1）成立专门领导小组。①该小组由县委书记担任组长，纪委等17个部门为成员单位；②下设办公室，从相关部门抽调15名同志负责具体工作；③各乡镇分别对口成立"四个覆盖"领导机构，在县级层面形成比较完善的领导网络。（2）采取对口帮扶。主要措施包括：县级领导包乡镇、县直部门包村、千名干部下基层，帮助村级"四个覆盖"工作的开展和实施。（3）开展针对性培训。分行业、层次、批次对干部开展教育培训活动，重点培训乡村两级干部，尤其是村"两委"班子成员。（4）培养和树立典型。通过"示范村""十佳百优"等多个表彰活动，树立身边典型，充分调动广大村民参与的积极性。（5）建立考核制度。由综合协调办公室和两办督察室联合办公，统一制作和配发"四个覆盖"工作流程图和牌匾，制定考核制度，结合定期检查与不定期抽查的方法，有效督促"四个覆盖"的推进落实。

由此，实现了以公职机构、公职人员为主体的工作机构和管理网

络，与以农民为主体的组织网络有机结合，建立了真正意义上的肃宁农村新型治理网络。

农村社会管理是社会管理创新的重点和难点，肃宁构建"四个覆盖"体系，从党、政府、市场、社会四个方面，全面推进农村的社会管理创新和农村改革发展。肃宁推动这项工作的出发点和解决问题的切入点，对各地完善和深化农村社会管理具有借鉴意义。

理 论 篇

Theoretical Research

B.21
中国重大事项社会稳定风险评估
要素及机制分析

张 欢*

一 背景与政策实践

计划经济向市场经济体制的转轨，推动了急剧的社会结构转型，促使社会个体自主性和独立性的增强，带来了社会意识和利益的多元化发展。与此同时，公共政策决策机制的落后，导致越来越多由于重大事项决策和执行不善所产生的矛盾激化。对此，各级政府多有反思，而重大事项社会稳定风险评估则是重要的解决方案。

---

* 张欢，北京师范大学中国社会管理研究院副教授，副院长。

2004 年汉源事件后，四川省遂宁市开始尝试政策创新，于 2005 年建立了重大工程建设项目稳定风险预测评估制度，并摸索出"五步工作法"。之后，全国多个地方政府开始探索重大事项社会稳定风险评估制度，并逐步形成了江苏淮安模式、山东烟台模式、沈阳—吉林模式等大量经验。2007 年，全国政法工作会议提出"抓紧建立社会稳定风险评估机制"。2009 年，全国政法工作电视电话会议明确指出"作决策上项目，不仅要进行经济效益评估，看要不要干，还要进行社会稳定风险评估，看能不能干"。2010 年，国务院《关于加强法治政府建设的意见》中明确提出完善行政决策风险评估机制。2010 年，四川省政府以政府令的形式发布《四川省社会稳定风险评估暂行办法》，首次把社会稳定风险评估作为一省的明确制度要求。2011 年，国务院颁布《国有土地房屋征收与补偿条例》规定，"市县人民政府做出房屋征收决定前，应当按照有关规定进行社会稳定风险评估"，这是在国务院层面对社会稳定风险评估做出明确的制度规定。2011 年颁布的《中国国民经济和社会发展"十二五"规划纲要》明确提出"建立重大工程项目建设和重大政策制定的社会稳定风险评估机制"，"完善重大事项决策机制，建立健全公众参与、专家咨询、风险评估、合法性审查和集体讨论决定的决策程序"。

目前，中国重大事项社会稳定风险评估机制已经积累了大量实践经验，也在不同层面开展了多种政策试点和制度创新工作。进一步从国家制度层面设立重大事项社会稳定风险评估的时机已经水到渠成。

二 相关概念

为了便于分析重大事项社会稳定风险评估机制中所包含的要素，首先需要对相关概念进行界定。

（一）社会稳定风险

社会稳定风险基于社会风险理论及其概念。20 世纪后半期，一些西方社会学家如贝克、吉登斯、卢曼等对风险进行了深入的研究，形成了有关风险的社会学理论。其基本假设是，伴随科技发展，人类正从一个现代化社会进入一个新型的风险社会，风险的概念从"外部风险"逐渐向"人造风险"转移。政策选择对于社会风险有着关键性的影响，而政策过程中就应纳入社会风险评估环节。美国政治社会学家塞缪尔·P.亨廷顿认为，现代性孕育着稳定，现代化过程却滋生着动乱，稳定成为社会问题是变革社会的一个特征。童星、张海波认为广义的社会风险就是社会稳定风险，由于经济、政治、文化等子系统对社会大系统的依赖，任何一个领域内的风险都会影响整个社会，造成社会的动荡不安，成为社会风险。宋林飞从狭义角度将社会稳定风险定义为所得分配不均、发生天灾、政府施政对抗、结社群斗、失业人口增加造成的社会不安、宗教纠纷、社会各阶层对立、社会发生内争等因素引发的风险。徐贵权则从正面定义社会稳定是指整体社会发展和社会生活的安定、协调和谐有序，是通过政府、社会或人们的自觉干预、控制和协调而达到的社会系统的动态平衡，包含政局稳定、经济形势稳定、社会秩序稳定和思想情绪稳定等。

从当前社会实践看，中国各级政府进行社会稳定风险评估主要以维稳为第一目的，因此社会稳定风险评估及机制主要围绕狭义的社会风险定义。本文社会稳定风险主要指群体性事件、大规模上访、大规模打砸抢烧事件、严重暴力犯罪事件以及骚乱、暴动等严重影响社会秩序、破坏社会安定、影响社会团结、引发社会动荡的风险事件。

（二）重大事项

根据目前政策中的普遍定义，"重大事项"指出台、实施关系人民群众切身利益、社会普遍关注、有可能影响社会稳定或公共安全的重大政策、重大改革措施、重大项目、重大活动等事项。刘中起、任江鸿总结"重大事项"包括三个层次：一是容易引发社会矛盾的重大决策，包括涉及重点领域的重大政策、改革改制方案、社会管理措施以及建设规划的出台等；二是容易引发社会矛盾的重大项目，包括重大基础设施项目、公益性项目、工业项目、房地产开发项目以及其他重大工程建设项目等；三是容易引发社会矛盾的其他重大事项，包括涉及面广、情况比较复杂的大型活动，中央确定的重大决策、项目实施方案等。也有学者批评目前"重大事项"的认定过于主观化，对事项的具体程度和范围的规定存在较大的不确定性和随意性，导致相关机制执行面临一定的难度，有可能官员认为不"重大"、不需要评估的事项，恰是群众认为涉及自身利益的"重大"事项。

（三）社会稳定风险评估机制

对于社会稳定风险评估机制，存在宽窄两种理解。窄的理解认为，社会稳定风险评估机制只限于重大事项给人民群众的生活、生命、财产等各个与切实利益相关的方面造成的影响和损失进行量化评估的工作，包括评估的组织领导体制、评估内容、评估程序和问责机制等。较宽的理解认为社会稳定风险评估机制还包括：对于风险本身的管理，如做好应急预案，消除、降低风险等，对风险的分析预测和防范化解等；还应将群众利益保障机制、群众利益诉求表达渠道及解决机制、涉稳重要信息报送及报道机制、社会舆论汇集分析和维稳形势预测预警机制、重大矛盾纠纷和不稳定因素排查调处机制、防范和处置群体性事件现场应急机制等六大机制包括在内等。

从当前的政策需求来看，过于宽泛的理解并不利于社会稳定风险评估机制的建立。这一机制主要局限为重大事项决策前置程序和政策方案完善环节。

三 要素分析

（一）社会稳定风险评估目的

从重大事项社会稳定风险评估的政策背景可以看出，社会稳定风险评估的目的就是"维稳"，而重大事项社会稳定风险评估的政策实践也反复说明了这一目的。但即便以"维稳"为终极目标，社会稳定风险评估在操作层面还需要实现如下三个目标。

第一，完善决策支持机制。在市场经济条件下，片面强调对经济效益和行政效率的论证，而忽略了对社会效益和公平正义等方面的论证，会造成重大事项决策支持机制的不足，甚至误导决策。社会稳定风险评估明确把社会稳定作为决策前置环节，完善了决策支持机制。

第二，完善公众参与重大事项决策机制。中国原有决策体制有一套适合计划经济体制的意见表达和意见综合机制，保证了重大事项的出台获得社会各界的广泛支持。随着市场经济体制的建立，社会结构发生了很大变化，原有的意见表达和意见综合机制已经无法适应新的社会环境。社会稳定风险评估在制度上应增设政府与群众的互动环节，吸纳群众诉求，拓宽利益表达，完善公众参与决策。

第三，完善重大事项方案制定机制。当前，绝大部分政府出台重大事项有其必要性、紧迫性和可行性，一些重大事项之所以诱发社会不稳定，主要原因在于政策方案不完善。社会稳定风险评估目的不是为了否定重大事项，而是通过进一步论证重大事项的社会效益，综合群众利益和公众诉求，解决存在的问题，排除社会稳定隐患，完善重大事项的实施方案。

综上所述，社会稳定风险评估的根本目的是完善重大事项决策机制。从环节设置和操作方法上看，社会稳定风险评估具有过渡性质，因决策机制的不完善而出现，最终将随着中国市场经济体制和政治体制的成熟和完善而结束使命。

（二）社会稳定风险评估的原则

许多学者讨论过社会稳定风险评估的原则，如徐贵权等将其归纳为六项基本原则：①坚持以人为本，即从人民群众的根本利益出发；②坚持全面协调可持续的科学发展；③坚持民主法治；④坚持客观公正；⑤坚持一般评估与重点评估相结合；⑥坚持动态分析与静态分析相结合。杨雄则概括了四点原则：①积极稳妥、科学规划，平衡长远利益和现实利益，准确判定稳定风险及可控程度；②以人为本，和谐发展；③属地管理，各负其责；④事前评估，重在化解。还有学者强调评估工作的动态性和科学性原则，评估的独立性原则，责任追究原则等。这些关于社会稳定风险评估原则的讨论立足点多有不同。本文认为，讨论社会稳定风险评估原则必须从社会稳定风险评估的目的出发，可归纳为如下几项。

第一，科学决策原则。社会稳定风险评估必须坚持科学决策原则，以社会科学方法论为指导，全面、客观评估重大事项的社会影响，综合研判这些社会影响引发不稳定事件的风险，为进一步决策提供有力支持。

第二，民主决策原则。重大事项引发社会不稳定的深层原因是利益的多元化。现代社会中，解决而非激化或掩盖社会利益多元化必然带来的利益矛盾和利益冲突问题，只能通过民主协商、多元治理的途径。因此，社会稳定风险评估必须坚持民主决策原则。

第三，以人为本原则。社会稳定风险必须坚持以人为本原则，这是消除重大事项社会稳定风险的治本之道。

第四，方案改进原则。社会稳定风险评估不仅要评判风险，更要

考虑如何处置风险，必须秉持方案改进原则（评估过程也是重大事项方案改进过程），最终实现消除、减弱或控制重大事项存在的社会稳定风险。

（三）社会稳定风险评估范围

综合目前四川、江苏等地政策实践和一些学者的理论探讨，社会稳定风险评估的范围包括：

第一，事业单位、国有企业（国有控股企业）重大改革事项；

第二，涉及民生的各类制度政策，包括社会保险制度、促进就业政策、社会救助政策、医疗卫生政策、教育政策、计划生育政策、民族政策、优抚安置政策以及房屋管理政策等；

第三，涉及城市建设发展方面的政策，包括城市规划调整、行政区划调整、旧城改造、廉租房规划和城市基础设施建设中的土地征用、拆迁补偿、居民安置以及增加居民、企业负担的城市公用事业价格和收费标准的调整等；

第四，水电、矿产、旅游等资源开发和交通、水利、公共服务设施等重点项目建设中涉及群众切身利益的工程选址、环境保护、房屋拆迁安置、实物调查、土地征用、拆迁补偿、移民安置等；

第五，与"三农"相关，涉及农村土地流转及征收征用、农业产业结构调整、农村集体资产管理处置等方面的重大政策和改革措施；

第六，重大自然灾害、公共卫生和传染病疫情、食品药品安全、重大安全生产事故等公共安全问题的预警防控监测及应急处置等；

第七，处理信访突出问题及群体性事件处置方面的重大事项，如金融秩序监管、舆情监控、重大治安和刑事案件以及与各类专项工作有关的政策调整等；

第八，人员多、敏感性强，可能对社会稳定产生影响的重大活动等。

（四）社会稳定风险评估方法

从风险评估理论来看，已经发展出许多方法开展风险评估，但从社会稳定风险评估的目的和原则来看，其根本方法包括两类：一是传统的调查研究和群众工作方法，二是现代社会科学评估方法。

重大事项社会稳定风险评估的核心目的指向"维稳"，而维稳的核心是群众对重大事项的认识、态度和行为。党在早期革命实践中普遍采用的调查研究方法，也是重大事项社会稳定风险评估不可或缺的重要方法。1941 年中国共产党《中共中央关于调查研究的决定》明确指出，"系统的周密的社会调查，是决定政策的基础"。新中国成立以后，毛泽东屡次在中共中央工作会议上要求全党和各级政府"大兴调查研究之风"，而且越是遇到政策出现问题、决策出现困难的关键时刻，党就越重视调查研究。群众工作是我党的优良传统和制胜法宝，而群众工作与调查研究方法始终密不可分。当前普遍出现社会稳定问题，根本上还是党和政府的决策缺乏事前广泛而有效的调查研究，丢失了群众工作这一法宝。因此，"维稳"离不开调查研究和群众工作方法。

风险评估的概念来自国外发达国家，如美国、法国及日本等对宏观经济活跃程度和安全风险的评估，针对特定项目从全社会宏观角度，综合分析、评价项目存在对经济、环境及社会带来的贡献与影响等。事实证明，大量现代社会科学评估方法亦可以被引入社会稳定风险评估中。如徐贵权等把社会稳定风险评估分为三类，风险定性评估方法、风险定量评估方法和风险综合评估方法：风险定性评估方法包括①主观估计法，②模糊数学法，③蒙特卡罗模拟法；风险定量评估方法包括①敏感性分析法，②影像图分析法，③贝叶斯推理原理分析法；风险综合评估方法包括①德尔菲法，②故障树分析法。现代社会科学评估方法本质上是从科学方法论出发的客观信息收集、因果关系推断及

255

概率性结果评价等活动，在评估活动中需要根据实际需要，灵活采用多种方法。

（五）社会稳定风险评估指标体系

许多研究者都热衷于提出重大事项社会稳定风险评估的指标。如徐贵权等提出重大事项的风险性以及风险防范预案的完备性两个指标；张玉磊等提出"可控性"指标，杨雄从城市社会稳定的角度增加"涉及的环境问题"和"涉及的社会治安问题"两个指标；叶金福等增加了是否制定详细的宣传方案，群众的理解、配合、支持程度如何，实施方案是否把维护群众利益放在突出位置，对群众反映的热点问题有无解决办法等指标；吴智文等概括为合法性、合理性、可行性、环境因素、社会治安、相关群众价值观、其他影响社会稳定因素等七大指标。

总体而言，有关重大事项社会稳定风险评估指标体系的研究大多抓住了社会稳定风险评估所关注的一些重要因素，但由于地方具体环境和条件不同，重大事项出台的背景和内容不同，评估内容和指标的统一规范是否有利于解决重大事项引发的"稳定"问题还有待商榷。

（六）社会稳定风险评估程序

与指标体系相比，重大事项社会稳定风险评估的程序设计更有意义。实现社会稳定风险评估的三项操作性目的，完善决策支持机制、公众参与重大事项决策机制及重大事项方案制定机制，都需要落实在具体的评估程序上。杨雄等将社会稳定风险评估的操作流程概括为"风险识别、风险分析、风险分级、风险控制"四个阶段。这种程序设计显然还不足以指导具体风险评估工作。陈静提出五阶段程序划分：明确评估对象和评估内容；识别主要利益相关方；制定风险调查方案；社会稳定风险分析；提出风险管理措施。这种设计也过于理论化。中共绍兴市政法课题组将风险评估流程划为六个环节：确定评估事项；制定评估方案；缜密分析预测；形成评估报告；确定实施意见；落实维稳措施。四川遂宁开展社会稳定风险评估，摸索出"五步工作法"：一是由直接责任部门制定评估方案，组织开展初评；二是由维稳主管部门会同法制和业务主管部门对评估事项的合法性、合理性、安全性、适时性进行评估；三是通过召开听证会、走访座谈、问卷调查和媒体公示等形式公开征求群众意见；四是召开专家、部门和群众代表评审会，对显性风险、潜在风险和可能诱发风险的因素综合研判，确定风险系数，做出评估结论；五是党委政府运用评估结果，进行科学民主决策。这一评估程序具有更广泛的影响。

由此可见，一般性的社会稳定风险评估程序如下：一是确定评估事项，制定评估方案；二是收集社情民意，实施重点论证；三是汇总分析论证，形成专项报告；四是科学运用评估报告，认真落实维稳措施；五是全程跟踪评估事项，做好实施过程中的维稳工作。

四 社会稳定风险评估机制分析

从 2004 年四川等地开展重大工程建设项目社会稳定风险评估政策以来，许多地方政府进行了大量重大事项社会稳定风险评估的政策创新，也形成了一些经验。经过近八年的试点，重大事项社会稳定风险评估依然没有成为一项在全国普遍推开的决策程序。其原因在于目前重大事项社会稳定风险评估还存在诸多问题。徐贵权等总结目前重大事项社会稳定风险评估存在的主要问题有：①各地的评估工作存在严重的不平衡性；②执行部门认识不到位且存在误区，是造成评估走过场的核心原因；③评估目标定位存在偏颇，表现为以防范、化解信访风险为目标，以群众接受、服从为潜在目标；④评估事项选择上存在避重就轻的问题。刘树枝从决策与风险评估的时序来看，认为目前一般都是重大政策和建设项目的决策在前，然后再进行相关政策和建设项目的社会稳定风险评估，极少是先进行相关政策和建设项目的社会稳定风险评估，然后再进行决策。杨芳勇则认为，虽然政府部门工作人员都认识到社会稳定风险评估的重要性和必要性，但由于长期形成的决策和工作习惯，对社会稳定风险评估形成多种偏见，认为社会稳定风险评估工作影响经济发展，不利于项目建设；认为评估束缚工作，不利于放开手脚大干；认为评估工作是走过场、走形式，可有可无，结果造成社会稳定风险评估难以真正落实。

重大事项社会稳定风险评估存在问题的核心在于未能紧扣操作性目的。为解决这一问题，重大事项社会稳定风险评估机制应包括如下机制。

（一）决策支持机制

重大事项社会稳定风险评估是依附于重大事项决策的一项制度，全部工作内容均围绕支持决策展开，应摆正自身辅助性的位置。因此，重大事项社会稳定风险评估应具有如下内容。

（1）决策前置环节，即重大事项决策之前，社会稳定风险评估是不可缺少的环节，只有在形成社会稳定风险评估报告后，重大事项才能进入决策环节。

（2）收益与风险量化分析。社会稳定风险评估不是为了单纯给出一个风险高低的结论。任何重大事项的提出都意味着存在特定的收益，同时意味着相对应的投入或损耗。对于风险，决策要求准确分析重大事项实施过程及之后会产生哪些不稳定后果及其程度高低。只有在精确研判、量化、分析重大事项的收益和风险后，决策过程才能科学有效。

（3）多个备选方案。有选择才有决策。重大事项社会稳定风险评估需要从社会稳定风险的角度形成多个备选方案，如此才能够创造适宜的决策空间和余地，避免决策过程因为"没得备选"而丧失意义。

（二）公众参与机制

重大事项存在的社会风险主要源于群众对重大事项的不认可、不同意和不支持。因此重大事项社会稳定风险评估应具有如下机制。

（1）以人为本。把群众利益置于更高位置，从群众利益出发，从基层利益出发，建立多种利益发生冲突时群众利益优先的机制。

（2）制度化参与。要转变代民做主的观念，充分认识群众的知情权、参与权、表达权和监督权同样是群众的具体利益所在，不可剥夺。重大事项社会稳定风险评估要建立程序明确的群众参与制度，保障群众的有效参与。

（3）动员公众。通过风险评估有效考虑群众利益，吸收群众意见，发动群众参与。公众的参与，不仅是决策前提意见，提诉求，也包含动员公众贯彻落实重大事项的内容。

（三）方案完善机制

重大事项社会稳定风险评估应具有如下机制。

（1）对问题提出解决方案。重大事项社会稳定风险评估总体上要以建设性为主，对于评估中发现的问题，除了进行周密论述和深入分析外，还应有针对性地提出解决问题的方案，不断完善重大事项方案。

（2）对风险提出管理方案。社会稳定风险评估必须有针对性地提出管理重大事项社会稳定风险的方案，包括如何消除和削减社会稳定风险、隔离风险、控制风险以及转移风险等。

（3）对事件提出维稳方案。社会稳定风险评估还必须对可能发生的各类影响社会稳定的事件有针对性地提出维稳方案，以便事件发生后可以从容有效应对。

B.22
中国城市化进程中的社会管理

何海兵*

    2012 年 12 月 1~2 日，由国家行政学院社会和文化教研部、上海行政学院联合主办的"城市化进程中的社会管理研讨会暨 2012 年全国行政学院系统社会管理教研协作会议"在上海行政学院召开。来自全国行政学院系统及普通高校 100 余名学者参加了会议，国家行政学院副院长周文彰出席会议并发表讲话。与会专家学者围绕城市化进程中的社会融合与公共服务、社区改造与社区治理、农村社会管理、社会体制改革以及社会管理理论前沿等议题展开了深入的研讨，取得了积极成果。

一　社会融合与公共服务

    流动人口的服务和管理是与会学者关注的焦点问题，涉及流动人口的公共服务、流动人口的社会保障、流动人口自组织建设、户籍制度改革等内容。

    北京行政学院尹德挺总结了发达国家流动人口有序管理的 9 条经验：一是以"法治 + 市场"的手段，保障公民自由迁徙的权利；二是以信息化的"双轮驱动"，夯实人口管理系统的基础；三是以法律、税收等行政性限制措施，实现人口准入及分类管理；四是以"个人利益 + 公共

---

* 何海兵，上海行政学院社会学教研部副主任、副教授。

260

福利"为动力，引导流动人口主动接受管理；五是以"责权利相统一"为准绳，保障人口合理、有序流动；六是以成本调控为手段，引导人口流量和流向；七是以城市总体规划为目标，疏解城市中心区人口压力；八是以市场机制为导向，调控城市人口规模；九是以移民整合指数为监测手段，保障区域内的社会融合。中国要实现人口的有序管理，需要统筹考虑经济发展、社会福利、城市定位、区域规划及人性关怀等因素，基本思路是：在管理基础上建立两轮驱动的"双核心"人口服务管理信息平台；在管理机制上以成本调控为突破口，建立人口管理协作机制；在管理手段上建立居住证制度，实现流动人口渐进式福利供给；在服务配套上通过分税和转移支付，实现公共福利均衡供给；在空间布局上建立以"城市功能定位"为导向的公共资源合理配置机制；在管理目标上实现彰显人性关怀的城市社会融合。

浙江行政学院董敬畏指出，对于流动人口的城市化和城市融入研究，基本是从现代化理论和结构主义理论出发，很少考虑现行制度对于流动人口的壁垒功能及流动人口遭遇的污名化社会氛围。认为在现行制度下，只有加强和完善对于流动人口的公共服务，才能有效消弭当前制度壁垒及其带来的污名化氛围。

上海行政学院张晓杰指出，目前流动人口的社会保障存在着制度碎片化、不可流动性、便携性损失、财政与转移支付的难题，应考虑建立全国社会保障弹性统一的模式，构建能衔接城乡二元社会保障制度的缴付模式，建立完备的社会保障均等化服务转移支付政策体系。

杭州行政学院方秀云认为，要有效改善流动人口管理服务现况，把流动人口组织起来。从流动人口自组织的情况来看，目前存在着总量少、活动与影响有限、专业化规范化程度不够的问题，应建立流动人口自组织建设的督导机制，建立和完善流动人口自组织的评估体系，加大政府的扶持力度。

安徽行政学院张超通过对合肥市新生代农民工的调查，认为新生代

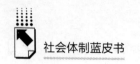

农民工的社会支持网络规模较小，社会支持网络构成主要是父母、兄弟姐妹、朋友、同学，具有同质化的特征。构建新生代农民工社会支持网络，政府要逐步消除制度障碍，加强政策支持；创造各种机会，提升新生代农民工的社会资本。社区要提供全方位社会救助，通过组织文体活动促进交流、促进社区居民的思想宣传与教育。

苏州大学叶继红采用问卷调查法对苏州市相城区农民工享有城市公共资源状况进行了实地考察，发现实践中存在着农民工对城市公共资源利用不足、城市公共资源惠及农民工不够的问题；其影响因素主要有政府政策偏好、城市资源状况、市民态度以及农民工组织化程度等，据此，提出了改革户籍制度、将农民工纳入城市公共服务体系以及对农民工实行公共资源分层供给制度等建议。

国家行政学院马福云提出，中国户籍制度改革要取得进展需要放弃城市主导的思维，转向城乡发展统筹，将政府主导和民众需求结合起来，对户籍管理和户籍权益配置制度进行统筹配套改革，推进政府公共服务、社会保障的城乡均衡发展，促进人口迁移和资源配置的合理化。

二　社区改造与社区治理

社区在社会建设与社会管理中发挥着基础性作用，与会学者围绕着老旧社区改造、新型社区治理、社区自治与共治展开了热烈讨论。

关于老旧社区改造。上海市黄浦区行政学院钱胜以黄浦区旧区改造为例，指出动拆迁要执行阳光政策、坚持阳光操作、实施阳光监督、倡导阳光心态、确保阳光结果，防止政府部门与地产商的利益勾连。云南行政学院钱红认为，随着城市化进程的加快，老旧社区管理压力加大，而社区资源匮乏，缺乏凝聚力，自治水平低，社区队伍的素质差、能力低，缺乏长效机制，出现集体行动困境等问题，提出通过优化治理体制形成多元治理主体合作共治，以人性化服务吸引、组织居民，强化社区队伍建设，建立健全社区发展机制，重塑基层治理价值，使老旧社区治理更加社会化、服务化、专业化、制度化、规范化、法治化，不断提高治理水平。山东行政学院袭亮指出，城市棚户区改造的实践在很多地方呈现一个二元悖论的现象：一方面各地投入大量人力、物力、财力，如火如荼地推动棚户区改造，另一方面，很多地方的棚户区居民却抵制甚至抵抗棚户区的改造。出现这种情况的原因在于很多地方政府部门对于棚户区改造的理解简单而片面，仅仅把它看做居民住居条件的提升和物质环境的改善。完整意义上的棚户区改造除了物质条件的改变之外，还应包括居民素质能力的提升、社会资本的扩大、社会的有机融合等很多层面。

关于新型社区治理。济南行政学院王济萍指出，由于工作对象、利益需求、管理方式等方面的差异，城市新型社区在实际运行中存在着职责不清、关系不顺、各自为政的问题。济南市康桥社区创新社区治理模式，以服务社区居民、完善社区管理为目标，以社区党总支为领导核心，以社区居委会为主体，以社区服务站、业主委员会和物业公司为依托，以联席会议制度为纽带建立了"五位一体"社区治理模式，初步形成了"事情共商、资源共享、文明共创、难题共解、活动共办"的工作格局，取得了显著成效。大连行政学院解秀玲提出，要加快社区居委会的改革，实现社区自治的"归位"；建立权、责、利、职一致的管理服务制度；实施社区服务岗位"雇员制"；激活社区内生力量，构建多元化主体合作格局。四川行政学院杨丽梅认为加强区域化党建创新，是推进社区治理的有效路径。

关于社区自治与共治。上海行政学院刘中起以楼道公共客厅与楼道居民自治为例，提出未来社区治理的方向是如何建立起社区事务协商参与的多级公共空间，形成共治、自治衔接的有效机制，从而真正实现基层社区国家与社会良性互动、政府行政管理与居民群众自治相衔接的基层社会管理的新格局。浙江省嘉兴行政学院陈国强提出，造成社区居民

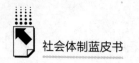

参与不足在于构成居民行动链接的水平型社会关系的缺乏，深层次原因则在于社区内垂直型社会关系网络的健全及对水平型社会关系的排挤。要提高当前社区居民自我管理、自我教育、自我服务、自我监督的作用，在为他们提供更多参与渠道的同时，更需要注重社区内社会关系的发展。特别是在居委会还不能完全体现自治性的情况下，社区内居民之间、邻里之间的社会交往和互动尤为重要。上海市黄浦区行政学院陈海燕将黄浦区老西门街道的社区共治模式总结为协商社区事务，激发社区共治的活力；协调利益矛盾，增强社区共治的动力；协同完成重大工程，发挥社区共治的合力；协作社区活动，挖掘社区共治的潜力。广西行政学院李广义指出环保是社区居民共同关注的问题，可以通过环保行动促进社区自治。

三　农村社会管理

农村社会管理的议题受到较多学者的关注，集中讨论的内容包括农村社会管理的内涵、面临的问题、各地农村社会管理的创新探索等。

重庆行政学院王正攀认为农村社会管理的内容包括：协调农村社会关系、规范农民社会行为、促进农村社会认同、解决农村的社会问题、化解农村社会矛盾，以及在应对农村社会风险的基础上，促进农村的社会公正和社会稳定。当前农村社会管理面临的问题有：一是农村社会管理的理念意识不到位；二是外出务工人员的大量增加带来"人口空心化"问题；三是农村社会管理的人才缺乏且流动性大；四是统筹城乡给农村社会管理带来新问题。上海行政学院李婷玉通过对上海市某镇农民的抽样调查发现，农民群体内部存在多种价值倾向，既有保守取向的成分也有自由取向成分。作为一个整体，他们对社会现状满意度一般，对现任政府的信任度不算高，对现存的社会不平等现象有清晰的认知，有较为强烈的民主参与意识和需求，追求更高程度的社会公正，但又不希望发生社会冲突，尤其是激烈的社会冲突。这种较为复杂和矛盾的社会政治态度预示着农民行动取向的多种可能性。成都行政学院李德虎提出居住形态集中化、社区结构异质化、治理主体多元化的新型农村社区表现出利益诉求增多、民生诉求凸显、民主诉求增强等治理新需求，迫切要求新型农村社区管理体制的转换与创新。推进新型农村社区管理体制创新的基本路径是完善新型农村社区组织的"善治"架构，厘清和健全新型农村社区自治的内部结构和配套制度，培育和完善新型农村社区社会组织及管理体制，构建新型农村社区多样化的公共服务供给体制。

广东行政学院张艺认为，乡贤文化所代表的农村助产兴学、忠孝仁义等传统观念在农村仍然影响着群众生产生活，大批乡村精英尤其是外出精英怀有叶落归根、反哺家乡的强烈愿望，成为建设和管理农村的一支不可忽视的力量。因此，应该大力弘扬乡贤文化，发挥乡贤群体在农村基层社会管理中的积极作用。成都行政学院张洪彬以成都市陆坝村信息化建设为例，指出信息化与基层社会管理的融合，是基层社会管理创新的重要途径。浙江师范大学鲁可荣分析了浙江省农村社会管理创新的三种模式：舟山模式、武义模式、慈溪模式，提出要加强农村社会组织建设，发挥农村社会组织在社会管理中的作用。吉林省行政学院吴琳提出要创建培育农村社会资本有序增长的实践机制，创建农村社会管理绩效考核主体的多元化机制，创建积极培育农村民间自治组织的社会管理机制。

四　社会管理体制创新

社会管理体制创新的议题聚焦了公众参与、政府公共服务购买、社会组织发展等内容。

关于公众参与研究。青海行政学院张佐良认为公众参与社会管理是社会管理的基础，当前存在着公众参与社会管理只在法律上有所规定，而在实际中得不到体现的问题，有想参与不知如何参与、想参与单靠个体或部分组织和个人而难以参与、想参与却不能参与等现象，不能有效表达利益诉求。要以城乡社区为载体，以居民需求为导向，通过建立健全联系公众参与工作制度常态化机制、政府回应机制、协商机制、社会组织培育机制、矛盾调处机制、诉求表达机制、公众参与社会管理综合保障机制、利益协调机制、与社团组织长期沟通机制、良好的信息反馈机制和公众参与社会管理工作评估机制等公众参与社会管理的长效机制，达到公众依法有序参与社会管理，形成人人参与、人人共享的良好局面，实现政府管理与公众有效衔接和良性互动。

关于政府购买公共服务研究。上海行政学院周耀虹认为，应培育政府公共服务购买机制，拓展社会组织参与公共服务的途径，一要实现政府购买服务的制度保障，由资金援助、信息发布、监督管理、绩效评估、结果公示等培育发展和有序规范社会组织参与公共服务；二要提高社会组织参与公共服务的能力，有效配置资源，完善公共服务供给的利益协调、优势互补、合作互动的机制；三要加强政府与社会组织的合作关系，发挥社会组织提供公共服务主力军作用，探索社会治理的多元参与、合作共治，促进社会管理体制的改革与创新。国家行政学院胡薇指出作为政府支持社会组织参与社会服务的一种方式，购买服务往往在广义和狭义两个层面被交替使用，带来了实践中的一些差异。政府向社会组织购买服务，指的是政府将原来直接提供的公共服务事项交给有资质的社会组织来完成，并为此支付相应费用的公共服务运作模式。更准确地理解"购买服务"，应该在狭义的层面上，即从服务委托、合同承包的角度来理解，将其与民办公助、公办民营等具体合作形式区别开来。而针对实践中将"购买服务"与"政府资助"混同使用的情况也应当加以区别，以使"购买服务"的发展更加科学化和规范化。

关于社会组织发展研究。上海行政学院唐文玉梳理了海内外学术界关于中国社会组织与政府关系的理论模式，如公民社会、民营视野、法团主义、组织视野、多元模式和分类控制等，指出中国社会组织与政府的关系具有模糊性和特殊性，需要基于整体的视野和中国的经验进行概念框架的再造，实现结构研究与行动研究之间的互为补充。上海市社会团体管理局曾永和专门探讨了枢纽型社会组织的内涵特征、功能定位和作用效果，认为枢纽型社会组织就是通过一个中枢性、整合性的社会组织去管理服务一个领域或地域的社会组织，这种管理方式叫枢纽式管理，承担这种职能的社会组织叫枢纽型社会组织。枢纽型社会组织是会员单位的服务中心、综合信息的发布中心、政府购买服务的受理中心、规范化建设的评估中心和党建工作的指导中心。枢纽型社会组织作为一种结构性的社会组织是必要的，也是迫切的，但是枢纽型社会组织应去行政化，非科层制，不能办成"二政府"。

五　城市化社会管理理论前沿

城市化进程中的社会管理面临很多挑战，需要理论上做出说明和解释。与会学者从管理学理论、伦理学视野、社会政策视角等方面分析了当前中国城市化进程中社会管理的相关问题。中国社会科学院社会学研究所陈光金认为中国现行社会体制和社会管理的主要挑战和问题有：一是社会变革巨大，对社会体制改革和社会管理创新提出新的要求。比如，政府与社会关系发生重大变化，要求尽快改变以政府为唯一中心的"单中心"治理结构，建立政府与其他公共管理主体共同管理社会事务的"多中心"治理结构。二是经济社会发展不协调，社会分化加剧，社会矛盾多发，现行社会体制和社会管理与之不相适应。三是政府社会管理的理念和认识仍然存在误区。比如，片面理解"秩序"问题，认为"秩序"就是社会治安、社会稳定。没有把重点放在如何从根本上保障人民群众的基本权益、调节社会关系上。四是社会管理各领域的改革创新与现实需要还有较大差距。比如，在社会政策体系建设方面，存在着社会立法和社会政策决策中公民参与不足、社会立法滞后和社会行政机构之间协调性差等问题。国家行政学院胡颖廉运用现代管理学理论，结合实证素材，试图回答社会管理管什么、谁来管、怎么管、用什么管等命题。社会管理不同于行政管理和工商管理，它是党委和政府以及其他社会主体运用法律、法规、政策、道德、价值观等社会规范体系，直接或间接地对社会领域各方面、各环节进行服务、协调、组织、监控的过程和活动。社会管理要注重源头治理、动态管理和应急处置相结合。加强和创新社会管理，要建立以法律为核心的刚性规范体系、以经济为核心的中性规范体系和以道德为核心的柔性规范体系。湖南行政学院伍先禄提出，要重视社会管理的伦理基础，表现为三个方面：一是社会管理理念应以人性可塑的人性假设为基础；二是社会管理的过程需要伦理的规范和引导；三是社会管理的目的是以伦理价值为皈依。上海行政学院马西恒提出要建立公域、私域分离之下的政府社会管理架构，对公共领域和私人领域采取不同的介入方式，具有权力行使性质的社会管理向公共层面提升，具有生活和权益保障性质的公共服务向私人生活领域下沉，进一步探索市场经济条件下公共利益和私人利益的协调机制。贵州行政学院陈石认为，社会管理创新贯穿了以人为本的实质、落实了优化整合的思路、体现了社会建设的重心、依托了民主治理的机制、实行了互补融合的方式，反映中国特色民主政治及公共行政的主要特征及基本要求，具有深刻丰富的理性内涵。南京行政学院陈华从社会政策的视角研究了城市化进程中的社会管理问题，认为目前中国城市化进程存在诸多矛盾和问题，其中关键因素在于社会政策的偏差和缺失，具体体现为：社会政策的碎片化加深了城市流动人口的身份认同危机；社会政策的权宜性和应对性，使其发展滞后于城市化的现实需求；社会政策运作过程的不完善引发公共性的缺失。因此，应当改善社会政策，合理实施城市化进程中的社会管理，主要包括：以公平公正的价值追求弥补社会政策的碎片化裂痕，提升社会政策的公共性；以制度机制的创新促使社会政策趋于合理；以公民社会的发展提升社会政策的有效性。

与会学者达成了几点共识：一是城市化是一个非常复杂的过程，不同地区在城市化过程中面临的问题具有很大的差异性，涉及众多因素，因此，城市化进程的社会管理需要具体问题具体分析，立足当地实际，分类分地区进行探讨。二是城市化进程中的社会管理又有其共性内容，在社会管理的理念，社会管理的伦理，社会管理与法治国家、依法行政的关系等基础领域，应具有共同遵守的规律。三是社会管理的创新是一个循序渐进过程，有其本身固有的规律，不能搞大跃进式的、不切合当下实际的创新。

附　录
Appendix

B.23
中国社会体制改革大事记
（2002～2012 年）

李志明*

公共教育大事记

2002 年 11 月　党的十六大报告指出，"教育是发展科学技术和培养人才的基础，在现代化建设中具有先导性全局性作用，必须摆在优先发展的战略地位"，提出要"坚持教育创新，深化教育改革，优化教育结构，合理配置教育资源，提高教育质量和管理水平，全面推进素质教育，造就数以亿计的高素质劳动者、数以千万计的专门人才和一大批拔

---

　　* 李志明，国家行政学院社会和文化教研部博士。

尖创新人才"。

2002 年 12 月 第九届全国人民代表大会常务委员会第三十一次会议通过《中华人民共和国国民办教育促进法》，并于 2003 年 9 月 1 日起施行。该法促进了民办教育事业的健康发展，维护了民办学校和受教育者的合法权益。

2003 年 9 月 国务院公布《关于进一步加强农村教育工作的决定》，加快农村教育发展，深化农村教育改革。

2004 年 3 月 国务院根据《中华人民共和国国民办教育促进法》，制定了《中华人民共和国民办教育促进法实施条例》。

2005 年 10 月 国务院公布《关于大力发展职业教育的决定》，加强对职业教育工作的领导和支持。

2005 年 12 月 国务院发布《关于深化农村义务教育经费保障机制改革的通知》，强化政府对农村义务教育的保障责任，普及和巩固九年义务教育，促进社会主义新农村建设。

2007 年 5 月 国务院发布《关于建立健全普通本科高校高等职业学校和中等职业学校家庭经济困难学生资助政策体系的意见》，旨在切实解决家庭经济困难学生的就学问题。

2007 年 5 月 国务院批转教育部《国家教育事业发展"十一五"规划纲要》。

2007 年 10 月 党的十七大报告提出，优先发展教育，建设人力资源强国。"要全面贯彻党的教育方针，坚持育人为本、德育为先，实施素质教育，提高教育现代化水平，培养德智体美全面发展的社会主义建设者和接班人，办好人民满意的教育。"

2008 年 3 月 中共中央、国务院发布《关于促进残疾人事业发展的意见》，提出大力发展残疾人教育。

2008 年 4 月 第十一届全国人民代表大会常务委员会第二次会议修订通过《中华人民共和国残疾人保障法》，自 2008 年 7 月 1 日起施

行。该法规定国家保障残疾人享有平等接受教育的权利。

2008 年 8 月　国务院发布《关于做好免除城市义务教育阶段学生学杂费工作的通知》，免除城市义务教育阶段学生学杂费，同时进一步强化政府对义务教育的保障责任。

2010 年 7 月　《国家中长期教育改革和发展规划纲要（2010～2020 年）》正式全文发布。这是中国进入 21 世纪之后的第一个教育规划，是今后一个时期指导全国教育改革和发展的纲领性文件。

2010 年 11 月　国务院发布《关于当前发展学前教育的若干意见》，积极发展学前教育，着力解决当前存在的"入园难"问题，满足适龄儿童入园需求，促进学前教育事业科学发展。

2011 年 1 月　国务院办公厅发布《关于开展国家教育体制改革试点的通知》，决定在部分地区和学校开展国家教育体制改革试点。

2011 年 7 月　国务院发布《关于进一步加大财政教育投入的意见》，确保到 2012 年实现国家财政性教育经费支出占国内生产总值比例达到 4% 的目标。

2012 年 9 月　国务院发布《关于深入推进义务教育均衡发展的意见》，巩固提高九年义务教育水平。

2012 年 9 月　国务院办公厅发布《关于规范农村义务教育学校布局调整的意见》，进一步规范农村义务教育学校布局调整。

2012 年 11 月　党的十八大报告提出，努力办好人民满意的教育。"要坚持教育优先发展，全面贯彻党的教育方针，坚持教育为社会主义现代化建设服务、为人民服务，把立德树人作为教育的根本任务，培养德智体美全面发展的社会主义建设者和接班人。"

劳动就业大事记

2002 年 9 月　中共中央、国务院发出《关于进一步做好下岗失业人员再就业工作的通知》。

2002 年 11 月　党的十六大报告指出，"扩大就业是我国当前和今后长时期重大而艰巨的任务"，提出"各级党委和政府必须把改善创业环境和增加就业岗位作为重要职责"。

2003 年 1 月　国务院办公厅发出《关于做好农民进城务工就业管理和服务工作的通知》。

2003 年 5 月　国务院办公厅发出《关于加快推进再就业工作的通知》。

2003 年 10 月　党的十六届三中全会提出，"把扩大就业放在经济社会发展更加突出的位置，实施积极的就业政策，努力改善创业和就业环境"。

2003 年 12 月　劳动和社会保障部正式通过《集体合同规定》，并于 2004 年 5 月 1 日开始施行。

2004 年 4 月　中国政府发布《中国的就业状况和政策》白皮书。

2004 年 11 月　国务院颁布《劳动保障监察条例》，自 2004 年 12 月 1 日起施行。

2005 年 11 月　国务院发出《关于进一步加强就业再就业工作的通知》。

2006 年 1 月　国务院发布《关于解决农民工问题的若干意见》，旨在保障农民工合法权益，改善农民工就业环境，引导农村富余劳动力合理有序转移。

2007 年 2 月　国务院颁布《残疾人就业条例》，自 2007 年 5 月 1 日起施行。

2007 年 6 月　第十届全国人民代表大会常务委员会第二十八次会议通过《中华人民共和国劳动合同法》，自 2008 年 1 月 1 日起施行。该法对于完善劳动合同制度，保护劳动者的合法权益，构建和发展和谐稳定的劳动关系具有重要意义。

2007 年 8 月　《中华人民共和国就业促进法》颁布，自 2008 年 1 月

1 日起施行。该法着眼于促进就业，促进经济发展与扩大就业相协调，促进社会和谐稳定。

2007 年 10 月　党的十七大报告提出，实施扩大就业的发展战略，促进以创业带动就业。"要坚持实施积极的就业政策，加强政府引导，完善市场就业机制，扩大就业规模，改善就业结构"。

2007 年 12 月　第十届全国人民代表大会常务委员会第三十一次会议审议通过《中华人民共和国劳动争议调解仲裁法》，于 2008 年 5 月 1 日起施行。

2008 年 2 月　国务院发出《关于做好促进就业工作的通知》。

2008 年 3 月　中共中央、国务院发布《关于促进残疾人事业发展的意见》，提出"认真贯彻促进残疾人就业的法律法规和政策措施，保障残疾人平等就业的机会和权利"。

2008 年 4 月　第十一届全国人民代表大会常务委员会第二次会议修订通过《中华人民共和国残疾人保障法》，自 2008 年 7 月 1 日起施行。该法规定国家保障残疾人劳动的权利。

2010 年 10 月　国务院发布《关于加强职业培训促进就业的意见》，要求全面提高劳动者职业技能水平，加快技能人才队伍建设。

2012 年 1 月　人力资源社会保障部、发改委、教育部、工业和信息化部、财政部、农业部、商务部联合制定《促进就业规划（2011～2015 年）》。

2012 年 11 月　党的十八大报告提出，推动实现更高质量的就业。"要贯彻劳动者自主就业、市场调节就业、政府促进就业和鼓励创业的方针，实施就业优先战略和更加积极的就业政策。"

收入分配大事记

2002 年 11 月　党的十六大报告提出，"调整和规范国家、企业和个人的分配关系。确立劳动、资本、技术和管理等生产要素按贡献参与分配的原则，完善按劳分配为主体、多种分配方式并存的分配制度。坚持效率优先、兼顾公平，既要提倡奉献精神，又要落实分配政策；既要反对平均主义，又要防止收入悬殊"。

2003年10月 党的十六届三中全会提出，"整顿和规范分配秩序，加大收入分配调节力度，重视解决部分社会成员收入差距过分扩大问题"。

2003年12月 劳动和社会保障部正式通过《最低工资规定》，并于2004年3月1日开始施行。

2004年2月 中共中央、国务院下发《关于促进农民增加收入若干政策的意见》，提出五年内逐步减免农业税。收入分配体制改革总体方案的起草工作于2004年启动，由国家发展和改革委员会具体负责，财政部、人力资源和社会保障部、国务院国有资产监督管理委员会等多个部委参与制定。

2005年8月 第一轮个税改革落定，个税起征点从800元调至1600元。28个省（区、市）全部免征农业税，全面取消了牧业税。

2006年10月 十六届六中全会针对收入分配领域存在的主要问题，提出要坚持按劳分配为主体、多种分配方式并存的分配制度，加强收入分配宏观调节，在经济发展的基础上，更加注重社会公平，着力提高低收入者收入水平、逐步扩大中等收入者比重、有效调节过高收入，坚决取缔非法收入，促进共同富裕。中央经过反复研究，决定改革公务员工资制度，规范公务员收入分配秩序；同时，改革和完善事业单位工作人员收入分配制度，继续适当提高相关人员的待遇水平。

2007年6月 劳动和社会保障部发出《关于进一步健全最低工资制度的通知》。

2007年10月 党的十七大报告针对收入分配领域存在的突出问题强调，要逐步提高居民收入在国民收入分配中的比重，提高劳动报酬在初次分配中的比重；初次分配和再分配都要处理好效率和公平的关系，

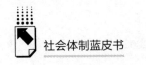

再分配更加注重公平。

2008 年 3 月 在个税第二轮改革中，个税起征点由 1600 元提高到 2000 元。政府工作报告提出：继续调整收入分配格局，提高劳动报酬占国民收入的比重。

2009 年 4 月 国务院常务会议提出加快出台《关于加强收入分配调节的指导意见及实施细则》。12 月，中央经济工作会议提出，要加大国民收入分配调整力度。

2010 年 2 月 我国确定将通过采取努力增加农民收入、加大对低收入群体的扶持力度、稳步提高职工工资收入、加强个人收入调节等四项措施，加快收入分配制度改革。同时，我国加快研究改革国有企业工资总额管理办法。

2011 年 9 月 个税起征点从 2000 元提高到 3500 元，9 级超额累进税率缩减至 7 级。11 月，中央决定将农民人均纯收入 2300 元作为新的国家扶贫标准。

2012 年 3 月 《政府工作报告》提出，深化收入分配制度改革。抓紧制定收入分配体制改革总体方案。

2012 年 11 月 党的十八大报告提出，"实现发展成果由人民共享，必须深化收入分配制度改革，努力实现居民收入增长和经济发展同步、劳动报酬增长和劳动生产率提高同步，提高居民收入在国民收入分配中的比重，提高劳动报酬在初次分配中的比重"。

社会保障大事记

2002 年 2 月 中共中央办公厅、国务院办公厅联合发出《关于进一步安排好困难群众生产和生活的通知》，提出落实两个确保和城市最低生活保障以及创造就业岗位等七项重要措施。

2002 年 11 月 党的十六大报告提出，"建立健全同经济发展水平相适应的社会保障体系"。

2003 年 4 月　国务院颁布《工伤保险条例》，自 2004 年 1 月 1 日起正式实施。该条例为工伤保险制度确立了基本政策框架。

2003 年 6 月　国务院颁布《城市生活无着的流浪乞讨人员救助管理办法》。1982 年 5 月 12 日国务院发布的《城市流浪乞讨人员收容遣送办法》同时废止。

2003 年 11 月　民政部、卫生部、财政部发出《关于实施农村医疗救助的意见》，在农村地区建立农村医疗救助制度。

2004 年 1 月　劳动和社会保障部颁布《企业年金试行办法》，为企业年金制度建立了基本的制度规范。

2004 年 2 月　劳动和社会保障部、银监会、证监会、保监会联合颁布《企业年金基金管理试行办法》。

2004 年 3 月　《中华人民共和国宪法（修正案)》公布，"国家建立健全同经济发展水平相适应的社会保障制度"第一次写入宪法。

2004 年 8 月　国务院、中央军委新修订的《军人抚恤优待条例》自 2004 年 10 月 1 日起施行，1998 年 7 月 18 日国务院发布的《军人抚恤优待条例》同时废止。

2004 年 9 月　中国政府发布《中国的社会保障状况和政策》白皮书。

2004 年 9 月　国际社会保障协会第 28 届全国大会在京召开，这是协会成立 77 周年来首次在中国召开全球大会。大会发表了《北京宣言》，确立了"让更多的人享受社会保障"的基本理念。

2005 年 12 月　国务院发布《关于完善企业职工基本养老保险制度的决定》，对城镇职工基本养老保险制度进行了适当调整。

2006 年 1 月　国务院颁布《农村五保供养工作条例》，自 2006 年 3 月 1 日起施行。1994 年 1 月 23 日国务院发布的《农村五保供养工作条例》同时废止。

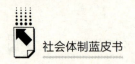

2006 年 1 月　　国务院发布《关于解决农民工问题的若干意见》。该意见要求根据农民工最紧迫的社会保障需求，坚持分类指导、稳步推进，优先解决工伤保险和大病医疗保障问题，逐步解决养老保障问题。

2006 年 4 月　　国务院发布《关于加强和改进社区服务工作的意见》。

2007 年 4 月　　劳动和社会保障部、国土资源部发出《关于切实做好被征地农民社会保障工作有关问题的通知》。

2007 年 7 月　　国务院发布《关于开展城镇居民基本医疗保险试点的指导意见》，拉开了"医改"的大幕。

2007 年 7 月　　国务院发出《关于在全国建立农村最低生活保障制度的通知》，将最低生活保障制度扩展到农村地区，切实解决农村贫困人口的生活困难。

2007 年 8 月　　国务院发布《关于解决城市低收入家庭住房困难的若干意见》。

2007 年 10 月　　党的十七大报告提出，"要以社会保险、社会救助、社会福利为基础，以基本养老、基本医疗、最低生活保障制度为重点，以慈善事业、商业保险为补充，加快完善社会保障体系"。

2007 年 11 月　　建设部、国家发展和改革委员会、监察部、民政部、财政部、国土资源部、中国人民银行、国家税务总局、国家统计局联合颁布《廉租住房保障办法》，为促进廉租住房制度建设、逐步解决城市低收入家庭的住房困难提供了新途径。

2008 年 1 月　　全国老龄工作委员会办公室、国家发展和改革委员会、教育部、民政部、劳动和社会保障部、财政部、建设部、卫生部、国家人口和计划生育委员会、国家税务总局联合发出《关于全面推进居民养老服务工作的意见》。

2008 年 3 月　　中共中央、国务院发布《关于促进残疾人事业发展的意见》，提出要"做好残疾人生活救助工作"，"完善残疾人社会保险政策"，"发展残疾人社会福利和慈善事业"，"健全残疾人服务体系、发展残疾人服务业"。

2008 年 4 月　第十一届全国人民代表大会常务委员会第二次会议修订通过《中华人民共和国残疾人保障法》，自 2008 年 7 月 1 日起施行。该法规定国家保障残疾人享有各项社会保障的权利。

2009 年 9 月　国务院下发《关于开展新型农村社会养老保险试点和指导意见》，决定在全国 10% 的县（市、区、旗）试行农民社会养老保险。

2009 年 9 月　人力资源和社会保障部发布《关于开展工伤预防试点工作有关问题的通知》，明确要求开展工伤预防试点，探索工伤预防费的提取、使用与管理监督机制，以及部门之间的协调工作机制等。

2009 年 12 月　国务院出台《城镇企业职工基本养老保险关系转移接续暂行办法》，自 2010 年 1 月 1 日起施行。

2010 年 1 月　国务院下发《关于试行社会保险基金预算的意见》，将各项社会保险基金纳入预算编制范围，强化了社会保险基金的管理。它表明对社会保险基金的管理与监督将开始进入规范化阶段。

2010 年 4 月　住房和城乡建设部先后发布《关于加强廉租住房管理有关问题的通知》《关于加强经济适用住房管理有关问题的通知》和《关于加快发展公共租赁住房的指导意见》，大力推进以公共租赁住房为主体的住房保障事业。

2010 年 10 月　第十一届全国人民代表大会常务委员会第十七次会议通过并颁布《中华人民共和国社会保险法》，自 2011 年 7 月 1 日起正式施行。该法是继《中华人民共和国劳动合同法》《中华人民共和国就业促进法》《劳动争议调解仲裁法》之后，在保障和改善民生领域的又一部支架性法律，是新中国成立以来第一部社会保险制度的综合性法律，是党和政府履行"让人人享有社会保障"承诺的法律保证。

2010 年 12 月　国务院发布《关于修改〈工伤保险条例〉的决定》，

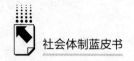

新修订的《工伤保险条例》从 2011 年 1 月 1 日起正式施行。该决定进一步扩大了对职业伤害与工伤事故的保障范围，维护工伤者的权益。

2011 年 3 月、5 月 国家发展和改革委员会、民政部、财政部等部委先后发出《关于建立社会救助和保障标准与物价上涨挂钩的联动机制的通知》《关于进一步规范城乡居民最低生活保障标准制定和调整工作的指导意见》，标志着我国城乡最低生活保障标准动态调整机制正式建立。

2011 年 7 月 民政部发布《中国慈善事业发展指导纲要（2011 ~ 2015 年）》。为指导和促进"十二五"时期我国慈善事业的健康发展提供了基本依据。

2011 年 9 月 人力资源和社会保障部公布《在中国境内就业的外国人参加社会保险暂行办法》，自 2011 年 10 月 15 日起施行。

2011 年 8 月 国务院、中央军委颁发修改后的《军人抚恤优待条例》，于 2011 年 8 月 1 日正式实施。修改后的条例进一步明确了烈士、因公牺牲、残疾等军人及其家属的抚恤标准和抚恤优待条件。

2011 年 12 月 国务院办公厅印发《社会养老服务体系建设规划（2011 ~ 2015 年）》，提出到 2015 年，基本形成制度完善、组织健全、规模适度、运营良好、服务优良、监管到位、可持续发展的社会养老服务体系。

2012 年 11 月 党的十八大报告提出，要统筹推进城乡社会保障体系建设，"坚持全覆盖、保基本、多层次、可持续方针，以增强公平性、适应流动性、保证可持续性为重点，全面建成覆盖城乡居民的社会保障体系"。

医疗卫生大事记

2002 年 6 月 国务院颁布《医疗事故处理条例》，自 2002 年 9 月 1

日起实施。

2002 年 10 月　中共中央、国务院发布《关于进一步加强农村卫生工作的决定》。

2002 年 11 月　党的十六大报告提出，"建立适应新形势要求的卫生服务体系和医疗保健体系，着力改善农村医疗卫生状况，提高城乡居民的医疗保健水平"。

2003 年 10 月　党的十六届三中全会提出，继续完善城镇职工基本医疗保险制度、医疗卫生和药品生产流通体制的同步改革，扩大基本医疗保险覆盖面，健全社会医疗救助和多层次的医疗保障体系。

2004 年 9 月　《国家基本医疗保险和工伤保险药品目录》发布。

2006 年 2 月　国务院出台《关于发展社区卫生的意见》，加强城市社区卫生服务体系建设等。

2006 年 6 月　国务院第 141 次常务会议决定成立由国家发展和改革委员会、卫生部牵头，财政部、原人事部等部门参加的深化医药卫生体制改革部际协调工作小组，这标志着新一轮医改研究制定工作正式启动。

2007 年 10 月　党的十七大报告把人人享有基本医疗卫生服务作为全面建设小康社会和构建社会主义和谐社会的重要奋斗目标之一，明确了今后十几年卫生改革与发展的重要任务和政策措施，为卫生工作指明了方向。该报告提出，"要坚持公共医疗卫生的公益性质，坚持预防为主、以农村为重点、中西医并重，实行政事分开、管办分开、医药分开、营利性和非营利性分开，强化政府责任和投入，完善国民健康政策，鼓励社会参与，建设覆盖城乡居民的公共卫生服务体系、医疗服务体系、医疗保障体系、药品供应保障体系，为群众提供安全、有效、方便、价廉的医疗卫生服务"。

2008 年 3 月　中共中央、国务院发布《关于促进残疾人事业发展的意见》，提出要"保障残疾人享有基本医疗卫生服务"，"健全残疾人

康复服务保障措施"，"建立健全残疾预防体系"。

2008 年 4 月 第十一届全国人民代表大会常务委员会第二次会议修订通过《中华人民共和国残疾人保障法》，自 2008 年 7 月 1 日起施行。该法规定国家保障残疾人享有康复服务的权利。

2009 年 3 月 中共中央、国务院发布《关于深化医药卫生体制改革的意见》。同月，国务院印发《医药卫生体制改革近期重点实施方案（2009 ~ 2011 年）》。这两份医改方案明确了我国医疗保障建设的基本目标、步骤与实施方案，为国民提供了疾病医疗保障的安全预期。

2009 年 8 月 《关于建立国家基本药物制度的实施意见》《国家基本药物目录管理办法（暂行）》《国家基本药物目录（基层部分）》发布，这意味着国家基本药物制度建立工作正式启动。

2012 年 11 月 党的十八大报告提出，"要坚持为人民健康服务的方向，坚持预防为主、以农村为重点、中西医并重，按照保基本、强基层、建机制要求，重点推进医疗保障、医疗服务、公共卫生、药品供应、监管体制综合改革，完善国民健康政策，为群众提供安全有效方便价廉的公共卫生和基本医疗服务"。

社会管理大事记

2002 年 11 月 党的十六大报告提出，要"完善政府的经济调节、市场监管、社会管理和公共服务的职能"，明确了政府的社会管理职能。

2002 年 11 月 中共中央办公厅、国务院办公厅转发《中央综治委关于加强社会治安防范工作的意见》，提出构建社会治安防控体系。

2004 年 9 月 党的十六届四中全会提出：要坚持最广泛最充分地调动一切积极因素，不断提高构建社会主义和谐社会的能力，不断增强全社会的创造活力，妥善协调各方面的利益关系，推进社会管理体制创新，加强和改进新形势下的群众工作，维护社会稳定。

2004 年 9 月　《中共中央关于加强党的执政能力建设的决定》明确提出："加强社会建设和管理，推进社会管理体制创新。深入研究社会管理规律，完善社会管理体系和政策法规，整合社会管理资源，建立健全党委领导、政府负责、社会协同、公众参与的社会管理格局。"

2007 年 10 月　党的十七大报告提出，在加强社会建设的总体思路下，要"完善社会管理，维护社会安定团结"，要"健全党委领导、政府负责、社会协同、公众参与的社会管理格局，健全基层社会管理体制"。

2007 年　中共中央办公厅、国务院办公厅转发了《中央综治委关于进一步加强流动人口服务和管理工作的意见》，提出将流动人口纳入当地公共服务和社会管理体系统筹考虑，深化服务和维权措施，从政策上明确对于流动人口将从"管理控制"转向"服务管理"。

2009 年 12 月　全国政法工作电视电话会议要求，要抓住影响社会和谐稳定的源头性、根本性、基础性问题，深入推进"社会矛盾化解、社会管理创新、公正廉洁执法"三项重点工作。

2010 年 3 月　《政府工作报告》指出，要适应新形势，推进社会管理体制改革和创新，合理调节社会利益关系。

2010 年 10 月　中央政法委、中央综治委确定了 35 个市、县（市、区）作为全国社会管理创新综合试点，并制定了《全国社会管理创新综合试点指导意见》，细化了社会管理创新的主要内容。

2011 年 2 月　胡锦涛在省部级主要领导干部社会管理及其创新专题研讨班开班式上发表重要讲话强调，扎扎实实提高社会管理科学化水平，建设中国特色社会主义社会管理体系，并强调要牢牢把握最大限度激发社会活力、最大限度增加和谐因素、最大限度减少不和谐因素的总要求。

2011 年 3 月　"社会管理创新"一词首次以重要篇幅写入《政府

工作报告》，并在国家"十二五"规划纲要中单独成篇。切实解决人民群众最关心最直接最现实的利益问题，已被各级政府摆在了更加重要的位置。"十二五"规划纲要从创新社会管理体制、强化城乡社区自治和服务功能、加强社会组织建设、完善维护群众权益机制、加强公共安全体系建设等方面，对加强和创新社会管理的工作进行了全面规划。

2011 年 5 月 中共中央政治局召开会议，研究加强和创新社会管理问题。会议强调，加强和创新社会管理，事关巩固党的执政地位，事关国家长治久安，事关人民安居乐业。

2011 年 5 月 《求是》杂志第 9 期发表中共中央政治局常委、中央政法委书记周永康的署名文章：《加强和创新社会管理，建立健全中国特色社会主义社会管理体系》。

2011 年 7 月 党中央、国务院印发《关于加强和创新社会管理的意见》。作为我国第一份关于社会管理创新的正式文件，进一步明确了加强和创新社会管理的指导思想、基本原则、目标任务和主要措施。

2011 年 8 月 中央社会治安综合治理委员会正式更名为中央社会管理综合治理委员会，并赋予其协调和指导社会管理工作的重要职能，充实了领导力量，增加了成员单位，加强了工作机构。

2011 年 9 月 全国加强和创新社会管理工作电视电话会议提出，不断提高社会管理能力和科学化水平，促进经济社会协调发展。

2011 年 10 ~ 11 月 中央综治委连续召开四次专题会议。根据会议议题，实有人口服务管理、青少年服务管理、非公有制经济组织和社会组织服务管理、制定和完善社会管理法律政策、特殊人群的服务管理、对关系国计民生重要设施的安全保护等成为下一步深入研究推进的重点工作。

2011 年 11 ~ 12 月 中央社会管理综合治理委员会分别召开加强和创新社会管理工作的四个地方片会，通过现场考察、交流经验，推动和指导各地落实好中央关于加强和创新社会管理的各项部署。

2012 年 2 月　全国社会管理创新综合试点工作座谈会提出，要加强整体规划设计，因地制宜搞好典型培育，积极探索具有中国特色、地方特点、时代特征的社会管理新路子，不断提高社会管理科学化水平。

2012 年 3 月　《政府工作报告》提出，强化政府社会管理和公共服务职能。

2012 年 6 月　中央综治委第二次全体会议总结推广试点工作经验，提出对流动人口融入城镇、特殊人群融入社会、"两新组织"服务管理、信息网络服务管理、社会矛盾化解、维护社会治安、社会诚信建设、基层基础建设等重大问题，要一个一个地攻坚克难，一步一步地推动解决。

2012 年 11 月　党的十八大报告提出，"要围绕构建中国特色社会主义社会管理体系，加快形成党委领导、政府负责、社会协同、公众参与、法治保障的社会管理体制，加快形成政府主导、覆盖城乡、可持续的基本公共服务体系，加快形成政社分开、权责明确、依法自治的现代社会组织体制，加快形成源头治理、动态管理、应急处置相结合的社会管理机制"。

B.24
后 记

  本书是由中国行政体制改革研究会会长，国家行政学院原党委书记、常务副院长魏礼群教授建议编写的。魏礼群会长从党和国家事业发展的高度，提出编写"社会体制蓝皮书"，凝聚各方面力量，探索社会建设和社会体制改革创新的规律，培养一支稳定的、高素质的社会建设和社会管理研究队伍。

  本书作者分别是：龚维斌，撰写总报告"社会体制改革：理论研究与实践探索"和专题报告"中国城市社会管理体制及其变革"。张林江、沈伟鹏撰写"中国的政府社会管理"，尹志刚、王雪辉撰写"中国社会组织参与社会管理"，陶传进撰写"中国企业履行社会管理责任"，王金华撰写"中国农村社区管理新探索"，赵秋雁撰写"中国特色社会管理法治建设"，朱国仁撰写"中国教育体制改革：回顾、进展与展望"，胡颖廉撰写"中国食品药品安全治理工作"，贺丹撰写"中国流动人口服务管理"，马福云撰写"中国社会工作发展状况及其问题"，孔军、孙宽平撰写"中国社会矛盾调处机制"，李宇撰写"中国虚拟社会发展及其管理"；张欢撰写"中国重大事项社会稳定风险评估要素及机制分析"、何海兵撰写"中国城市化进程中的社会管理"；胡薇、王可一负责"实践篇"地方典型案例的方案设计、案例选择和编审工作，陈鹏、何海兵、毛炜峰、王可一、胡薇等参与案例编写；李志明编写"中国社会体制改革大事记（2002～2012年）"，马秀莲承担书中英文翻译工作。

  在本书编写过程中，张林江、沈伟鹏、陈萌同志做了大量沟通联络工作，张林江、马福云、胡薇还帮助主编审读书稿并提出很多有价值的修改意见。国家行政学院决策咨询部副主任丁元竹教授和有关专家对本书编写出版提出不少有益的建议。原国家人口和计划生育委员会流动人口司王谦司长提供了无私帮助。江苏省海门市、河北省肃宁县等地方领导对本书编写案例提供了大力支持。社会科学文献出版社社长谢寿光先生一直关心本书的编辑出版工作并给予多方面的指导，皮书出版中心主任邓泳红女士对本书的编审出版倾注了大量心血，责任编辑陈颖、林木为本书的出版付出辛苦而卓有成效的劳动。

在此谨向所有关心、支持和参与本书编写工作的领导和专家表示衷心感谢。

社会体制蓝皮书编委会

2013 年 4 月 8 日

权威报告　热点资讯　海量资源

当代中国与世界发展的高端智库平台

皮书数据库 www.pishu.com.cn

　　皮书数据库是专业的人文社会科学综合学术资源总库，以大型连续性图书——皮书系列为基础，整合国内外相关资讯构建而成。包含七大子库，涵盖两百多个主题，囊括了近十几年间中国与世界经济社会发展报告，覆盖经济、社会、政治、文化、教育、国际问题等多个领域。

　　皮书数据库以篇章为基本单位，方便用户对皮书内容的阅读需求。用户可进行全文检索，也可对文献题目、内容提要、作者名称、作者单位、关键字等基本信息进行检索，还可对检索到的篇章再作二次筛选，进行在线阅读或下载阅读。智能多维度导航，可使用户根据自己熟知的分类标准进行分类导航筛选，使查找和检索更高效、便捷。

　　权威的研究报告，独特的调研数据，前沿的热点资讯，皮书数据库已发展成为国内最具影响力的关于中国与世界现实问题研究的成果库和资讯库。

皮书俱乐部会员服务指南

1. 谁能成为皮书俱乐部会员？

- 皮书作者自动成为皮书俱乐部会员；
- 购买皮书产品（纸质图书、电子书、皮书数据库充值卡）的个人用户。

2. 会员可享受的增值服务：

- 免费获赠该纸质图书的电子书；
- 免费获赠皮书数据库100元充值卡；
- 免费定期获赠皮书电子期刊；
- 优先参与各类皮书学术活动；
- 优先享受皮书产品的最新优惠。

社会科学文献出版社 皮书系列
SOCIAL SCIENCES ACADEMIC PRESS (CHINA)

卡号：0499178069658840

密码：

（本卡为图书内容的一部分，不购书刮卡，视为盗书）

3. 如何享受皮书俱乐部会员服务？

（1）如何免费获得整本电子书？

　　购买纸质图书后，将购书信息特别是书后附赠的卡号和密码通过邮件形式发送到 pishu@188.com，我们将验证您的信息，通过验证并成功注册后即可获得该本皮书的电子书。

（2）如何获赠皮书数据库100元充值卡？

　　第1步：刮开附赠卡的密码涂层（左下）；

　　第2步：登录皮书数据库网站（www.pishu.com.cn），注册成为皮书数据库用户，注册时请提供您的真实信息，以便您获得皮书俱乐部会员服务；

　　第3步：注册成功后登录，点击进入"会员中心"；

　　第4步：点击"在线充值"，输入正确的卡号和密码即可使用。

皮书俱乐部会员可享受社会科学文献出版社其他相关免费增值服务

您有任何疑问，均可拨打服务电话：010-59367227　QQ:1924151860

欢迎登录社会科学文献出版社官网(www.ssap.com.cn)和中国皮书网（www.pishu.cn）了解更多信息

"皮书"起源于十七、十八世纪的英国，主要指官方或社会组织正式发表的重要文件或报告，多以"白皮书"命名。在中国，"皮书"这一概念被社会广泛接受，并被成功运作、发展成为一种全新的出版形态，则源于中国社会科学院社会科学文献出版社。

皮书是对中国与世界发展状况和热点问题进行年度监测，以专家和学术的视角，针对某一领域或区域现状与发展态势展开分析和预测，具备权威性、前沿性、原创性、实证性、时效性等特点的连续性公开出版物，由一系列权威研究报告组成。皮书系列是社会科学文献出版社编辑出版的蓝皮书、绿皮书、黄皮书等的统称。

皮书系列的作者以中国社会科学院、著名高校、地方社会科学院的研究人员为主，多为国内一流研究机构的权威专家学者，他们的看法和观点代表了学界对中国与世界的现实和未来最高水平的解读与分析。

自20世纪90年代末推出以经济蓝皮书为开端的皮书系列以来，至今已出版皮书近800部，内容涵盖经济、社会、政法、文化传媒、行业、地方发展、国际形势等领域。皮书系列已成为社会科学文献出版社的著名图书品牌和中国社会科学院的知名学术品牌。

皮书系列在数字出版和国际出版方面成就斐然。皮书数据库被评为"2008~2009年度数字出版知名品牌"；经济蓝皮书、社会蓝皮书等十几种皮书每年还由国外知名学术出版机构出版英文版、俄文版、韩文版和日文版，面向全球发行。

2011年，皮书系列正式列入"十二五"国家重点出版规划项目；2012年，部分重点皮书列入中国社会科学院承担的国家哲学社会科学创新工程项目；一年一度的皮书年会升格由中国社会科学院主办。

法 律 声 明

　　"皮书系列"（含蓝皮书、绿皮书、黄皮书）由社会科学文献出版社最早使用并对外推广，现已成为中国图书市场上流行的品牌，是社会科学文献出版社的品牌图书。社会科学文献出版社拥有该系列图书的专有出版权和网络传播权，其 LOGO（▓）与"经济蓝皮书"、"社会蓝皮书"等皮书名称已在中华人民共和国工商行政管理总局商标局登记注册，社会科学文献出版社合法拥有其商标专用权。

　　未经社会科学文献出版社的授权和许可，任何复制、模仿或以其他方式侵害"皮书系列"和 LOGO（▓）、"经济蓝皮书"、"社会蓝皮书"等皮书名称商标专用权的行为均属于侵权行为，社会科学文献出版社将采取法律手段追究其法律责任，维护合法权益。

　　欢迎社会各界人士对侵犯社会科学文献出版社上述权利的违法行为进行举报。电话：010－59367121，电子邮箱：fawubu@ ssap. cn。

社会科学文献出版社